이 책은 하나님 중심의 실제적인 기도와 연합 속에서, 실존하는 하나님을 만난다는 게 어떤 의미인지를 탐색한 실제적인 탐구서다. 래리 크랩은 모험으로 사는 그리스도인이며, 늘 인간적이면서도 영적인 탐구를 해 왔다. 그의 영적 여정에서 우러나온 최근의 이 성명서야말로 그의 저서 중에서 가장 강력한 책이다.

제임스 패커(J. I. Packer)
「하나님을 아는 지식」 저자, Regent College 신학과 교수

이 책은 하나님과 연결되는 삶이라는 핵심 사안에 대해 신선하고 통찰력 있게 접근한다. 기도를 주제로 한 수많은 책들 가운데, 이 책은 우리의 기도 생활을 든든히 하고 일상 속에서 하나님의 음성을 듣는 법을 가르쳐 주는 데 독보적인 기여를 한다.

고든 맥도날드(Gordon MacDonald)
「내면 세계의 질서와 영적 성장」 저자

저자의 마음이 '기도해야 하는데'에서 '기도하고 싶다'로 바뀐 것은 파파 기도를 충실히 한 데 따른 획기적인 결실이었다. 이 책은 과연 놀라운 선물이요 멋진 책이다.

브레넌 매닝(Brennan Manning)
「신뢰」 저자

실생활에 맞지 않는 기도 공식에 식상해 있지는 않은가? 기도에 대해, 어쩌면 하나님에 대해서까지 환멸감을 느끼고 있지는 않은가? 래리 크랩은 자신의 저서 중 가장 희망 넘치는 이 책에서 관계형 기도—공식을 넘어서는 기도—를 소개한다. 이는 진솔한 믿음의 사람 안에서 깊이 영근 통찰이다.

브라이언 맥라렌(Brian Maclaren)
「나는 준비된 전도자」 저자

래리 크랩이야말로 우리의 내면 세계에 관한 최고의 교사라는 것이 다시 한 번 입증되었다. 나는 파파 기도 덕택에 더욱 풍성한 삶을 살게 되었다. 여러분도 그럴 것이다.

밥 버포드(Bob Buford)
「하프 타임」 저자

오늘날 최고의 화두는 영성이며, 래리 크랩은 이 책에서 영성의 정수를 정확히 짚어낸다. 하나님과의 친밀한 관계로 인도하는 기도야말로 영성의 전부이며, 그는 우리가 그 일을 제대로 할 수 있도록 도와준다.

토니 캄폴로(Tony Campolo)
Eastern University 명예 교수

나는 '응답받지 못한 기도들' 때문에 당황스럽고 실망스럽고 화가 나며, 때로는 절망스럽기까지 했었다. 하지만 파파 기도는 하나님께 요청 사항들을 아뢰기 전에 그분의 음성을 듣는 데 초점을 맞추게 함으로써, 내게 새로운 기도와 삶의 방향을 제시해 주었다. 당신도 나처럼 기도 생활에 갈등을 느낀다면, 이 책이야말로 당신에게 꼭 필요한 책이다.

이반 모건(Evan Morgan),
Christian University GlobalNet 총장

저자는 우리의 기도 생활에 필요한 기도 공식이 아니라 매우 성경적이고 친밀한 기도 형태를 소개한다. 이 기도는 우리가 하나님 아버지께 나아가도록 고무시키고, 또한 우리가 원하는 것이 아니라 하나님이 간절히 주고 싶어하시는 것을 받을 수 있도록 돕는다.

마이클 카드(Michael Card), 「땅에 쓰신 글씨」 저자

내가 아는 한 래리 크랩은 건강한 관계를 위한 기본 원칙을 정확하게 분별하고 민감하게 적용할 수 있도록 도와주는 최고의 인물이다. 이 책에서 그는 모든 건강한 관계의 원천인 궁극적인 관계, 바로 우리의 영원한 파파와의 관계를 발견하는 법을 제시한다.

잭 헤이포드(Jack W. Hayford)
「네 자녀를 축복하라」 저자, King's College 학장

달라스 윌라드는 기도란 "하나님과 우리가 함께 행하는 일들에 관해 하나님께 말씀드리는 것"이 핵심이라고 말한 바 있다. 이 책에서 래리 크랩은 솔직하고 겸손하며, 뜨거우면서도 사려 깊은 '기도' 안내자다.

존 오트버그(John Ortberg)
「누더기 하나님」 저자, Meno Park Presbyterian Church 교육 목사

우리 삶에 기도보다 더 큰 의미를 주는 것도 별로 없는데, 우리는 아직도 기도에 관해 제대로 이해하지 못하는 부분이 많다. 래리 크랩은 기도에 관한 깊이 있는 통찰과 실제적이고 활용 가능한 방법을 제시함으로써, 참된 기도에 기초한 하나님과의 관계를 살아낼 수 있도록 도와준다.

존 타운센드(John Townsend)
「NO라고 말할 줄 아는 그리스도인」 저자

래리 크랩
김성녀 옮김

IVP

IVP(InterVarsity Press)는
캠퍼스와 세상 속의 하나님 나라 운동을 지향하는
IVF(InterVarsity Christian Fellowship)의 출판부로
생각하는 그리스도인을 위한 문서 운동을 실천합니다.

ⓒ 2005 by Larry Crabb

Originally published in English as *The PAPA PRAYER* by Thomas Nelson, Nashville, TN, U.S.A.
All rights reserved.
Published by arrangement with Thomas Nelson, a division of HarperCollins Christian Publishing, Inc. through rMaeng2, Seoul, Republic of Korea

This Korean Edition Copyright ⓒ 2007 by Korea InterVarsity Press
156-10 Donggyo-ro, Mapo-gu, Seoul 04031, Republic of Korea

이 한국어판의 저작권은 알맹2 에이전시를 통하여 Thomas Nelson과 독점 계약한 IVP에 있습니다. 신 저작권법에 의하여 한국 내에서 보호받는 저작물이므로 무단 전재와 무단 복제를 금합니다.

THE
PAPA
PRAYER

The prayer you've never prayed

Larry Crabb

차례

세 가지 이야기 … 13

파파 기도로의 초대 … 17

제1부 파파 기도를 위한 준비 작업

1_꿈은 이루어진다: 완벽한 아버지를 만나다 … 25
2_파파 기도를 소개하면서 … 31
3_늘 무미건조한 기도는 이젠 그만 … 43
4_하나님의 손이 아니라 하나님의 마음을 얻으라 … 51
5_버릇없는 아이의 기도 … 57
6_관계형 기도는 하나님과 나 자신에 관한 기도다 … 75
7_파파 기도는 하나님과 관계 맺는 방식이다 … 85
8_그리스도 안에 편안히 거하라 … 95
9_래리 크랩의 파파 기도 … 109
10_기도의 새로운 패러다임 … 119

제2부 파파 기도 배우기

11_ 이제 파파 기도를 배울 시간이다 … 127

P: 자신을 꾸밈없이 하나님 앞에 내어놓으라 … 133
12_ 이상적인 모습을 강요하지 말라 … 135
13_ 붉은 동그라미 속으로 들어가라 … 147

A: 당신이 하나님을 어떻게 생각하는지 예의주시하라 … 161
14_ 당신의 하나님은 어떤 이미지인가? … 163
15_ 하나님은 자신을 누구라고 하시는가? … 179

P: 하나님과의 관계를 가로막는 것은 무엇이든 쏟아놓으라 … 193
16_ 두려울 때 당신은 누구를 찾는가? … 195
17_ 자신을 거룩함에 내던지라 … 209

A: 하나님을 당신 인생의 '1순위'로 여기고 다가가라 … 219
18_ 하나님의 음성 듣기 … 221
19_ 하나님이 기뻐하시는 사람 … 237
20_ 파파 기도를 생활 방식으로 … 247

부록 파파 기도를 제대로 배우기 위한 실제적인 지침

4일 동안 파파 기도 배우기 … 263
남성과 여성에게 주는 최고의 말 … 283
저자 후기 … 293
감사의 말 … 297
주 … 301

"당신이 말하듯이, 하나님이 그렇게 좋으신 분이라면,
그리고 우리에게 필요한 것을 이미 다 알고 계시다면,
그것도 우리 자신이 알고 있는 것보다 더 잘 알고 계시다면,
왜 우리가 굳이 하나님께 그것을 간구해야 한단 말인가?"

나는 이렇게 대답하련다.
우리에게 가장 절실히 필요한 게 기도라는 걸 하나님이 아신다면, 기도에 대한 하나님의 주된 목적이 우리의 그 크고 끝없는 필요―바로 하나님 자신―를 공급해 주시는 거라면 어떻게 하겠는가? 집 나간 자식은 배가 고프면 집으로 돌아올 테고, 집에 돌아오자마자 배불리 먹을 수도 있고 안 그럴 수도 있겠지만, 그 자식에게 정말 필요한 것은 저녁 식사가 아니라 엄마다. 한 영혼에게 그 무엇보다 가장 절실하게 필요한 것은 바로 하나님과의 연합이다. 기도는 그 연합의 시작이며, 우리의 필요는 그런 기도를 자극하는 동기가 된다. 그러므로 하나님과의 연합, 하나님과의 대화, 하나님과의 하나 됨을 시작하라. 이야말로 기도의 유일한 목적이다.

조지 맥도날드(George MacDonald)

세 가지
이야기

오늘 오전 열한 시쯤 나는 친구를 내 차에 태우고, 몇 가지 볼일을 본 뒤, 점심 식사나 같이 할 참이었다. 내가 그 친구를 불러낸 이유는 그저 같이 있고 싶어서였다. 나는 그 친구랑 같이 다니는 걸 좋아한다.

그 친구에게 기도에 관한 책을 쓰고 있다고 말했다.

"그래, 어떤 내용인데?" 친구가 물었다.

"글쎄…내가 항상 말했다시피 내 신앙 생활에서 기도는 가장 취약한 부분이거든. 위대한 기도의 사람들, 이를테면 조지 뮬러 같은 사람의 이야기를 읽어 보면, 내가 뭘 잘못하고 있는 건지 궁금증이 생기더라고. 그런데 요즘 들어 생각해 보니, 내 기도는 주로 하나님한테 날 위해 이것저것을 해달라는 기도라는 게 분명해지더군. 전에는 그게 그리 잘못된 것 같지 않았거든."

친구가 계속 내 말을 들어주길래, 나도 계속 말을 이었다. "그런데 책들을 읽어 보니, 기도란 하나님과 대화를 나누는 기회라는 거야. 마치 좋은 친구 둘이 서로를 점점 더 알아가듯이 말이야. 그 때는 그 말이 전혀 이해가 안 되었지."

"그런데, 이젠 알 것 같아. 내가 '파파 기도'라고 이름 붙인 그런 기도를 하나님이 내게 주셔서 하나님과 가까워질 수 있게 해주셨다는 걸. 그리고 정말로 그분이 내 안에서 나를 통해 사신다는 걸 믿어. 그 기도는 나에게 이런저런 걸 해 달라고 하나님을 조종하거나 설득하는 것과는 전혀 다르지. 기도란 뭔가를 요청한다기보다는 누군가를 누리는 것임이 느껴져. 하나님을 더 잘 알고, 나를 향한 그분의 선한 뜻을 신뢰하는 법을 배워 가면서, 내가 가장 원하는 것이 하나님이 원하시는 것과 맞아떨어지고, 결국 나는 그분과 내가 둘 다 원하는 걸 간구하게 되더군. 그래서 내가 깨달은 기도에 관해 책을 써 볼까 해."

친구가 나를 돌아보며 이렇게 말했다. "자네가 나를 태우러 왔을 때 내가 자네한테 제일 먼저 한 말이 이런 말이라고 생각해 봐. '래리, 자네 오늘 밤 우리 집에 좀 와주면 좋겠는데. 우리 부부가 자네 조언이 좀 필요해서 말이야. 그리고 약국 좀 들러 줄 수 있겠어? 주문해 놓은 약을 받아와야 하거든.' 그리고 점심을 먹으려고 마주 앉아서는 내 자식놈에 대해 이것저것 물어보다가 또 '아 참, 그런데 돈 좀 융통해 줄 수 있나? 요즘 쪼들려서 말이야. 그리고 솔직히…점심 값도 없는데, 자네가 내줄 수 없겠나?'라고 말한다면 자네 기분이 어떻겠나?"

친구는 계속 말을 이었다. "그런데 사실 하나님한테 그러고 있거든. 자네가 구상하는 그 책에 대해 말하는 순간, 퍼뜩 그런 생각이 떠오르는 거야. 내가 자네한테 그런 식으로 대하겠냐고. 절대 안 그러지. 그저 자네랑 함께 있는 게 좋은 거지. 그런데 하나님하고는 어떻게 하면 그저 같이 있는 것만으로 충분할 수 있는지, 그걸 모르겠어. 그래서 자꾸 많은 걸 요구하게 돼. 내가 왜 그러는지, 그리고 어떻게 하면 하나님과 함께 있는 걸로 충분할 수 있는지, 그 책에서 다 다룰 건가?"

나는 친구한테 대답했다. "그 책은 자네가 지금 말한 내용으로 시작해서 풀어 가야겠어."

오늘 초저녁에 나는 친한 친구에게 전화를 걸었다. 그녀의 남편은 6개월 전에 그녀 곁을 떠나갔다. 내 목소리를 듣자 그 친구가 말했다. "야아, 목소리 들으니 좋네. 어떻게 지냈어?" 기도에 관한 책을 쓰려 한다는 말에 그 친구는 바로 이렇게 응수했다.

"초안은 나한테 보내. 내 인생에서 요즘처럼 기도가 혼란스러운 적도 없을 거야. 이혼 전만 해도 나는 늘 기도했지. 인생이 그런 대로 잘 흘러갈 때는, 하나님이 내 기도에 응답하신다고 생각했어. 그리고 아직 변화가 없는 것들에 대해서는 계속 기도했지. 내가 하나님한테 얼마나 많은 걸 요구하는지 전혀 몰랐어. 늘 이것저것 바꿔 달라는 것투성이였지. 내가 무슨 짓을 하고 있는지조차 몰랐던 거야. 난 정말로 하나님을 신뢰하고 있다고 생각했거든."

"그러다가 모든 게 산산조각 나고 말았지. 이제 그런 기도는 하고 싶지 않아. 지금은 하나님과 진정한 대화를 하고 싶어. 그분을 경험하고 그분의 음성을 듣고 그분의 능력이 느껴지는 대화 말이야. 내가 지금 정말로 하나님께 말하고 있고, 하나님도 정말로 나한테 말씀하시고 있다는 느낌, 소원 목록이나 불쑥 들이미는 게 아니라 친구처럼 서로를 누리고 있다는 느낌, 그걸 느껴 봤으면 소원이 없겠어. 내 말이 네가 책에서 하려는 말과 좀 통하는 것 같아?"

내가 대답했다. "마치 내 속에 들어와 본 것처럼 말하는데?"

나는 브레넌 매닝과 함께 컨퍼런스에서 강의를 마친 뒤 담소를 나누고 있었다.

"컨퍼런스 끝나면 뭘 하실 거예요?" 내가 물었다.

"모레부터 일주일 동안 기도원에 갈 생각이예요."

나는 그런 걸 해 본 적이 없는지라 무척 궁금해졌다. "일주일을 그렇게 보내면 무슨 유익이 있으세요? 그 일주일 동안 하나님은 당신의 기도에 어떻게 응답하시는데요?"

브레넌은 약간 어리둥절하다는 표정을 짓더니, 이렇게 말했다. "그 시간 동안 내가 뭘 얻는지는 생각해 본 적이 없는데요. 그저, 내가 나타나면 하나님이 좋아하신다는 거죠."

파파 기도로의
초대

이 책은 하나님의 음성을 갈망하는 사람들, 하나님을 아주 잘 알아서 그분의 생명이 정말 자신의 생명이 되기를 원하는 사람들을 위해 쓰였다.

아래의 아홉 가지 질문을 읽으면서, 당신에게 해당하는 것들을 찾아보라.

1. 하나님께 열심히 구하였으나 받지 못한 것이 있는가?
2. 하나님의 인도하심을 구했으나(특히 어려운 인간 관계 속에서), 인도하심을 받지 못한 적이 있는가?
3. 하나님의 음성을 꼭 들어야 할 상황이었던지라, 확신도 없으면서 굳이 하나님의 음성을 들은 걸로 믿으려 한 적은 없었는가?

내 경우는 위의 세 가지 질문에 모두 해당된다. 당신은 어떤가? 몇 가지 질문을 더 해 보자.

4. 당신에게는 가장 절실한 기도 제목인데, 하나님은 전혀 듣지 않으신다고 느껴지는 때가 가끔 있는가?
5. 하나님의 위로를 간구했지만, 오히려 기도 후에 외로움과 공허감만 느낀 적은 없었는가?
6. 유혹을 극복할 힘을 달라고 기도했지만, 기도 후에도 당신은 여전히 연약하고 유혹은 강하게(또는 전보다 더 강하게) 느껴진 적은 없었는가?

위의 질문에 대한 당신의 대답은 어떠한가? 나는 모두 '있다'에 해당된다. 다음 세 가지 질문은 좀더 깊은 차원을 다룬다.

7. 당신은 하나님과의 동행을 충분히 누릴 만큼 하나님을 잘 알고 있는가? 마치 가족이나 친구와 함께 있는 시간을 즐기듯이 하나님과의 동행을 누리고 있는가?
8. 당신은 사람보다도 하나님을 더 잘 알고, 더 많이 누리기를 원하는가?
9. 당신은 하나님의 음성을 듣고 하나님이 바로 이 순간 나와 함께하신다고 느낄 만큼 하나님과 연결되어 있는가?

나는 위의 마지막 세 가지 질문에 '예'라고 답할 수 있기를 오랫동안 바랐지만, '아니오'라고 답할 수밖에 없다.

어쩌면 당신의 대답도 그럴지 모르겠다. 당신도 나처럼 해야 할 일들 속에 파묻혀 살아온 것이다. 고지서를 내고, 출근 일정을 짜고, 하루의 직장 생활을 겪어내고, 혹은 한 보따리 쌓인 빨래를 하고, 혼자만의 시간을 겨우 짜내고, 가족간의 긴장 관계를 조정하고, 자신의 감정은 혼자서 끙끙 앓다 처리하면서 말이다. 이 아우성 속에서 당신은 어떻게든 하나님에 대한 감각을 느껴 보려고, 당신의 삶도 눈에 보이지 않는 원대한 계획 안에서 의미가 있다고 믿으려고 애쓸 것이다. 하지만 당신과 하나님과의 관계의 상태를 염려할 만한 에너지조차 당신에게는 이미 남아 있지 않다.

하나님을 누린다? 하나님을 좀더 알아 간다? 그분의 음성을 듣는다? 물론 그래야지. 하지만 당신은 매일 아침 성경 읽을 시간 단 몇 분도 내기 어렵다. 사실 그렇게 성경을 읽는다 해도, 당신이 '하나님과 함께하는 시간'은 그리 큰 의미가 없다. 이미 메말라 버린 시간. 지겹기나 할 뿐.

이름을 밝히지 않은 한 저명한 그리스도인이 한번은 친한 친구에게 이렇게 털어놓았다고 한다. "난 기도하러 갈 때면 내 안에서 하나님한테 가기 싫어하는 마음이 완연히 느껴져. 그리고 하나님과 함께 있는 동안도 그 자리에 있기 싫어 죽겠어."[1]

많은 사람들이 그러하듯이, 당신도 늘 생활에 바쁘고 기도가 뭔지 혼란스럽다면, 문제는 당신의 기도가 대부분 도움을 요청하는 일방통행식의 간청으로 가득하다는 데 있다. "하나님, 제가 아이들한테 성질 좀 부리지 않게 해주세요." "하나님, 치과에 갔을 때 충치를 치료하는 정도로 끝나게 해주세요." "하나님, 이 거래가 무산되지 않게 해주세요." "하나님, 집사람이 타고 가는 비행기가 무사히 착륙하게 해주세요."

오래 전부터 지금까지 당신은 미처 깨달을 새도 없이, 하나님을 당신의 목적에 부합되는 동맹군으로 생각했다. 하나님이야말로 당신을 그분의 목적에 부합되는 동맹군으로 보신다는 사실은 망각한 채 말이다. "하나님, 제가 원하는 인생을 허락해 주세요"가 당신 기도의 주제였다. 하지만 이제는 당신의 마음 중심에서 울려오는 가느다란 외침이 들릴 것이다. "하나님, 당신을 좀더 잘 알게 해주세요"라는 외침이. 이 기도는 이전과 전혀 다른 기도다.

광란하듯 질주하는 삶의 속도와 당신이 하는 모든 일의 저변에 깔린 둔중한 무감각 때문에, 자신이 좀더 나은 그 무엇을 위해 지어졌다는 사실을 당신은 깨닫지 못하고 있다. 당신은 허기져 있다. 그리고 당신은 알고 있다. 그 허기는 하나님한테 좀더 많은 복을 받아내는 것보다는, 하나님 그분을 좀더 잘 아는 것과 연루되어 있다는 사실을. 숲 속에서 길을 잃은 아이가 자기 이름을 부르는 아빠의 목소리를 확실히 알아듣듯이, 그렇게 하나님의 음성을 확실하게 들을 수 있을 만큼 하나님과 친밀하게(closely) 연결되기를 당신은 간절히 갈망한다.

당신의 마음속에서 그런 갈망이 끓어오르는 것이 감지된다면, 이 책은 당신을 위한 책이다. 당신과 나는 이심전심이다. 나 역시 그와 같은 여정중에 있으므로.

나도 오랫동안 마치 기도의 진정한 목적은 내가 원하는 것을 하나님한테서 얻어내는 것인 양, 그렇게 기도 생활을 해 왔다. 그리고 내가 원한 것들은 다 인생을 좀더 행복하고 의미 있고 만족스럽게 해주는 것들로서, 우리 모두가 바라는 확실한 축복이라고 생각했다. 하지만 이제는 내가 가장 원하는 것은 바로 하나님 그분이라는 것을 점점 더 깨닫게 된다. 만사가 내 방식대로 돌아가든 그렇지 않든 상관없이, 하나님을 알고,

하나님을 신뢰하고, 하나님의 음성을 듣고, 하나님이 나에게 말씀하시는 방식대로 살기 위해 하나님의 능력을 체험하고 싶다. 이것이야말로 어디서도 얻을 수 없는 오롯한 기쁨을 준다는 사실을 깨달아 가고 있다.

이전에는 거의 몰랐던 고요한 감격 속에서 이제 나는 말할 수 있다. 성령님은 성경을 통해 나를 새로운 방식의 기도로 인도하고 계시며, 그리하여 나는 하나님과 또 다른 차원의 친밀한 관계를 경험하고 있다는 사실을 말이다.

내가 이 책을 통해 말하고자 하는 기도의 획기적인 비밀은, 지난 수 세기 동안 수십 명의 그리스도인들이 이미 깨달은 비밀이다. 그 비밀은 성경 속에 면면히 흐르고 있다. 다만 나는 그걸 지금 발견해 가고 있을 뿐이다.

이 새로운 방식으로 기도를 하노라면, 사막 같은 내 영혼에 생수의 강이 넘쳐흐른다. 전에는 책에서만 읽으며 그것을 맛보고 싶어 갈망했던 기도였다. 물론 어떤 날은 생수가 몇 방울만 똑똑 떨어지고, 어떤 날은 여전히 메마르기도 하지만 말이다.

하지만 이제 나는 한때 뜨거운 모래만 날리던 곳에 시원한 물이 고여, 그 속에서 어린아이처럼 첨벙대는 게 어떤 건지 알고 있다. 바울은 감옥에서도 찬송을 부를 수 있었다. 그는 인생의 축복들과는 전혀 상관없는 기쁨의 근원을 알고 있었다. 그리고 그는 우리 역시 그런 기쁨을 체험할 수 있음을 알았다. 아들이 마약을 팔든 성경 공부를 인도하든, 직장을 잃었든 유산을 십억 원이나 받았든, 인생이 무의미하건 목적 의식으로 가득하건 상관없이 말이다. 상처는 받겠지만, 그래도 우리는 노래할 수 있다.

여러분이 내가 쓴 책을 좀 읽었거나 내 강의를 들은 적이 있다면, 내가 철두철미한 현실주의자라는 건 잘 알 것이다. 절대로 영적 과장을 하지 않는다는 것도 말이다. 나는 동굴에 갇혀 있으면서 빛을 보았다는 주장 따위는 하지 않는다. 하나님의 임재를 느끼지도 않으면서 느낀다고 주장하지는 않는다. 감격이나 기쁨을 꾸미지도 않는다. 내가 비참하면 비참한 거다. 굳이 그걸 감추려 하지 않는다. 설혹 감추려 해도, 전혀 잘 감추지를 못한다.

하지만 뭔가 일이 벌어지고 있다. 전혀 새롭고 좋은 느낌이다. 깊이도 있다. 정말 실제 상황이다. 그 일은 기도를 통해 벌어지고 있다. '도대체 기도가 뭔가' 하고 남몰래 의문을 품고 있다면, 하나님의 음성을 들을 수 있을 정도로 그분과 가까워지기를 갈망한다면, 이 책은 당신의 인생을 바꾸는 책이 될 수도 있다.

이 책은 온통 기도하는 법에 관한 책이다. 당신의 말은 적게 하고 하나님의 음성은 많이 듣는 법, 쌍방통행 대화라는 특별한 방식으로 하나님과—그리고 당신 자신과—좀더 제대로 친해지는 법, 우리 안에 있는 하나님의 생명을 체험하고 그 생명이 우리 안에서 졸졸 또는 콸콸 흘러나와 다른 사람들에게 들어가게 하는 기도의 방법에 관한 책이다.

이런 기도를 나는 '파파 기도'라고 부른다.

1부
파파 기도를 위한 준비 작업

제1장
꿈은 이루어진다
: 완벽한 아버지를 만나다

　　　　　대략 추측컨대, 나는 60 평생을 살면서 설교를 천 번 정도는 한 것 같다. 학교 강의도 최소한 그만큼은 했고, 컨퍼런스와 세미나에서 한 강연은 얼마나 되는지 아예 헤아릴 엄두조차 안 난다.

　비록 노쇠해 가는 기억력일망정 내 기억이 맞다면, 그 모든 강의 현장에서 주제가 기도였던 적은 한 번도 없었다. 혹시 기도에 대해 말한 적이 있다면 그건 그저 통과 의례로, 그것도 서둘러 지나가는 통과 의례로 했을 것이다.

　이것도 정확한지 어떤지는 모르겠지만, 어쨌건 내가 쓴 책도 스무 권은 되는 것 같다. 수십 편의 논문에 내 이름이 저자로 등재되어 있고, 내 서명을 휘갈긴 편지만도 아마 만 장은 족히 될 것이다. 하지만 그 중에서 기도에 관해 진지하게 논의한 글은 단 한 편도 없다. 생각건대 그렇게 된 이유 중 하나는, 기도에 관한 논의를 글이나 강의로 펼칠 경우, 논의라기보다는 가르침처럼 들리는 경향 때문이었던 것 같다. 다행히도,

나를 찾아와서 "우리에게 기도하는 법을 가르쳐 주소서"라고 부탁한 제자들도 없었고 말이다.

나는 마치 하나님의 학교에서 막 글자를 깨친 일학년생처럼, 흥분과 자기 고백적인 심정으로 기도에 관한 이 책을 쓴다. 자기가 줄맞춰 쓴 문자가 모여 진짜 단어가 된 것을 보고 감격하는 어린아이의 심정으로 이 책을 쓴다. 그 단어들을 모아 문장으로 만드는 작업은 나보다 훨씬 앞서가는 분들의 몫으로 남겨둔다.

이 시점에서 내가 생각하는 최고의 기도는(10년 후에는 이것이 바뀌어 있기를 바란다) 영어 알파벳 네 글자로 표현되며, 그 글자들을 합치면 PAPA(파파)라는 단어가 된다.

우리는 모두 파파를 원한다

파파라는 단어가 나에게는 어떤 의미가 있는지, 간단히라도 배경 설명을 해야 내가 이 단어를 왜 그렇게 좋아하는지 이해가 될 것이다. 우리 아버지는 할아버지를 항상 파파라고 부르셨는데, 파파를 다섯 살 때 여의셨다. 아버지가 할아버지와 함께 지낸 그 5년 동안 얽힌 추억들을 말씀하실 때면, 아버지는 어딘가를 응시하면서 마치 좋은 딴 세상에 빠져 있는 사람처럼 행복해 보였다. 그 표정은 아버지가 기도할 때 지으시던 표정과 똑같았다. 나는 요즘에서야 비로소 그 표정의 의미를 이해하게 되었다.

아버지가 좋아하시던 이야깃거리는 몹시 많았는데, 그 중 아버지의 가장 친한 친구였던 지미라는 분의 아버지와 자신의 파파를 비교하는 이야기를 가장 즐겨 하셨다. 지미라는 분은 2층에 살던 아버지네 아파트 바로 옆에 살았는데, 매일 밤 자기 아버지가 계단을 올라오는 소리가 나면 이제 무슨 일이 일어날지 각오해야 했단다. 잘못이라도 한번 저지르는 날에는, 만취한 아버지가 휘두르는 채찍을 피할 길이 없었다.

아버지는 지미가 너무 불쌍했다고 나에게 종종 말씀하시곤 했다. 아버지의 경우는 그와 너무나 달랐기 때문에 더더욱 그랬다. 할아버지의 발소리는 아버지의 영웅이 도착했다는 신호였고, 그 영웅은 거대한 능력의 소유자이면서도 허리를 굽혀 자기 아들을 보살피는, 온유한 거인이었다.

아버지는 이렇게 말씀하셨다. "파파는 늘 어머니한테 먼저 가서 키스를 한 다음에야 우리들을 한 명씩 안아 주셨단다. 그러고는 의자에 앉아서, 때로는 방바닥에 털썩 앉아서 우리에게 말을 걸곤 하셨지. 정말 안전하다는 느낌이었다. 파파가 계시니까. 잘못될 일이 뭐가 있겠니? 다만 내가 늘 궁금했던 건, 왜 하나님이 우리 파파는 돌아가시게 하고 지미네 집에 살던 그 괴물은 계속 살게 하시는가 하는 거였지."

나는 우리 아버지가 할아버지를 **아버지**라든지 혹은 **아빠**라고 부르시는 걸 들어본 적이 없다. 언제나 **파파**였다.

처음에는 그게 좀 당혹스러웠다. 위엄이 없고 너무 감상적인 것 같았다. 파파라는 말은 두 사람 사이에 존재하는 간격을 메워 버린다. 나로서는 그렇게 간격이 벌어져 있는 게 더 편안한데 말이다. 나는 약간의 거리감이 있을 때 오히려 좀더 나답고 독립적이며 만사가 내 손 안에 있다는 느낌이 들었다. 내가 무덤에 갈 때까지 통탄할 수밖에 없는 일들 중 하나는, 바로 그 교만한 어리석음을 극복하지 못해서 내 아버지, 나의 파파한테 내가 마음으로 원한 만큼 그렇게 가까이 다가가지 못했다는 사실이다.

당신도 이와 비슷하지 않을까 싶다. 나는 원 없이 자기 아버지와 가까웠던(또는 가까운) 자식들을 그리 많이 보지 못했다. 내가 이해하는 가족의 현실에서 볼 때, 당신의 아버지는 어쩌면 당신이 **파파**라고 부를 만한 그런 분이 아닐지도 모르겠다. 가까이 다가가고 싶은 분이 아니었을지도(혹은 아닐런지도) 모른다. 하지만 아버지가 그렇게 가까이 다가가고 싶어지는 분이었더라면 하는 마음은 지울 수 없을 것이다.

혹은 당신도 나처럼 소수의 행운아였을지도 모른다. 우리 아버지처럼 당신 아버지도 하나님을 깊이 사랑하셨고, 마음속에는 늘 하나님이 첫 번째 자리를 차지하고 계셨을지도 모른다. 이 말은 당신의 아버지가 당신을 훨씬 제대로 사랑할 수 있다는 의미다. 그리고 어쩌면 당신 아버지의 숨겨진 내면에는 당신이 들어가고 싶어했으나 한 번도 들어가 보지 못한 깊은 자리가 있을지도 모른다. 그 이유는, 당신을 그 자리에 들이기에는 아버지가 너무 내밀하셨거나 아니면 당신 쪽에서 지레 겁먹고 그런 노력을 하지 않았거나 둘 중 하나일 것이다. 내 경우는 둘 다였다.

당신의 성장 배경이 어떠하든 상관없이, 당신과 나의 공통점은 바로 이것이다. 즉, 우리는 모두 파파를 원했고, 지금도 여전히 원하고 있다는 사실이다. 우리는 완벽한 파파를 꿈꾼다. 우리를 위해 그 자리에 우뚝 서 있어 주고, 우리를 원하며, 우리를 보살펴 주고, 우리를 기뻐해 줄 강인한 남자를 갈망해 마지않는다. 가까이 다가가고 싶은 남자, 자기 가까이로 우리를 불러주어 그 강하면서도 온유한 사랑 안에서 쉬게 해주는 사자와도 같은 남자를 우리는 원한다.

사실, 우리에겐 그런 분이 있다. 그분의 이름은 하나님이다. 그리고 상상 가능한 최고의 파파처럼, 지금 발자국 소리가 누구의 것인지 알기만 하면, 우리는 뛸 듯이 기뻐하지 무서워 움츠러들지는 않는다. 그 목소리를 듣고 포옹을 느낄 때, 모든 게 다 괜찮다. 안전하다. 파파가 여기 계시는데, 잘못될 일이 무에 있단 말인가?

하늘에 계신 파파 껴안기

하지만 많은 그리스도인들의 경우, 뭔가 제대로 안 되고 있다. 그분이 우리 삶 속으로 걸어 들어오시는데도 우리는 발자국 소리를 듣지 못하는 것이다. 아니면 듣긴 듣는데, 듣고는 뒷걸음을 친다. 심지어는 옴싹 움츠러들기도 한다. **파파**나 **아빠** 또는 **아버지**라는 말을 듣기만 해도 고통이나 공허감이 엄습하는 사람들이 많이 있다.

그분의 따스하고 강한 임재를 감지해도, 우리는 "파파가 여기 계셔"라고 쉽게 말을 못한다. '파파'보다는 '하나님'이라고 말하는 게 더 쉽다. 우리가 하늘 아버지께로 달려가면, 그 아버지는 쭈그리고 앉아 우리를 안아 주려고 두 팔을 활짝 벌리고 기다리신다는 개념은 너무 거리가 멀고 불가능하며 생각조차 할 수 없는 개념으로 보인다. 우리에겐 준거점이 없다. 이 땅의 아버지와 한 번도 그렇게 해 본 적이 없다는 말이다.

우리가 꿈꾸는 파파를 우리는 한 번도 경험해 본 적이 없다.

지금쯤 당신은 이 책이 기도에 관한 논의를 정말 사적인 이야기 형태로 풀어 가고 있음을 깨달았을 것이다. 이 책은 내가 최근에 발견한 네 글자, 알파벳 PAPA에 관한 이야기다. (이 단어가 왜 그리도 나에게 특별한 의미가 있는지는 이제 알게 되었으리라 믿는다.) 이 책은 나와 하늘 아버지 파파 사이에 영원히 막혀 있던 간격을 깨닫게 된 나의 이야기요, 내가 육신의 아버지에게서 전혀 경험해 보지 못한 차원의 친밀감, 그래서 결코 얻을 수 없으리라 두려워했던 그 친밀감 덕택에 점점 더 크게 경험하는 위로에 관한 이야기다.

당신이 이 책을 다 읽을 즈음에는, **파파**라는 말이 당신을 밀쳐내는 것이 아니라 오히려 당신을 끌어당기게 되기를 바란다. 당신이 꿈꾸어 왔던 완벽한 아버지에 대한 온갖 꿈들이, 이제는 손만 뻗치면 닿을 것처럼 가까이 느껴지길 바란다. 사실이 그렇다.

지금까지 당신의 기도 생활이 나와 같았다면—무미건조하고, 다급할 때만 간절하며, 관계보다는 요구 중심이고, 자주 혼동에 빠지며 확신이 없고, 가끔은 의미 있고 열정적일 때도 있지만 대체로는 틀에 박혀 생기 없는 기도 생활—파파(PAPA)라는 단어를 순서에 맞게 제대로 써 보려고 어설프고 투박하게 노력하는 초등학교 1학년 교실로 나와 함께 들어가 보자. 깜짝 놀랄 만큼 재미있다. 당신은 하늘에 속한 현실 세계로 이끌려 들어가게 될 것이다. 우리 생애 최고의 꿈이 이루어지는 세계로 말이다.

제2장
파파 기도를
소개하면서

　　　　　　나는 그리스도인이 되어 지금에 이르기까지, 하나님께 간구했으나 얻지 못한 것들이 많이 있다. 엉망이 된 관계를 어떻게 풀어야 할지 명확하게 인도해 달라고, 혹은 오리무중의 상황에서 어느 방향으로 가야 할지 가르쳐 달라고 애걸한 적도 있었다. 하지만 응답은 없었다. 인생을 살면서 하나님의 음성 듣기를 간절히 바랐지만, 돌아온 것은 침묵밖에 없었던 곤혹스런 순간을 꼽으라고 하면 열 손가락도 모자랄 것이다.

　때로는 내가 하나님의 음성을 들은 거라고 굳게 믿어 보려 했지만, 사실은 음성을 들은 게 아니라는 것도 잘 알고 있었다. 음성을 너무나 듣고 싶었던 나머지 들은 척했던 것이다.

　"하나님, 당신은 어디 계십니까?"라고 나는 종종 묻곤 했다. "제 말을 듣고 계시나요? 지금 제 인생이 어떻게 돼 가고 있는지 알긴 아시나요? 신경이나 쓰시나요? 당신이 어떤 분인지 도대체 제가 알긴 알고 있는 건가요?"

52년 동안을 그리스도인으로 살아 왔지만, 나는 눈으로 보고 손으로 만지고 귀로 들을 수 있는 사람들을 알듯, 그렇게 하나님을 알고 있지는 못하다. 내 아내 레이첼을 알듯이 하나님을 알지는 못한다. 육체적 차원이 아니라 인격적 차원에서 말이다. 또 내 두 아들 켑과 켄을 아는 방식대로 하나님의 아들을 알지는 못한다. 그리고 나의 소중한 친구들인 트립, 짐, 에반, 글렌, 켄트를 아는 방식대로 하나님의 영을 알지는 못한다. 하지만 하나님의 영은 내 안에 계시다. 그 어느 친구보다도 더 가까이.

하지만 이 모든 것이 변하고 있다. 물론 완전히 변하지는 않는다. 완전한 변화는 우리가 본향에 도달할 때 일어난다. 하지만 이생에서도 장차 내 앞에 더 많은 것들이 펼쳐지리라는 신선한 소망을 줄 정도로 충분한 변화는 진행되고 있다. 내가 그리스도인으로 살아온 그 오랜 세월 끝에 마침내, 뭔가 좋은 일, 새로운 일이 내 안에서 일어나고 있다. 안 좋은 날일수록 이 새로운 소망은 더욱 커지며, 그 안 좋은 날들은 아직도 많이 남아 있다는 사실이야말로 어쩌면 나를 가장 고무시키는지도 모르겠다.

나의 진정한 파파를 알아 가는 일이 나에게는 점점 더 큰 의미가 있다. 이제 나는 당당히 말할 수 있다. 처자식이나 가장 친한 친구들과 경험하는 최고의 만남보다도 더 실제적이고 더 깊이 맞닿으며 더 큰 기쁨을 주는 하나님과의 만남의 순간들이 나에게도 있다고 말이다.

나도 여전히 공허감과 외로움, 목마름과 배고픔에 시달리며, 불안하고 낙심하고 지루할 때가 있다. 암울한 날들은 여전히 있다. 하지만 이제는 그런 경험들이 나를 이 세상에 가두어 버리는 두꺼운 벽이 아니라 좀더 나은 세상으로 나아가는 열린 문으로 느껴질 때가 가끔씩 있다.

이제는 내가 원하는 것들을 하나님께 아뢸 때, 하나님이 내 말을 들으신다는 걸 좀더 확연히 알게 되었다. 그리고 내가 하나님께 덜 조른다는 느낌, 하나님을 조종하려는 태도가 덜해졌다는 느낌이 든다. 맞든 틀리든 나로서는 중요하게 여겨지는 여러 가지 일들을 해 달라고 하나님께 조르는 일이 줄어든 것 같다. 때때로 나는 지금 일어나고 있는 일들과는 전혀 상관없이, 바로 이 순간 하나님이 나한테 좋은 일을 행하시며 너무나 기뻐하신다는 생각에 온통 사로잡히곤 한다. 하나님은 가능한 한 나를 한껏 행복하게 해주고 싶어하신다. 그리고 정말로 그렇게 되려면, 다른 곳에서 행복을 찾는 일은 포기해야 함을 깨닫는다. 그렇다고 맛있는 음식이나 좋은 우정 관계를 누리지 말라는 뜻은 아니다. 다만 나의 안녕을 위해서 인생의 좋은 것을 요구하거나 그것에 의존해서는 안 된다는 것이다. 또는 어떻게 하면 하나님께로부터 내가 원하는 삶의 합당한 복들을 얻어낼 수 있는지, 언제 그렇게 얻어낼 수 있는지를 강구하거나, 그 축복들이 해줄 수 있는 이상으로 내 인생을 채워 주길 바라서는 안 된다는 것이다.

가장 훌륭한 변화라면, 이전에는 경험하지 못했던 방식으로 하나님의 말씀을 듣게 되었다는 것이다. 때로는 정말로 귓전에 들리는 소리는 아니지만, 인간 친구의 목소리보다도 더 분명하게 말씀하시는 아버지의 음성을 듣기도 한다. 때로는 사소해 보이는 일들, 그러니까 자명종이 울리기 전에 잠을 깼을 때 일어나야 할지 말아야 할지와 같은 일들, 또는 좀더 분명한 결과가 나오는 상황들—아내와 말다툼 중에 뭐라고 말해야 할지, 또는 다음날 아침에 할 강의에서 어떤 주제를 선택해야 할지와 같은 일들—에 대해서조차 정확히 어떻게 해야 할지를 알 것 같다. 결혼 기념일을 잘 기억하는 것이 신상에 이롭다는 사실을 알고 있는 것만큼이나 확실하게 말이다.

이 모든 변화들은 당연히 하나님이 하신 일이다. 하지만 하나님은 나에게 주신 도구를 통해서 일하신다. 그 도구는 바로, 이전에 알았던 그 어떤 기도보다도 훨씬 깊고 풍부하고 난순한 기도다. 물론 아직은 얄팍하고 어쩌면 나한테만 새로운 것일 수도 있지만 말이다.

새로운 기도 방법

나는 '중심 기도'(centering prayer)를 훈련한 적이 있다. 관상 기도도 해 보았다. 의례를 따라 기도하기도 했고, 중보 기도와 간구하는 기도도 했다. 내가 어린아이 시절에 처음으로 배운 기도의 모델은 ACTS였다. 찬미(Adoration), 고백(Confession), 감사(Thanksgiving) 그리고 간구(Supplication)를 포함한 기도다. 이 기도도 오랫동안 했었다. 각각의 기도마다 유익이 있었고, 지금도 유익은 있다. 어떤 면에서는 그런 다양한 기도의 요소들이 여전히 나의 기도 속에 들어 있음을 보게 될 것이다. 훌륭한 기도 방법은 많이 있다.

하지만 확신컨대, 나는 기도에 관한 전혀 새로운 방식을 우연히 발견했다고 믿으며, 이로 인해 새로운 방식으로 기도하게 되었다. 그 기도는 공식도 기술도 아니다. 하나님과 좋은 대화를 나누는 데는 기술이 필요 없다. 하나님을 조종하는 방법도 아니고, 우리 방식대로 뭔가를 해 달라고 설득하는 방법도 아니다. 하나님은 내 인생을 가장 잘 운용하는 법을 굳이 배울 필요가 없는 분이시다.

내가 당신과 나누고 싶은 이야기는, 하나님과 관계를 맺는 방식에 관한 것으로서, 그것을 통해 우리는 하나님이 하시는 말씀을 듣게 된다. 그것은 그저 하나님을 기다린다거나 하나님의 음성을 듣는다거나 하나님께 집중하는 방식이 아니다. 이 모든 것이 포함되지만, 내가 당신과 나누고 싶은 점은 하나님께 나아가는 방법, 그리하여 그분을 기쁘시게 하고 우리를 변화시키는 방법에 관한 것이다. 그것은 우리를 하나님과 연합시켜 주는 기도 방법이며, 그럼으로써 이제는 더 이상 우리가 사는 것이 아니라 우리를 통해 그리스도가 사시는 방법에 관한 것이다. 그것은 하나님을 아주 잘 알게 됨으로써 하나님의 가장 속 깊은 소원이 진정으로 우리의 가장 속 깊은 소원이 되는 방법이며, 그리하여 우리가 진정으로 원하는 것을 하나님께 당당하게 요청할 수 있는 자유를 준다. 이제는 우리가 원하는 것이 하나님이 원하시는 것과 맞아떨어지기 때문에, 하나님은 천지를 움직이셔서라도 우리의 요청을 들어주실 것이라는 확신을 가지고 말이다.

그것이 바로 파파(PAPA) 기도이며, 파파 기도의 의미는 다음과 같다.

> P: **자신을 꾸밈없이 하나님 앞에 내어놓으라**(Present). 진실하라. 당신 안에서 어떤 일이 일어나고 있든지 간에, 파악 가능한 것은 모두 하나님께 말씀드리라.

A: 당신이 하나님을 어떻게 생각하는지 예의주시하라(Attend). 다시 말하지만, 꾸미지 말라. 스스로에게 이렇게 물어 보라. "지금 내가 경험하고 있는 하나님은 어떤 분이신가?" 당신에게 하나님은 자동판매기인가, 인상 찌푸린 아버지인가, 아니면 저 멀리 떨어져 있는 냉랭한 어떤 힘인가? 아니면 엄청나게 강하면서도 친근한 파파이신가?

P: 하나님과의 관계를 가로막는 것은 무엇이든 쏟아놓으라(Purge). 당신이 하나님과 진정한 관계를 맺으려 할 때, 당신의 마음을 불편하게 하거나 당혹스럽게 하는 것이 있다면 말로 표현해 보라. 당신은 하나님이 기뻐하시는 것보다 당신에게 만족을 주는 것들을 더 많이 생각하지는 않는가?

A: 하나님을 당신의 '1순위'로 여기고 나아가라(Approach). 하나님을 당신의 가장 소중한 보물, 당신이 가장 알고 싶어하는 분으로 삼으라. 지금 당장은 다른 사람들과 다른 것들을 더 중요시한다는 걸 인정하되, 그래도 하나님을 가장 사모하기 원하며 다른 좋은 것들은 모두 '2순위'로 여기기를 바란다고 아뢰라.

이것이 바로 내가 말하는 관계형 기도다. 그리고 나는 이것이 내 기도 생활의 정확한 중심에 있음을 본다. 이 점에서 본다면, 나의 영적 여정 전체의 중심이라 해야 할 것이다. 관계형(relational) 기도가 언제나 간청형(petitionary) 기도보다 선행되어야 한다는 사실을 깨닫고 나서야 나는 비로소 응답받지 못한 간구들에 대한 혼동에서 벗어나게 되었다. 먼저 관계를 맺고, 그 다음에 간청하라. 먼저 하나님을 누리고, 그 다음에 하나님이 제공하시는 것들을 누리라.

하나님께 간청하는 능력은 하나님과 맺는 관계의 깊이에 달려 있다. 파파 기도는 예수 그리스도의 삶과 죽으심과 부활을 통해 얻은 하나님과의 관계를 다지고 키워 나가는 면에서 내가 이제까지 발견한 방법 중에 가장 좋은 방법이다. 관계형 기도는 성령께서 가장 하고 싶어하시는 일을 하실 수 있는 기회를 활짝 열어 준다. 바로, 나를 아버지의 마음과 생명 속으로 이끌어주고 내가 좀더 아들 예수님을 닮아가게 하는 일 말이다.

내가 파파 기도를 할 때, 대체로는 아무 일도 일어나지 않는다. 최소한 당장은 뭔가 눈에 보이거나 느낌이 오지 않는다. 때로 하나님을 좀더 가까이 느끼는 경우는 있다. 최소한 그렇게 느껴진다는 생각은 든다. 때로는 어떤 일을 해야겠다는 충동, 또는 묵상할 만한 생각이 떠오를 때도 있다. 어떤 사람에게 전화를 걸어야겠다든지 성경의 특정 구절에 대해 생각해 보아야겠다든지, 어떤 책을 읽어야겠다는 느낌이 들 때도 있다.

하지만 대체로는 아무 소리나 느낌이 없다. 파파 기도는 마법의 램프를 슥슥 문질러 착한 지니가 불쑥 나타나면 그에게 세 가지 소원을 비는 그런 것이 아니다. 파파 기도는 그저 하나님께 나아와 그분을 기다리며, 우리 영혼의 귓밥을 털어내고 그분께 귀기울이는 방법이요, 무엇보다도 치열할 만큼 진실해지는 방법이다.

관계형 기도는 인격의 변화를 가져온다

파파 기도를 통해 내가 깨닫는 것은, 이런 식으로 하나님께 나아감으로써 내 안에는 여백이 생기고 성령께서는 항상 그 여백을 채우신다는 사실이다. 항상 말이다. 그 일이 일어날 당시에는 그것을 모를 수도 있지만, 정말 일어나는 건 확실하다. 자연과 마찬가지로, 성령은 항상 진공 상태를 채우신다. 하지만 우리는 자신의 공허감을 채우는 데 급급한 나머지, 성령께서 채우실 공간을 마련해 두지 않는다. 자아도취자가 절대로 하나님을 만날 수 없는 이유가 여기 있다. 그들은 자신을 채우는 데 너무 바쁘다.

파파 기도를 하면, 시간이 지나면서 나의 태도가 변하는 걸 깨닫기 시작한다. 다른 사람의 죄보다는 내 죄가 좀더 빨리, 명확히 보인다. 심지어는 말다툼을 하는 중에도 보인다. 하나님이나 사람들과 관계를 맺을 때도 뭔가 달라진 내 자신을 보게 된다. 그 빌어먹을 권리 의식을 좀 덜 느낀다. 불평이나 요구도 덜 하고, 우월감이나 우쭐하는 자세도 줄어든다.

그리고 나 자신에게 덜 빠져들고, 따라서 남을 좀더 잘 사랑하게 됨을 느낀다.

또 하나님께 이전과는 다른 것들을 다른 태도로 간구하고 있음을 보게 된다. 물론 새 힘을 달라는 기도는 여전하지만, 전처럼 불평하는 태도는 없어졌다. 게다가 나는 그 피로감을 제대로 보는 시각을 달라고 간구하게 되고, 그리하여 내가 지쳐 있을 때조차도 하나님은 뭔가 선한 일을 벌이고 계시며 그분은 항상 나를 위해 선한 일을 하고 계시고 그 과정을 스스로 즐기는 분이심을 깨닫게 된다.

시간이 흘러 노년이 된 내 끔찍한 모습이 떠오를 때 나타나는 증세가 느껴지면, 비록 돌봐 주는 사람 하나 없이 양로원에서 쓸쓸히 생을 마감한다 할지라도, 아직 내 인생 최고의 순간이 나를 기다리고 있다는 위로의 감각을 발동한다.

그리고 나의 진정한 파파이신 하나님은 더욱 현실감 있게 다가온다. 나는 그 어떤 축복보다도 하나님 자체를 갈망하는 노정중임을 알 수 있다. 그리고 자주는 아니지만, 때로는 그분의 음성도 듣는다. 나는 거룩한 대화의 일부가 되어 간다. 하나님의 성품에 참예하는 자가 되어 간다. 이것이 바로 하나님과의 연합이다.

하나님의 말씀 안에 있는 성령의 능력과 예수님을 통해 열린 길을 따라서, 나는 나의 파파를 알아가고 있다. 이것이 바로 내 안에서 그리스도의 생명을 이루어나가는 것이다. 나는 그 어떤 축복보다도, 무슨 값을 치르든 하나님을 기쁘시게 하고 사람들에게 하나님을 드러내길 원한다. 그게 바로 예수님을 닮은 것이다.

파파 기도는 단순히 하나님과의 대화를 트는 것이며, 이 세상 그 누구보다도 하나님과 더 친밀한 관계를 맺는 것이다. 파파 기도를 통해 나는 말하기보다 듣기에 더 관심을 갖게 되고, 하나님이 내 음성을 들으시는 것보다는 내가 하나님의 음성 듣는 걸 더 간절히 바라게 된다. 그것은 내 귀를 맑게 씻어 하나님의 말씀에 귀기울이고 분별력 있게 경청하는 사람이 되게 한다.

또한 파파 기도는 내 영혼에 하나님이 기쁘게 채워 주실 여백을 만드는 방법이며, 나의 내면 세계에 잔뜩 쌓아 놓은 쓰레기를 청소함으로써 하나님이 그분의 진실(reality)로 나를 채우시게 하는 방법이다. 다른 사람들과 관계 맺는 방식을 통해 하나님을 경험해야 한다는 것, 하나님이 이미 내 안에 부어 주신 거룩한 에너지와 지혜로써 다른 사람들을 대해야 한다는 것도 파파 기도를 통해 깨닫게 되었다.

그리고 파파 기도는 모든 짐승 중에 가장 길들이기 힘든 것, 바로 나의 혀를 굴복시키는 방법이기도 하다(약 3:7-8). 파파 기도는 내가 가장 원하는 것과 하나님 아버지가 가장 주고 싶어하시는 것이 일치하게 해 준다. 최우선 순위, 인생에서 가장 중요한 것을 차선으로 중요한 것들보다 더 열심히 구하게 한다. 나와 가족의 건강, 결혼 생활과 사역, 은행 잔고, 심지어는 내 자녀들이 하나님과 동행하고 있는가 하는 문제조차도 하나님을 아는 일―하나님을 누리고 하나님을 신뢰하고 하나님을 섬기고 하나님을 닮아가는 일―에 비하면 모두 이차적인 일들이다.

파파 기도는 하나님께 뭔가를 구하는 것보다 하나님과 관계 맺는 것을 더 우선시한다. 나를 휘저어 하나님한테서 뭔가 얻어내는 것보다는 하나님을 아는 것을 더 소중히 여기도록 해준다. 그리고 하나님을 알면 알수록, 하나님은 나를 행복하게 해주는 걸 낙으로 삼는 분이시기에, 마음으로 바라는 모든 것을 내가 이미 가졌다는 사실을 점점 더 깨닫게 된다. 내가 1순위에 놓아야 할 것을 1순위에 놓을 때, 그 다음 것들도 제자리를 찾게 된다는 확신이 점점 더 생긴다. 하나님이 우리의 관계를 운영하신다는 사실을 기쁨 가운데 깨닫게 된다. 그럴 때 우리의 대화 속에서 하나님의 말씀은 처음이요 마지막이 된다.

관계형 기도는 하나님의 음성을 듣게 해준다

파파 기도에 따르는 다른 이점이 없다 해도, 파파 기도를 통해 하나님의 음성을 듣게 된다는 점만으로도 내게는 충분하다. 나는 바로 어제 하나님의 음성을 들었다. 예레미야 32:40-41을 읽고 있었는데, 거기에는 하나님이 그 당시 살아 있던 사람들과, 또 예수님의 죽으심과 부활 사건 이후에 살게 될 사람들에게 하신 말씀이 나온다. "내가 그들에게 복을 주기 위하여 그들을 떠나지 아니하리라.… 내가 기쁨으로 그들에게 복을 주되 분명히 나의 마음과 정성을 다하여…."

성령께서 그 말씀을 내게로 끌어오셨다. 나는 기쁨에 완전히 사로잡혔다. 나는 오로지 내가 사람들을 대하는 태도 속에서 어떻게 하면 이 좋은 소식을 그들에게 알려 줄까 하는 생각만 했다. 그 때 나를 무척 화나게 했던 한 친구가 생각났다. 그 친구한테 전화를 걸고 싶어졌다. 그 친구가 나를 얼마나 짜증나게 했는지를 꼬집어 주려고가 아니라, 그에게 선을 베풀고 싶어서 말이다. 그래서 전화를 걸었고, 나의 우쭐했던 태도에 마음이 아프고 겸허해지면서, 갑자기 그 태도가 어리석고 천박하게 느껴졌다.

나는 이 말을 해주고 싶다. 일단 당신이 하나님의 음성을 듣게 되면, 거기에 완전히 걸려들게 된다고 말이다. 자신의 목소리는 점점 덜 좋아하게 되고, 일종의 자유마저 느끼게 된다. 무한히 강한 동시에 무한히 온화한 음성, 사자와 양의 소리가 한데 어우러진 그 음성보다 더 달콤한 음성은 절대 들을 수 없음을 깨닫게 된다. 그 음성을 듣는 일이야말로 당신이 가장 원하는 일이 된다. 파파 기도는 경청하는 자가 되는 방법이요 하나님이 현재 말씀하시는 것을 듣는 자가 되는 것이며, 그 과정에서 당신을 통해 흘러나오는 그리스도의 생명력을 경험하는 방법이다.

그런데 나는 어찌하여 이 기도를 지금에야, 그 많은 세월이 흐른 뒤에야 알게 된 걸까? 파파 기도의 세부적인 내용을 다루기 전에, 이 점부터 짚고 넘어가야겠다.

제3장
무미건조한 기도는
이젠 그만

나는 오랫동안 기도를 해 온 사람이다. 그렇다면 왜 이제 와서 달라진 걸까? 내가 생기 없는 읊조림에서 하나님과의 대화에 이르기까지 거쳐 온 여정을 조금이나마 당신이 이해하게 된다면, 내가 왜 그렇게 파파 기도에 열광하는지, 파파 기도만의 독특한 점은 무엇인지, 파파 기도를 좀더 이해하게 될 것이다.

나의 성장기 동안 기도 모임은 내 교회 생활 중에서 가장 무미건조한 시간이었다. 가장 신나는 시간은 일 년에 한 번 있는 야외 예배였다. 소프트볼 게임을 하고 핫도그를 먹고, 수박 씨를 뱉어 가며 노는 시간. 유일한 기도는 주신 음식에 감사하는 짧은 식기도뿐.

설교는 그런대로 견딜 만했다. 최소한 한 사람은 눈을 뜨고 열심히 말을 하고 있으니까. 그리고 설교 전에 10분 가량 찬송가를 부르는 시간도 재미있었다. 나는 테너 파트를 불러제껴서 음정을 잡을 줄 모르던 엄마가 음정을 놓치는 걸 재미있어 했다.

하지만 기도 모임은 지루했다. 무의미했다. 도대체 요지를 알 수가 없었다. 아마도 기도 모임 자체보다는 나의 미숙함 때문이 아니었나 싶긴 하다. 아버지는 기도 모임을 정말 좋아하시는 것 같았으니까. 하지만 나는 그걸 전혀 이해할 수가 없었다. 우리는 모두 눈을 감고, 내가 한 번도 만나 본 적이 없는 하나님이라는 분께 말을 했다. 예수님을 보내 주시고 십자가에 못박으시고 우리에게 성경을 주신 하나님은 너무나 위대하신 분이라고. 그런 다음에는 우리가 원하는 온갖 것들을 달라고 간구하곤 했다.

내 생각에는 그것들은 우리가 기도를 하건 안 하건 어차피 될 일은 되고 안 될 일은 안 될 사안들이었다. 때로는 어떤 분이 "이건 연쇄 기도를 해야 할 것 같아요"라고 말하는 걸 들은 적도 있다. 처음에는 연쇄 기도라고 해서 연쇄점에 모여 기도하는 건가 했다. 그러나 그게 아니라 좀 더 많은 사람들에게 기도를 부탁한다는 뜻이라는 걸 알고는, 왜 두세 명, 아니 심지어는 한 명이 기도하는 것보다 오십 명이 기도하는 게 하나님한테 더 강펀치가 되는지 의아해했던 적도 있다.

기도한 일이 이루어지면, 우리는 서로 얼굴을 쳐다보며 하나님께 감사드리곤 했다. 한번은 어떤 남자분이 이렇게 말하는 걸 들었다. "흐음, 물론 사라는 회복이 되었지. 우리가 기도했거든." 몇 달 후 사라의 증세가 악화되자, 모두들 또다시 기도했다. 하지만 2차전에서는 나아지지 않았다. 뭐가 잘못된 건지 드러내 놓고 의문을 품은 사람은 생각나지 않는다. 응답받지 못한 기도에 대해서는 다들 절대 언급하지 않았다.

거기에까지 생각이 미치자 나는 혼란스러워졌다. 그래서 그 부분에 대해서는 너무 많이 생각하지 않았다. 내가 기도에 관해 알고 있던 것이라고는, 혹시 하나님이 주실지도 모르니까 그저 모든 걸 하나님께 요청하고, 그걸 해주실 경우 감사하면 그뿐이었다. 나는 막연히 '혹시 모르니까' 하는 식의 기도를 하고 있었다. 어떤 기도를 말하는지 알 거다. 혹시 뭔가 달라질지도 모르니까 일단 기도나 하고 보자는 기도였던 것이다. 나의 그런 미숙함을 하나님은 어떻게 참으셨는지 정말 모를 일이다. 어쩌면 최소한 내가 하나님께 말은 하고 있다는 사실에 만족하셨는지도 모르겠다. 중요한 시험이 있는 날 아침이면 '혹시 모르니까' 식의 기도를 드렸다. 대학원 열두 군데에 입학 원서를 보냈을 때, 그리고 아버지가 수술을 하실 때도 그런 기도를 드렸다.

'하나님이 얼마나 멋진 분이신지를 고백하는' 기도는 좋은 일이 생겼을 때—예를 들면 아버지가 훨씬 좋아져서 퇴원하셨을 때—를 대비해서 아껴 두었다. 그럴 때는 신실함을 좀 발휘할 수가 있었다.

장기 이식 수술인가, 주름살 제거 수술인가

그런 형태의 기도는 어른이 된 뒤에도, 두 가지 면에서 수정되었을 뿐, 계속되었다. 첫째로는, 하나님이 얼마나 위대한 분이신지를 고백하는 부분이 우리 교회가 소위 예배라고 말하는 순서의 일부가 된 것이다. 이런 유의 기도는 뭔가를 달라는 기도에서 하나님의 위대하심을 누리고 싶은 갈망을 표현하는 기도로 전환되었고, 나는 주로 찬양을 통해 그런 갈망을 표현했다. "목마른 사슴 시냇물을 찾아"와 "내 맘의 눈을 여소서"라는 찬양은 천 번도 더 불렀으리라. 물론 지금도 나는 이 찬양들을 화음까지 넣어 부르곤 한다. 그리고 내가 부르는 그 찬양들을 하나님도 여전히 좋아하신다고 생각한다.

하지만 나는 그런 찬송을 통해 나의 갈망을 말로 표현하는 것이 예배라고 생각하게 되었다. 어른이 되어 살아온 세월 동안, 예배의 핵심은 희생이라는 사실은 전혀 깨닫지 못했다. 그런 말을 들어 본 적이 과연 있었나 싶다. 나는 그저 우리 교회의 문화를 답습했을 뿐이다. 그 문화라는 게, 예배란 하나님에 대해 좋은 느낌이 드는 것, 특히 하나님이 제대로 행동하셨을 때, 다시 말해서 우리가 하나님께 간구한 것을 들어주셨을 때 기분 좋게 느끼는 것이었다. 그렇게 우리 기분이 조금 좋아졌을 때, 우리는 찬양으로 또 문장 기도로 감사한 마음을 표현했다. 기도란 온통 우리 자신에 대한 것이었다. 심지어 우리가 드리는 예배조차도 자아도취적이었던 것 같다. 우리 아버지는 그렇지 않으셨다고 생각한다. 하지만 나는 그랬다. 게다가 다른 사람들도 몇몇은 그렇지 않았나 싶다.

두 번째 수정은 정말 성형외과적 수준의 수정이었다. 어린아이 시절 나의 '혹시 모르니까' 식의 기도는 상당히 판에 박힌 일상이었고, 아무런 열정도 없이 그저 나의 요구 사항을 아뢰는 일상적인 의례였다. 물론, 아주 큰 일—아버지의 수술과 같은 일—이 코앞에 닥치지 않는 한 말이다. 그러다 큰 일이 일어나면 열혈 신자가 되었다.

돌아보건대, 가끔씩 발휘되었던 나의 열렬함에는 공포심과 떼쓰기가 뒤섞여 있었다. 뭔가 몹시 두려운 일이 생겼고, 나는 하나님이 정말 나를 도와주셔야만 한다고 생각했다. 하지만 시간이 지남에 따라, 나의 열렬한 기도는 조금씩 겸허해지고(내 생각에는) 믿음이 실리기 시작했다.

하나님과 대화를 할 때 하나님께 떼를 쓴다는 건 말이 안 된다는 걸 알았고, 무슨 일이 생기든 하나님께는 뭔가 선한 목적이 있다는 것을 좀더 확신하게 되었다. 신경통과 암에 과연 무슨 선한 것이 있는지를 알려면 천국에 갈 때까지 기다려야 하리라는 생각은 들었지만 말이다.

그리하여 '하나님이 얼마나 위대하신 분인지를 고백하는' 기도는 오랫동안 음악을 통해, 하나님을 경험하고 싶은 나의 깊은 갈망의 표현이 되었고, 나는 그것을 예배라고 불렀다. 그리고 나의 '혹시 모르니까' 하는 식의 기도는 그 막강한 힘을 어느 정도 잃었고, 하나님께 탄원하는 사람이 마땅히 취해야 할 겸허함과 신뢰의 모습을 좀더 띠게 되었다. 좋은 변화들이긴 했지만, 그건 장기 이식 수술이 필요할 때 주름살 제거 수술을 하는 것과 마찬가지 형국이었다.

파파 기도 - 하나님을 붙잡는 생명줄

근래에 들어서야—내 나이 칠십 줄이 되어서야—기도는 비로소 내 영적 생활에서 가장 풍요로운 부분이 되고 있다. 기도 없이는—내가 앞에서 설명한 두 가지 기도와는 근본적으로 다른 기도—아직도 내 인생은 공포심이 주장하고 있을 것이며, 나는 안정되고 행복한 생활을 영위하기 위해 온갖 것들을 요구하며 떼쓰고 있었을 것이다.

파파 기도가 없었더라면, 지금까지도 하나님은 내가 관계 맺고 누리는 삼위일체 되신 공동체가 아니라, 뭔가 의미 있는 존재일 거라고 애서 믿으려 발버둥치는 세 마디 단어에 불과했을 것이다. 이 새로운 기도가 없다면, 나는 지금도 계속 저술을 하고 가르치고 상담은 하고 있겠지만, 능력도 별로 없고 만족감과 의미도 별반 못 느낀 채 주로 외적인 활동만 무성했을 것이다.

하지만 이 책에서 내가 독자들에게 말해 주고 싶은 그런 기도를 통해, 나는 이제 내가 믿는 것이 무엇인지 감지할 수 있다. 그것은 바로 내가 저술하고 가르치고 상담을 할 때 나를 감동시키시는 아버지의 영의 리듬이다. 그렇다고 내가 항상 그 리듬을 타고 움직이는 건 아니지만, 그리고 아직도 그걸 느끼지 못할 때가 너무나 많지만, 변화는 분명히 있다. 때로 나는 사랑받을 때보다 남을 사랑하면서 사실 더욱 큰 기쁨을 경험한다. 왜냐하면 나는 이미 하나님의 사랑을 받고 있으며 하나님의 사랑이 나를 움직인다는 걸 더더욱 마음속 깊이 믿기 때문이다.

파파 기도를 통해서 나는, 하나님과 사랑에 빠짐으로써 하나님의 사랑에 반응하는 나 자신을 본다. 기분이 좋은 날에는, 하나님이 나와 함께하시는 걸 정말 즐기신다는 게 믿어진다. 하나님은 내가 그분 주변에 얼쩡거리는 걸 좋아하신다. 내가 어린 시절에, 또 최근까지만 해도 못 했던 그런 기도를 하면서 나는 진정한 자유를 경험한다. 하나님을 사랑하는 자 그리고 사람을 사랑하는 자가 되는 자유 말이다. 요즘 깨닫는 것은, 이것이야말로 예수님이 나를 해방시키신 목적이라는 것이다.

나라고 항상 사랑을 잘 하는 건 아니다. 어떤 날은, 또 어떤 사람에 대해서는 과연 내가 하나님을 아는 사람이 맞는지, 내가 하나님 아버지와 한 가족으로 그분을 닮은 구석이 있기나 한지, 내가 입양은 됐지만 아직 길들여지지 않은 건 아닌지 의문이 들 정도로 행동하기도 한다. 내 안에서는 늘 싸움이 진행중이고, 때로는 내가 지는 적도 있다. 하지만 기도를 통해서, 나는 실패한 부분에 대해 좀더 솔직해지고, 자신을 미워하지 않으면서도 마땅히 느껴야 할 죄책감은 느낄 줄 안다. 하나님을 내 맘대로 할 수 없다는 사실, 내가 원하는 때에 원하는 방식대로 하나님을 움직일 수는 없다는 사실을 좀더 좋게 생각하게 된다. 어쩔 수 없이 인정할 수밖에 없는 실패들뿐만 아니라, 남들 눈에 보이지 않는 숨겨진 실패들조차도 안타까워할 수 있는 마음이 좀더 생긴다. 하나님을 아는 일과 작은 그리스도가 되는 일을 1순위로 생각할 때, 그에 비해 내가 이생에서 원하는 것들은 모두 2순위로 여길 수 있는 마음도 점점 더 생긴다.

내가 나의 생명줄이라고 말하는 기도는 이전에 내가 이해했던 그런 기도를 말하는 게 아니다. 전에는 하나님을 잘 구슬러서 내가 원하는 것들을 받아내고, 그것이 가뭄에 콩 나듯이 겨우 성공했을 때 하나님께 감사드리는 게 기도의 전부라고 생각했다. 하지만 지금 내가 알고 있는 기도는 주로 하나님이 내게 말씀하시고 나는 듣는 자가 되는 법을 배우는 기도다. 그것은 하나님이 이끄시는 한판 춤이다.

나에게 하나님의 음성이 들리기 시작한다. 정말 들리기 시작한다. 그리고 하나님이 나를 참 좋아하신다는 걸 깨닫는다. 하나님은 나를 사랑하시고, 나에게 말씀하신다. 내가 하나님이 마련하신 잔치에 나타나면 하나님은 너무나 좋아하신다. 내 속 저 깊은 곳에서는 가끔 딴 세상의 음악 소리가 들려오고, 그 리듬은 내 안에 살아 있는 선한 것들을 남들에게 풀어 낸다. 정말 짜릿하다.

생애 처음으로 나는 기도를 좋아하게 되었다. 전혀 지루하지가 않다.

이제 관계형 기도, 즉 내가 하나님을 알고 하나님이 나를 아는 그런 기도야말로 간청형 기도(내가 원하는 것을 구하는 기도)와 감사 기도(내가 받은 모든 복에 대해 하나님께 감사하는 기도)를 할 수 있는 참된 열정의 근원이 된다는 걸 알기 때문이다.

제4장
하나님의 손이 아니라
하나님의 마음을 얻으라

성경이 우리에게 종용하는 여러 가지 기도 중에서 가장 많이 시행되고 또 가장 많은 혼동을 불러일으키는 기도는 아마 간청형 기도—우리가 원하는 것을 하나님께 부탁하는 기도—일 것이다. 이것은 가장 남용되는 기도이기도 하다. 이번 장에서는 한 가지 목적을 염두에 두고, 이 간청형 기도에 관해 살펴보고자 한다. 그 한 가지 목적이란, 하나님 자녀의 삶 속에서 간청형 기도가 차지하는 특권과 그 강력한 지위를 회복하는 것인데, 그 지위는 관계형 기도와 여타의 몇 가지 기도 다음 순위를 차지한다.

성경은 우리가 기도를 통해 하나님과 대화할 수 있는 방법을 최소한 다섯 가지로 제시한다. 기도를 통해 우리는 하나님과 관계를 맺고, 하나님을 예배하고, 그분의 하나님 되심과 우리를 위해 행하신 일을 감사하며, 다른 사람들의 필요를 위해 하나님께 중보하고, 하나님의 공급하심을 바라는 여러 축복들을 간청할 수 있다.

기도는 하나님과의 대화다

첫째로, **관계형 기도**부터 살펴보도록 하자. 예수님이 우리에게 예수님 안에 머무르라고, 포도나무 가지가 나무에 붙어 있듯이 예수님 안에 거하라고 말씀하셨을 때(요 15:4-7), 예수님이 생각하신 게 바로 이것이다. 내 견해로는, 파파 기도는 여타의 기도보다 우리와 하나님을 좀더 충만하게 연결시켜 줄 잠재력이 있는 관계형 기도의 한 유형인 것 같다. 이 외에도 우리를 하나님과 연결시키는 면에서 나름대로 중요한 가치를 지닌 관계형 기도로는 관상 기도와 중심 기도가 있다.

둘째로, 우리가 관계를 맺고 있는 그 대상에 완전히 사로잡히게 되면, **예배와 찬미의 기도**가 당연히 뒤따른다. 창조주 하나님이시며 우주의 주인이요 절대 주권자이신 그분이 바로 우리의 파파라는 사실에 눈 뜨는 순간, 우리는 경외감에 무릎 꿇지 않을 수 없다. 그분의 강한 능력이 우리를 압도한다. 하지만 그분의 은혜를 생각할 때 우리는 고개를 가로저으며 침묵할 수밖에 없다. 딸아이가 아빠에게 다가가듯, 우리도 하나님께 그렇게 가까이 다가갈 수 있다니. 이건 도저히 믿을 수 없는 일이다. 하나님은 지금까지 우리가 만났던 그 누구보다도, 말로 형용할 수 없을 만큼 너무나 좋으신 분이다.

그렇게 하나님과 관계를 맺고 예배하노라면, 자연히 **감사 기도**가 나온다. 하나님 그분과 하나님이 베푸신 온갖 축복 때문에 말이다. 여기서 반드시 지적하고 싶은 것은, 우리가 먼저 하나님의 하나님 되심에 압도될 때라야 비로소 하나님이 주신 것들에 제대로 감사할 수 있다는 점이다. 관계형 기도와 예배의 기도를 건너뛰면, 감사하는 마음에 얄팍하고 우매한 권리 주장이 슬그머니 끼어든다.

최근에 내 친구 하나는, 새 차를 샀는데 그 차가 예정된 배달 날짜보다 2주나 빨리 도착했다고 한다. "난 내가 쓰던 차를 나중에 직거래로 값을 좀더 잘 받으려고, 새 차 판매점에 넘기지 않았거든. 그런데 새 차가 예정보다 일찍 도착했다는 전화를 받은 그 날 쓰던 차가 팔렸지 뭐야. 그것도 내가 부른 값에 말이야. 이런 게 사건 아니겠어? 하나님은 정말 좋으신 분이야. 너무 너무 감사해." 나한테 그런 평탄한 일들이 일어날 때, 나는 그에 합당한 감사를 하나님께 드리지만, 그 저변에 어떤 태도가 흐르는지도 탐지할 수 있다. 이를테면 "만사는 이렇게 되어야 하는 거야. 하나님이 일을 제대로 하고 계시는군. 내 인생이 잘 돌아가게 해 주겠다던 약속을 지키시네."

먼저 하나님을 제대로 모른 채 그분을 예배하려다 보면, 하나님이 우리의 당면 과제에 잘 협력해 주실 때에만 겨우 고마워하는 수준의 태도로 전락하는 경향이 있다. 그리고 진정한 예배 없이 감사하는 태도 속에는, 우리를 가까이하기는 고사하고 우리를 버려 마땅한 모든 권리를 가지신 거룩한 하나님께 먼저 압도당해 보지 않고, 최소한 몇 가지는 반드시 우리가 원하는 식으로 되어야 한다는 생각이 깔려 있다. 하지만 진정한 예배에 기초한 감사가 솟아날 때, 우리는 아무것도 당연시하지 않게 된다. 우리 삶에 어떤 일이 생기든 그것을 옳다 여기며 그것이 우리가 경축하는 이유가 될 때, 우리는 자격 없는 자에게 거저 주신 축복—사실상 우리가 받은 모든 축복—에 대해 겸허한 감사를 느끼게 된다.

우리가 하나님을 알고 예배하고 모든 일에 감사하게 될 때, 우리 마음은 다른 사람들에게로 나아가게 된다. 우리를 거부하는 배우자든, 속을 뒤집어 놓는 십대 자녀든, 배신한 친구든 말이다. 그리스도의 마음에 사로잡혀, 우리 자신보다 다른 사람들을 더 생각하게 된다. 그들이 우리에게 끼치는 영향보다는 그들과 하나님과의 관계에 더 관심을 갖게 된다. 그리고 우리가 그러하듯이, 그들도 하나님을 알고 예배하며 감사한 마음으로 살기를 바라게 된다. 그리하여 우리는 자연스럽게 **중보 기도**로 나아가게 된다. 이타적인 마음으로 그들을 위해 기도하게 되는 것이다.

하지만 우리가 우리 자신과 하나님과의 관계를 충분히 돌아보지 않은 상태로 다른 사람들을 위해 중보하다 보면, 그 기도는 그 사람보다 우리 자신의 안녕에 더 치우치게 될 것이다. "하나님, 저의 배우자를 변화시켜 주셔서 제가 상처받지 않게 해주세요." "저희 아이의 마음을 온유하게 해주셔서 제 걱정이 사라지게 해주세요." "저희 소그룹 내의 이런저런 것들을 변화시켜 주셔서 제가 좀더 만족스럽게 참여하게 해주세요" 등등. 하나님을 알고, 그분의 하나님 되심을 예배하며, 하나님이 공급하시는 모든 것을 겸손히 감사하게 받는 태도에서 우러나오지 않는 중보 기도에는, 자기 중심이라는 지울 수 없는 얼룩이 생긴다. 그리고 우리는 그 점을 인식조차 못할 수도 있다. 어쨌거나 다른 사람들의 삶 속에 좋은 일이 생기도록 기도하지 않았는가 말이다. 그게 왜 잘못됐다는 말인가? 그들보다 우리 자신을 더 많이 생각하고 있을 수도 있다는 사실을 직시하는 건 쉽지 않다.

하지만 관계형 기도가 예배를 낳고, 예배가 감사를 낳고, 감사가 다른 사람들도 우리처럼 하나님을 알기를 바라는 중보 기도로 이어질 때, 우리는 다른 사람 위주의 사랑으로 '성령 안에서' 중보하게 된다.

그리고 그 과정의 한 단계로서, 하나님께 굴복한 마음에서 우러나는 **간청형 기도**를 드리게 되는 것이다. "하나님, 제 수술이 잘 되게 해주세요. 제가 돈 좀 더 벌게 해주세요. 제가 좀더 활력을 느끼게 해주세요. 좀더 많은 친구를 사귀게 해주세요. 하지만 이 모든 것들이 제 안에 계신 그리스도의 형상이 이루어지는 데 방해가 아니라 도움이 될 때만 그리 되게 해주세요." 내가 그 무엇보다도 예수님처럼 되는 걸 가장 원할 때, 나는 "내 뜻대로 마옵시고 아버지의 뜻대로 하옵소서. 무엇보다도 당신의 나라가 이루어지기를 원하나이다"라고 기도하게 된다.

기도의 우선 순위

당신이 기도를 간청형 기도부터 시작하는 바람에, 하나님을 좀더 풍성하게 알거나 좀더 깊이 있게 예배하거나, 하나님께 좀더 겸허한 마음으로 감사하거나, 좀더 이타적으로 다른 사람들을 위해 중보 기도하는 데 집중도 못하고 시간도 별로 못 낸다고 가정해 보자. 하나님과 관계를 맺는 게 아니라 그저 그분을 이용만 한다. 하나님의 존재하심과 같은 지고한 가치보다는 하나님이 당신에게 해주신 눈에 보이는 것들에만 감사한다. 당연하게 권리 주장하는 마음을 감사라는 가면으로 위장하고, 어쨌거나 하나님이 마땅히 해주셔야 한다고 생각되는 것들에만 감사를 표한다. 다른 사람들을 위해 중보 기도할 때도 그에 따르는 당신의 행복과 안위를 염두에 두고 기도한다.

그런 다음 하나님께 간청하는 기도를 드려 보라. 당신이 원하는 것은 무엇이든 간청해 보라. 그런 마음으로 드리는 기도는, 두 살배기 아이가 맘씨 좋은 부모한테 떼쓰는 것과 비슷한 효과를 낼 것이다.

당신이 갈망하는 것을 하나님께 간청하지 못하도록 기를 꺾고 싶지는 않다. 다만 무엇보다 먼저 당신 자신이 여호와를 기뻐하기를, 당신의 존재를 다해 하나님을 사랑하고, 그런 연후에 하나님한테 사로잡힌 마음에서 솟구치는 열망들을 담대하게 간구하기를 진정으로 바라마지 않는다. 당신이 하나님께 뭔가를 달라고 구할 때, 당신과 하나님의 관계가 기초가 되지 않는다면, 당신의 간청 기도는 참으로 오리무중이요 좌절만 더하게 될 것이다.

당신이 먼저 하나님 그분을 좀더 알기를 구하지 않고 하나님한테 뭔가 얻어내려고만 한다면, 당신의 간청 기도는 부모를 의지하는 어린아이의 요청이라기보다는 버릇없는 망나니의 악다구니처럼 들릴 것이다. 다음 장에서는 혼란스러울 만큼 훼손된 간청 기도에 대해 살펴보고, 어떻게 하면 하나님의 자녀된 삶 속에서 간청하는 기도가 차지하는 그 놀랍고도 특권적인 위치를 회복할 수 있는지 그 방법을 제시하고자 한다.

제5장
버릇없는
아이의 기도

　　　　　　　　예수님은 이렇게 말씀하셨다. "내 이름으로 무엇이든지 구하면 내가 행하리라"(요 14:14). 무엇이든지? 그렇다. 어쨌든 예수님은 그렇게 말씀하셨다.

　그리고 나서 예수님은 다시 한 번 이 말씀을 하시는데, 이번에는 그에 따르는 기쁨을 보장하면서 더 확실하게 강조하신다. "내가 진실로 진실로 너희에게 이르노니 [예수님은 논란의 여지를 주지 않으신다. 말했으면 정말로 그런 줄 알라고 못박으신다], 너희가 무엇이든지 아버지께 구하는 것을 내 이름으로 주시리라." 무엇이든지! 아무거나 ! "구하라. 그리하면 받으리니 너희 기쁨이 충만하리라"(요 16:23-24). 간청형 기도는 좋은 거다. 예수님도 우리가 원하는 건 무엇이든지 다 구하라고 말씀하셨다.

"구하라. 그리하면 받으리니?"

때는 내 나이 여덟 살. 나는 텔레비전에서 슈퍼맨 시리즈 하나를 방금 시청한 상태였다. 그저 날고 싶다는 생각밖에 들지 않았다. 날고 싶어 죽을 지경이었다. 지난 주 주일 학교 때 들은 말씀이 생각났다. "구하라. 그리하면 받으리니."

나는 밖으로 나갔다. 현관 앞에 서서 고개를 숙이고 기도했다. "하나님, 저도 슈퍼맨처럼 날게 해주세요." 그러고는 힘껏 뛰어 올랐다(아마 20센티미터쯤 뛰었나 보다). 하나님의 약속을 주장하면서. 그리고 채 1초도 안 지나서, 나는 '쿵' 소리를 내며 콘크리트 바닥에 떨어졌다.

위의 성경 구절은 우리를 당혹스럽게 한다. 그 구절을 제대로 작동시킬 수가 없는 것이다. 그러다가 우리는 출구를 찾아낸다. 예수님은 "내 이름으로"라는 전제 조건으로 이 구절의 의미를 축소시키셨다는 것이다. "내 이름으로"가 무슨 의미인지를 설명한 열 몇 가지의 해석을 요약해 보면 이렇다. 우리가 예수님의 목적에 부합되는 것을 간구할 때는 무엇이든지 주시겠다는 약속이라는 것이다. 그리고 예수님은 전지전능하시고 우리보다 훨씬 똑똑하시니까, 이건 아주 좋은 거라는 것이다. 하지만 무엇이 가장 좋은지 이미 다 아시는 분이 알아서 하실 거라면, 우리가 왜 굳이 기도를 해야 하는지 고개가 갸웃거려진다. 그저 버스 뒷좌석에 앉아서 예수님 보고 운전하시라고 하면 될 걸. 이것이 이 말을 해석하는 한 가지 비유다. 또 다른 해석도 있다.

기도란 사랑 많으신 아버지한테 요청하는 것이라기보다는, 슬롯 머신에 계속 돈을 집어넣는 일처럼 보일 수도 있다. 당첨 사례도 여럿 등장한다. 그렇다면 빈 손으로 나가는 사람들은? 글쎄, 그냥 그렇게 나가서 할 수 있는 최대한 믿음을 붙잡고 기도하며 수고하겠지.

내 친구처럼 말이다. 요즘 그 친구는 다 큰 자식 두 녀석 때문에 고통에 시달리다 새벽 2시에 잠이 깼다. 자식 하나는 그 친구한테 말도 안 붙인다. 다른 자식은 공개적으로 동성애자임을 밝히고는 부모가 자기의 '대안적인' 생활 방식을 인정하지 않는다고 마음이 상해 있다.

내 친구는 한 시간이 넘도록 기도하고, 훌쩍거리며, 애걸했다. "하나님, 우리 마리아의 삶에 역사해 주세요. 나한테 말을 걸어 주는 건 바라지도 않아요. 그저 마리아가 당신을 알고, 자기 인생에서 뭔가 소망을 발견했으면 좋겠어요. 그리고… 아이고, 우리 브렌트는 어쩌면 좋습니까! 저는 당신이 거부하시는 걸 인정할 수는 없습니다. 물론 당신이 그 아이를 거부하지 않으신다는 건 압니다. 당신은 그 아이를 사랑하시지요. 저도 사랑합니다. 그 애가 정말로 원하는 것은 당신의 사랑이라는 것, 그리고 그 사랑을 이미 얻었다는 걸 깨닫게 해주세요. 하나님, 제발, 제발 부탁이에요!"

하나님이 과연 그 기도를 들으셨는지 궁금한가? 그 친구는 똑같은 기도를 3년 동안 드렸다. 그는 자기의 간구가 "예수님의 이름으로" 한 것이 아니라고는 도저히 믿을 수 없었다. 그 친구네 목사님은, 하나님은 모든 기도에 항상 "그래, 아니다, 기다려라" 이 셋 중 하나로 응답하신다는 진부한 문구만 반복할 뿐이었다.

하지만 이건 예수님의 말씀을 제대로 읽어낸 것이 아니다. 예수님이 말씀하신 의미가 "무엇이든지 구하라. 그게 내 마음과 성품에 맞으면 항상 들어주겠다"라는 의미가 아니라는 걸 보여 주려면 정말 고도의 기술이 필요할 지경이다. 그 기준에 꼭 맞는 것 같은 기도를 드렸는데도 응답받지 못한 성도들이 얼마나 많은가? 하나님의 마음이 사랑이시고 하나님의 성품이 선하시다면, 다른 사람의 구원을 위한 기도는 그에 꼭 맞는 기도라고 보아 마땅하지 않은가?

우리 할머니는 아흔 살에 돌아가실 때까지 당신의 큰 아들, 그러니까 나의 백부가 예수님을 믿게 해 달라고 간절히 기도하셨다. 그렇게 오랜 세월을 기다리셨고, 그 응답받지 못한 기도를 끝까지 읊조리시다가 돌아가셨다. 그리고 20년 후, 백부님은 작고하여 저 세상으로 가셨으나, 내가 알기로는 예수님께 돌아와 구원받지는 못하셨다. 그렇다면 기도에 관한 그 모든 약속은 도대체 다 뭐란 말인가?

방황하는 딸과 동성애자 아들을 둔 내 친구가 어제 나에게 전화를 했다. "난 재판관과 과부에 대한 비유를 읽고 또 읽었지. 하지만 아직도 그 의미를 모르겠어."

누가복음에 나오는 이 비유의 내용은 다음과 같다.

예수께서 그들에게 항상 기도하고 낙심하지 말아야 할 것을 비유로 말씀하여 이르시되 어떤 도시에 하나님을 두려워하지 않고 사람을 무시하는 한 재판장이 있는데 그 도시에 한 과부가 있어 자주 그에게 가서 내 원수에 대한 나의 원한을 풀어 주소서 하되

그가 얼마 동안 듣지 아니하다가 후에 속으로 생각하되 내가 하나님을 두

려워하지 않고 사람을 무시하나 이 과부가 나를 번거롭게 하니 내가 그 원한을 풀어 주리라. 그렇지 않으면 늘 와서 나를 괴롭게 하리라 하였느니라.

주께서 또 이르시되 불의한 재판장이 말한 것을 들으라. 하물며 하나님께서 그 밤낮 부르짖는 택하신 자들의 원한을 풀어 주지 아니하시겠느냐? 그들에게 오래 참으시겠느냐? 내가 너희에게 이르노니 속히 그 원한을 풀어 주시리라. 그러나 인자가 올 때에 세상에서 믿음을 보겠느냐 하시니라(눅 18:1-8).

이 구절의 요점은 매우 분명하다. 그 요점을 우리의 경험에 맞게 짜 맞추기가 오히려 더 어려울 정도다. 예수님의 말씀은 자못 명쾌하다. 꾸준히 기도하고 포기하지 말라는 것. 그렇게 계속 기도하다 보면 결국 응답을 받을 것이며, 그것도 조속히 응답 받으리라는 것이다.

하지만 실제로 일어나는 일을 보면 그렇지가 않다. 전 세계에 있는 많은 신실한 사람들이 하나님께 부르짖지만 아무런 대답도 듣지 못한다. 루게릭 병을 앓는 친구를 위해 많은 사람들이 간절히 기도했지만, 결국 그는 그 병으로 죽었다. 솔직한 그리스도인 천 명을 모아 놓고 물어 보라. 이타적이고 선한 의도로 오랜 세월 기도했지만 아직도 응답 받지 못한 기도 제목이 있는 사람은 자리에서 일어나 보라고. 아마 구백 명은 자리에서 벌떡 일어날 것이다.

왜 그런 일이 벌어지는가? 도대체 하나님은 우리 기도를 듣긴 들으시는가? 과연 기도 덕분에 우리에게 일어나는 일들에 진정한 변화가 생기기는 하는 건가? 현재까지의 연구에 의하면, 기도를 받는 입원 환자가 기도를 받지 않는 입원 환자보다 합병증도 적고 회복률도 더 높다고 한다. 당신도 그런 경험을 한 적이 있는가? 당신의 신실하고 간절한 기도에도 불구하고 자녀의 천식이 낫질 않는가? 당신의 친구는 여전히 그 지긋지긋한 편두통에 시달리고 있는가? 절대 이루어질 것 같지 않은 기도 제목이라도 계속 간구해야만 하는 건가? 도대체 문제의 핵심은 무엇인가?

지혜를 구하는 기도는 어떠한가? 혹시 당신은 지금 어떻게 처신해야 좋을지 확신이 안 서는 묘한 상황에 처해 있지는 않은가? 배우자와 팽팽한 긴장 상태에 있는가? 남편에 대한 사랑이 눈꼽만큼도 남아 있지 않을 때, 어떻게 그에게 말을 걸어야 하는가? 교회를 바꿀지 말지, 직장을 옮길지 말지, 또 새 교회나 직장은 어디서 어떻게 찾아야 하는지, 그런 일들을 어떻게 결정해야 하는가?

하나님께 지혜를 구하되, 받을 것을 절대적으로 확신하고 구하라는 이 말씀을 당신은 어떻게 받아들이는가? 인생길이 험난할 때 어떻게 해야 할지 몰라 지혜를 구하는 사람은 아무 의심도 하지 말고 기도해야 한다. 야고보가 한 말이 그런 의미다(1:6). 어떤 이유에서건, 하나님의 응답을 확신하지 못하는 사람은 "이런 사람은 무엇이든지 주께 얻기를 생각하지 말라. 두 마음을 품어 모든 일에 정함이 없는 자로다"(7-8절).

지난 주에는 마가렛이라는 여성한테서 이메일이 왔다. "우리 아들은 아무 남자하고나 잠자리를 하고 마약을 하는 여자랑 결혼을 했답니다. 아들이 우리랑 같이 저녁 식사를 하고 싶다네요. 자기 아내는 우리가 자기를 좋아하지 않는다고 생각한다나요? 안 좋아하는 게 당연하죠! 그

애는 우리 아들의 마음을 찢어놓는답니다. 뭐랄까, 아들 녀석이 그 여자애한테 꽉 잡혀 있어요. 너무 줏대 없어 보여요. 아들애한테 그런 말을 해줄까요? 저녁 식사 하러 그 집에 갈까요? 우리가 어떻게 해야 하는 거죠?"

그녀한테 다음과 같은 답글이라도 써 보내야 하는가? "글쎄요. 당신이 어떻게 하는 게 좋을지 하나님의 생각을 알고 싶다면, 먼저 당신이 하나님께 물어 볼 때 하나님이 분명히 대답해 주실 거라는 온전한 신뢰가 있어야 합니다." 이렇게 말하는 게 야고보 사도의 말을 제대로 이해한 건가?

성경의 다른 구절을 보면, 그리스도께서는 우리에게 겨자씨만한 믿음만 있어도 이 산더러 저 쪽으로 가라 하면 그렇게 될 거라고 말씀하신다(마 17:20). 나도 옮기고 싶은 산이 몇 개 있다. 그런 산이 당신에게도 분명 있을 거라 믿어 의심치 않는다. 어떻게 하면 우리 기도가 효력을 발휘할 만큼 믿음을 크게 부풀려 키울 수 있을까? 예수님 말씀의 핵심은, 진정한 믿음이라면 아주 적은 분량으로도 충분하다는 뜻이 아닐까? 대부분 우리는 최소한의 믿음은 갖고 있지 않을까? 그렇다면 왜 아직까지도 우리 삶에는 그렇게 많은 산들이 그 자리에 떡 버티고 서 있는 걸까? 우리가 기도를 안 한 게 아니다. 믿음이 없는 것도 아니다.

기도 방식에 문제가 있다

한 구절만 더 살펴보자. 이 구절은 아바(Abba) 아버지, 하늘의 파파께서 직접 하신 말씀이다. 당신의 자녀들이 제대로 살지 못할 때 하나님이 그들을 향해 하셨던 말씀을 들어 보자. 하나님은 변치 않는 분이시므로, 그 자녀들에게 말씀하실 때 품으셨던 애끓는 마음이나 지금 현재 우리에게 말씀하실 때 품으실 애끓는 마음이나 동일하다고 볼 수 있겠다. "내가 어떻게 하든지 너를 자녀들 중에 두며 허다한 나라들 중에 아름다운 기업인 이 귀한 땅을 네게 주리라"(렘 3:19).

그렇다면 뭐가 하나님을 막는 걸까? 어쩌면 우리가 기도하는 방식에 문제가 있는 건지도 모른다. 아니면 우리가 기도하지 않는 방식에 문제가 있든지. '우리는 하나님과 관계 맺는 기도보다는 하나님께 구하는 기도를 훨씬 더 많이 한다'는 사실을 숙고해 보라.

하지만, 정말 그렇기로서니 그게 그렇게 문제란 말인가? 예수님도 우리에게 간구 제목을 가지고 나아오라고 말씀하지 않으셨던가? 이제 두 번째로 생각해 보아야 할 사항이 있는데, 이것은 자못 획기적이다. 어쩌면 간청형 기도는 관계형 기도 다음에 해야 할 기도인지도 모른다는 점이다.

우리의 기도가, 큰 도시에서 미아가 된 아이가 자기 아빠를 찾았을 때 보이는 반응과 같다면 어떤 일이 벌어질까 궁금하다.

둘째 아들 켄이 여덟 살 때, 주말에 나는 그 애를 데리고 뉴욕으로 놀러간 적이 있었다. 호텔에서 묵은 첫 날 밤, 그 애는 슈퍼맨이 그려진 잠옷을 입고 침대 위에 앉아 이렇게 물었다. "아빠, 우리 여기에 놀러 온 거 맞죠?" 내가 고개를 끄덕였다. 그러자 녀석은 눈을 동그랗게 뜨고 나를 빤히 바라보며 숨도 안 쉬고 이렇게 말했다. "그러면 여덟 시 넘을 때까지 안 자도 되요?" 나는 허리를 구부려 녀석의 눈을 마주치며 말했다. "좋아, 우리 파티를 열자!" 우리는 피자를 시키고, 텔레비전에서 해주는 영화를 보았고, 녀석은 아홉시 반에 잠이 들었다. 그리고 파티는 끝났다. 기억에 남을 만한 밤이었다.

다음날 우리는 센트럴 파크에서 숨바꼭질을 했다. 그 애가 나무에 기대어 눈을 감고 열까지 세는 동안, 나는 6미터 남짓 떨어져 있는 다른 나무 뒤에 숨었다.

"다 셌다. 찾는다!" 녀석이 소리쳤다. 나는 녀석이 못 찾게 계속 숨었다. 녀석 눈에 안 띄도록 그 큰 나무 등걸을 계속 돌았다. 하지만 그 아이는 계속 내 시야 안에 있었다.

2분 가량 지났을까, 그 애의 신명 나던 미소가 싹 사라지더니, 순식간에 공포에 질린 표정이 되었다. '아빠가 어디 있지? 사라지셨나? 강도가 나타나 아빠를 한 방에 때려눕혀 질질 끌고간 건 아닐까? 예수님이 다시 오셔서 아빠만 데려가고 나는 내버려둔 건 아닐까?' 공포에 질린 아들의 눈동자에서 이런 의문들을 읽을 수가 있었다.

나는 얼른 나무 뒤에서 나왔다. "아빠!" 하고 녀석이 비명을 지르며 내게 달려왔다. "아빠를 못 찾을까 봐 겁났어요."

그 순간만큼은, 아빠가 장난감을 사 주기로 한 약속도 생각나지 않았다. 그 애가 원한 건 오로지 나와 함께 있는 것, 내 옆에 바짝 붙어 있는 것, 내가 눈앞에 보이는 것, 내가 어디를 가든 나를 따라가는 것뿐이었다.

선교사이자 전도자인 스탠리(E. Stanley)는 이렇게 썼다. "기도에서 제일 먼저 해야 할 것은 하나님을 얻는 것이다. 당신이 하나님을 얻으면 다른 것은 모두 뒤따라온다. 하나님이 당신을 얻으시게 하라. 당신을 침범하시고, 당신을 소유하시게 하라. 그러면 하나님은 당신을 통해 자신의 기도를 쏟아부으신다. 그 기도는 하나님의 기도가 되는 것이다. 하나님의 영감이 어린 기도, 그리하여 응답하실 수밖에 없는 기도가 된다.

기도는 마치 상처난 소나무에 컵을 묶어 두어 송진이 흘러들게 하는 것과 같다. 당신은 하나님의 옆구리에―게다가 마음만 먹으면 그 상처난 옆구리에―둥지를 틀고, 이제 하나님의 은혜가 당신을 채운다. 하나님의 생명 그 자체를 받는 것이다."[1]

저술가인 라비 재커라이어스(Ravi Zacharias)는 그 말을 이런 식으로 썼다. "기도는 우리의 뜻을 이루는 도구가 아니라, 하나님의 뜻을 기꺼이 받아들일 수 있도록 우리의 뜻을 하나님의 뜻에 맞추는 하나님의 도구다." 그런 다음 라비는 이런 조언을 곁들였다. "기도 시간을 잘 계획하고 실행함으로써, 하나님께는 명예와 영광이, 당신에게는 기쁨과 삶의 원천이 되게 하라."[2]

오늘날 교회에서, 그리고 어쩌면 당신의 인생에서도, 가장 필요한 것은 하나님과 좀더 올바른 관계를 맺는 것이다. 그리고 그렇게 하기에 가장 좋은 방법은 기도 시간을 계획하는 것이다. 하나님께 무언가를 요청하기 전에, 하나님께 가까이 나아가 하나님과의 만남에서 오는 순전한 기쁨을 누릴 수 있도록 말이다. 관계형 기도야말로 간청형 기도가 설 자리를 마련해 주는 바탕이 되어야 한다. 우리가 관계형 기도를 배울 때까지는, 하나님의 상처난 옆구리에 둥지를 틀고 그분의 생명이 우리의 빈 잔을 채우시는 것을 경험할 때까지는, 결코 간청형 기도를 제대로 이해하지 못할 것이다. 설혹 그 때가 온다 해도 관계형 기도는 여전히 신비로 남겠지만, 그 때는 귀찮은 신비가 아니라 유쾌한 신비이리라.

파파 기도 - 하나님과 관계 맺는 기도 방식

무엇보다도 파파 기도는 관계형 기도다. 이 기도는 간청형 기도를 좀 더 잘 이해하고 더욱 능력 있게 실천할 수 있는 기반이다. 이 기도는 자녀들이 아버지한테 할 수 있는 그런 기도다. 우리가 그저 하늘 아버지와 가까이 있고 싶은 마음으로 나아가는 어린 자녀가 되지 않고, 우리가 원하는 것을 하나님께 달라고 부탁만 할 때는 우리 안에 뭔가가 계속 우리를 혼동스럽고 당혹스럽게 할 것이다. 더 나아가 우리는 오만불손하고 요구가 많아질 것이다. 설상가상으로 우리가 얼마나 오만불손하고 요구가 많은지조차 모를 것이다.

내 경우 그리스도인으로 산 지 50년이 지났고, 그 대부분의 시간은 신실한 그리스도인이었지만, 파파 기도를 통해 이전에는 경험하지 못했던 뭔가가 마음 깊은 곳에서 일어나는 걸 느낀다. 내 눈을 열어 새로운 삶의 방식뿐만 아니라 새로운 기도 방식을 보게 해주는 것이다.

파파 기도는 내가 그리스도인으로 살기 시작한 뒤부터 생각했던 모든 것들을 하나로 통합해 준다. 그 기도를 통해 나는 하나님으로부터 뭔가를 취하려 하기보다는, 하나님 자체를 더 경험하고 싶어진다. 나는 하나님과의 관계를 본래의 자리인 삶의 중심으로 회복시키고, 우리가 원하는 것은 무엇이든지 그분의 이름으로 구할 수 있는 특권을 재천명할 수 있는 총체적인 계획으로 파파 기도를 제시하고자 한다. 인자가 다시 오시는 날, 그분은 각 그리스도인들의 마음속에서, 모든 것에 대해 하나님을 신뢰하고자 그분께 가까이 나아간 자들에게서, 그분이 애타게 찾던 믿음을 발견하실 것이다. 파파 기도는 우리가 그렇게 되는 걸 도와준다. 파파 기도는 우리에게 생명을 주고 생명을 변화시키는 하나님과의 연합을 가져다주는 데 도움이 된다.

관계형 기도를 당신 삶의 중심에 세우라. 하루하루를 하늘 아버지와 좀더 친밀한 관계를 맺을 수 있는 기회로 보고, 당신이 다른 사람들과 관계 맺는 방식을 통해 당신의 구체적인 정황 속에서 하나님 나라를 이룰 수 있는 기회로 보라. 그것이야말로 예수님이 성령 안에서 하신 일이다. 그리고 예수님은 우리도 같은 일을 하도록 초청하셨다.

그런 일이 일어나면—세상 곳곳에 있는 그리스도인들이 관계형 기도를 삶의 중심에 두기 시작하면—교회는 그 능력을 회복할 것이다. 하나님과의 연합은 점점 자라가는 진정한 현실이 될 것이다. 하나님을 향한 갈망이 다른 모든 갈망을 압도할 것이다. 우리는 고난을 잘 견딜 것이고, 하나님의 축복을 잘 관리하는 청지기가 될 것이며, 우리를 지켜보는 세상 앞에서, 우리의 배우자와 자녀와 친구와 동료 앞에서 우리의 파파를 제대로 드러내는 삶을 살게 될 것이다. 그리하여 하나님 그리고 다른 사람들과 관계를 좀더 잘 맺게 될 것이다.

관계형 기도-참된 기도의 핵심

이번 장의 핵심을 마음에 새겨 두기 바란다. **관계형 기도야말로 모든 참된 기도의 핵심이다. 간청형 기도의 능력은 관계형 기도를 얼마나 중심에 두고 있느냐에 달려 있다.**

예수님이 하신 말씀도 바로 이 말이다. 당신이 예수님의 제자들과 함께 다락방에 앉아 있다고 생각하고 예수님이 하시는 말씀을 들어 보라. "너희가 내 안에 거하고 내 말이 너희 안에 거하면 무엇이든지 원하는 대로 구하라. 그리하면 이루리라." 예수님 안에 거한다는 게 무슨 의미인지 우리가 의아해하는 사이에, 그분은 계속 말씀을 진행하신다. "너희가 내 안에 거하고 내 말이 너희 안에 거하면 무엇이든지 원하는 대로 구하라. 그리하면 이루리라. 너희가 열매를 많이 맺으면 내 아버지께서 영광을 받으실 것이요. 너희는 내 제자가 되리라"(요 15:7-8).

이것이 바로 예수님이 말씀하시려는 내용이다. 예수님 안에 거한다는 것은 그분의 삶을 초지일관 지배했던 단 하나의 목적을 위해 산다는 뜻이요, 그분이 계속 자기 길을 가실 수 있었던 열정과 동일한 열정을 품는 것을 의미한다. 예수님은 하늘 아버지를 사랑하셨고, 기도 속에서 그 아버지와 시간을 함께 보내는 걸 중요시하셨으며, 그 아버지가 얼마나 근사한 분이신지를 모든 이에게 보여 주는 것 외에는 바라는 것이 없으셨다. 그것이 목숨까지 바쳐야 하는 일이었음에도 말이다. 그리고 그 생명, 바로 예수님의 생명이 지금 우리 안에 있다. 그분의 열정과 목적이 우리 마음 안에 있다는 말이다.

그 열정과 목적에서 우러나온 모든 기도 제목은 예수님 생전에 다 응답되었다. 그리고 우리 생전에도 다 응답될 것이다. 우리가 하나님을 향한 예수님의 열정을 함께 품고, 예수님의 목적 즉 우리의 모든 관계 속에서 하늘 아버지의 성품을 드러냄으로써 이 땅에 하나님 나라가 임하도록 어떤 값이라도 치를 각오로 헌신한다면, 우리의 간청에는 그리스도의 마음이 반영될 것이며, 그 간청은 응답될 것이다.

위의 마지막 단락을 다시 한 번 읽노라니, 내 속에서 이렇게 말하는 소리가 들려온다. "좋은 소리지. 하지만 그럴싸한 말 잔치에 불과한 거 아니야? 도대체 자식놈들 때문에 미쳐 버릴 것만 같은 순간에, 어떻게 예수님이 느낀 대로 느끼고 예수님이 바라신 걸 바랄 수 있단 말인가? 현실을 직시해야지! 이건 도저히 내가 도달할 수 있는 차원이 아니라고." 당신에게서도 이런 말이 나온다면, 아마 우리 둘은 관계형 기도에 대해 좀더 진지하게 생각해 봐야 할지 모르겠다.

관계형 기도가 중심이 될 때, 그것은 우리의 간청형 기도를 제대로 잡아 줄 뿐만 아니라 그 외 온갖 종류의 기도에 대한 우리 태도를 변화시킨다. 오로지 하나님과의 관계라는 토대 위에서만, 구속을 통해 회복되고 관계형 기도를 통해 자양분을 공급받아야만, 우리는 비로소 하나님을 제대로 예배하고 하나님이 주신 복에 대해 사심 없이 감사하며, 다른 사람들을 위해 중보하고, 우리 자신에게 필요한 것들을 요청할 수 있다.

관계형 기도를 중심에서 제해 버리면, 다른 기도들도 모두 엉망이 되어 버린다. 예배는 신성모독이 되고, 하나님은 우리의 심부름꾼으로 전락한다. 그저 우리를 섬기기 위해 존재하는 분이 되는 것이다. 감사는 가장된 권리 요청이 되어 버려서, 어쨌든 하나님이 우리에게 마땅히 주셨어야 할 것들을 받은 것으로 감사하는 수준이 된다. 중보 기도도 자기의 유익에 근거해서 하게 된다. 가족과 친구와 정부와 교회 지도자들을 위해 기도는 하지만 마음속에는 우리 자신의 목적과 안위가 자리잡고 있다. 그리고 간청하는 기도는 그것이(사랑하는 사람의 구원이나 자녀의 건강과 같이) 아무리 당연한 것일지라도, 그 기도를 추진하는 힘은 계속 달라고 요구만 하는 태도다. 우리가 보기에는 타당한 요구 사항을 제시하는 것 같지만, 하나님이 보실 때는 버릇없는 자식이 "주세요! 주세요! 주세요!" 하면서 징징거리는 걸로 들린다. 하나님 나라가 가까워 온다든지 왕 되신 하나님과 맺은 특권적인 관계를 누리는 것에는 전혀 관심이 없다. 여기서도 또다시 나의 유익이 모든 것을 제압한다.

기도의 주된 관심사가 간청인 경우, 그런 그리스도인의 기도는 어떤 모습일지 잠시 생각해 보자.

잘못된 기도
나 중심의 기도 생활

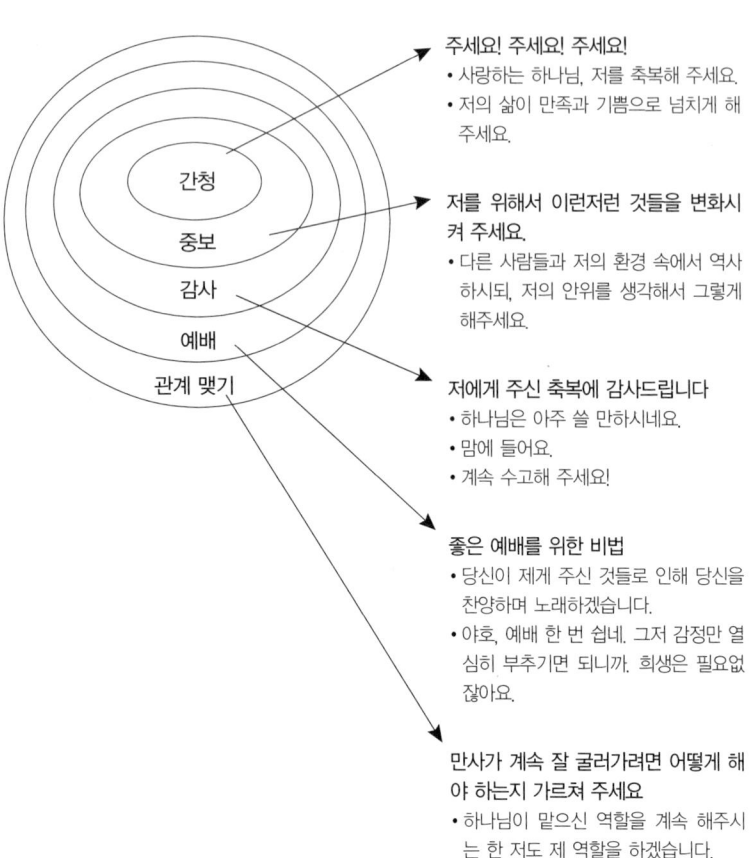

자, 이제 관계형 기도가 중심을 차지할 때 당신의 기도 생활은 어떤 모습일지 한번 상상해 보라.

참된 기도
관계 중심의 기도 생활

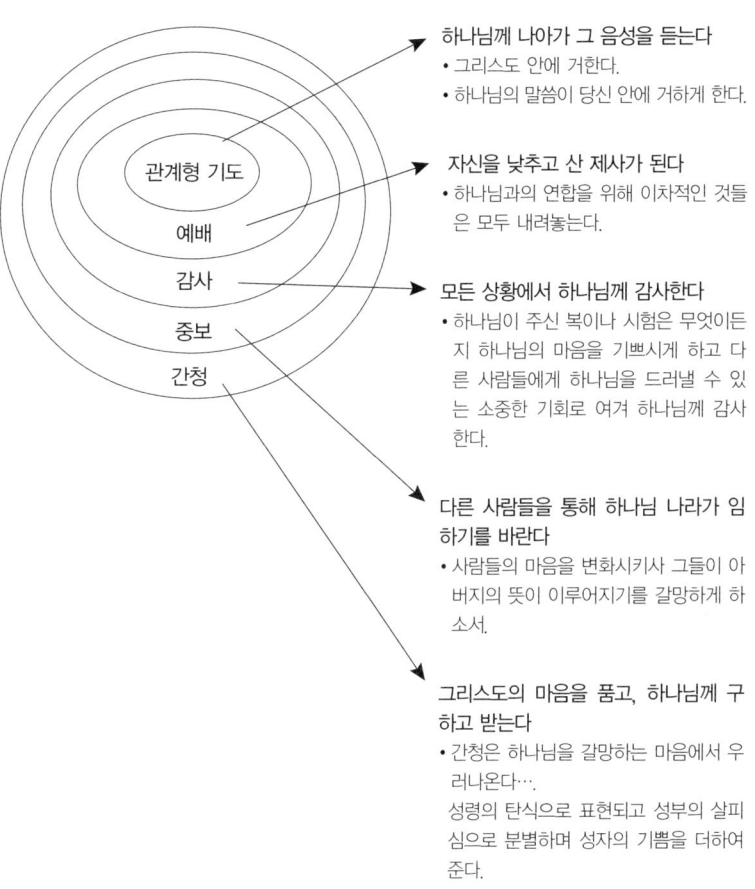

이것이 바로 기도다. 그리고 이 기도는 파파 기도로 시작된다.

제6장
관계형 기도는 하나님과
나 자신에 관한 기도다

기도의 중심은 뭔가를 요청하는 것이라는 생각을 우리가 버리지 않는 한, 파파 기도를 하루 이틀 장난으로 해 볼 뿐 생활 방식으로 삼고 기도하지는 않게 될까 봐 염려스럽다.

기도의 진정한 중심, 기도의 핵심 요소는 하나님과 관계 맺기다. 우리가 관계형 기도를 그 마땅한 자리로 회복시킬 때, 간청형 기도도 온당하고 능력 있는 자리로 회복된다. 나를 위해 무엇이든 얻어낼 수 있는 기회가 아니라 하나님을 향한 나의 사랑을 표현하는 방식이 되는 것이다.

하지만 우리는 기도를 하나님과 관계 맺을 수 있는 기회로 생각하지 않는다. 당연하다. 우리 대부분은 자신의 기도 생활이 하나님께 뭔가를 달라는 요구가 지배적이라는 걸 깨닫곤 한다. 그리고 그게 바로 기도라고 생각한다. 기도의 핵심에 대한 의식을 바꾸기가 쉽지는 않다. 이 잘못된 생각은 거의 보편화되어 있고 우리의 사고방식에 깊이 뿌리박혀 있다.

하지만 우리가 계속 그런 생각을 견지한다면, 기도란 하나님을 얻는 것이 아니라 다른 무언가를 얻는 거라고 계속 믿는다면, 결국 기도가 제대로 '먹혀들지' 않을 때 우리는 지독한 혼란을 겪게 될 뿐만 아니라, 일정 시기가 되면 하나님께 말을 거는 것조차 권태롭게 느껴질 것이다. 우리가 자신에게 솔직하다면 말이다.

내 친구가 말한 대로 "지금 만사가 안 좋은 상태야. 2년 전쯤에 이런 상황이었다면, 즉시 하나님께 무릎을 꿇었을 거야. 하지만 지금은, 어떻게 기도해야 하는지, 왜 굳이 기도해야 하는지조차 모르겠어. 전에는 발등에 떨어진 불을 끄느라고 기도했던 것 같아. 하지만 이제는 하나님께 말을 걸 힘조차 없어."

관계형 기도를 준비하기

나는 우리가 원하는 것을 하나님께 요청하는 데 신물이 나는 상태가 그리 나쁜 건 아니라는 생각을 하게 되었다. 그 상태는 관계형 기도를 준비시켜 주니까 말이다.

아내와 나는 오랜 세월 다음과 같은 단순한 간청 기도를 매일 아침마다 드렸다. 아내가 먼저 시작한다. "악을 깨닫고 거부할 수 있도록 도와주시옵소서." 그리고 나는 이렇게 마친다. "저희를 당신께 더욱 가까이, 그리고 서로에게 더욱 가까이 이끌어 주소서." 이 기도는 5초면 충분하다. 1년에 이 기도를 못하는 날이 불과 사나흘밖에 안 된다.

그런 기도도 간청이라 할 수 있고, 또 좋은 기도이기도 하다. 우리는 죽을 때까지 그 기도를 할 것이다. 아직 그렇게 구식은 아니니까. 하지만 구식이 될 수도 있다.

오랜 동안 우리의 기도 경향은 관계 맺기보다는 요청하기였고, 대화보다는 독백이었다. 하지만 아내 레이첼과 나는 우리의 그런 성향을 인식해 왔기에 이제는 사실 다른 식으로 기도하고 있다.

바로 어젯 밤, 우리는 친한 친구의 아들이 오랫동안 돼지 우리처럼 살아온 삶에서 한 발짝 벗어나고 있다는 말을 전해 들었다. 그 말을 듣고 자동으로 나온 우리의 첫 번째 반응은 이런 기도였다. "하나님, 그 애를 위해 드렸던 우리 기도에 응답하심을 감사드립니다. 그리고, 제발, 그 애의 삶을 변화시켜 주세요." 우리는 이 가족을 살뜰하게 생각하지만, 우리 둘 다 그런 익숙한 기도를 할 만큼 에너지가 충분치 못했다.

우리는 잠시 멈추고 관계형 기도를 해 보기로 했다(당시 우리는 몇 주 내내 이 책에 대해 대화하던 중이었다). 집사람은 너무나 소망이 생긴다고 하나님께 말씀드렸다. 나는 조심스러우면서도 기뻐서 마음이 들뜬다고 말씀드렸다. 그렇게 하나님과의 대화를 시작하였다. 그렇게 우리는 자신을 **내어놓았다**(present). 그 일에 대해 생각하고 분별하고 하나님께 말씀드리는 데는 약 5분 정도 걸렸다,

그런 다음 우리는 하나님을 어떤 분으로 생각하는지를 **예의주시했다**(attend). 지금 우리가 말을 걸고 있는 이 하나님은 과연 누구신가? 바로 이 순간 우리는 하나님을 어떤 분으로 생각하고 있는가? 하나님은 시큰둥한 재판관이셔서 우리가 기도 제목을 제대로 아뢰어야만 들어주시는 분인가? 그분은 멀리 계셔서 이보다 더 큰 문제에만 골몰해 계시는가? 아니면 인상을 잔뜩 찌푸린 채 "이 썩을 놈, 손 좀 볼 때가 되었어"라고

툴툴거리는 아버지이신가?

그 부분에 대해 이야기하는 동안 우리에게 떠오른 이미지는, 버선발로 달려와 탕자를 반가이 맞으시는 아버지의 이미지였다. 이는 우리에게 익숙한 성경을 통해 성령께서 주신 이미지라는 확신이 들었다. 우리는 하나님의 말씀을 들은 것이다. 그러자 우리는 하나님과의 대화를 좀 더 계속하고 싶은 열망을 느꼈다. 그것은 하나님을 예의주시하는 우리 나름의 방법이었다.

그 다음은 **쏟아놓았다**(purging). 하나님이 매우 간절히 이 탕자에게 다가가고 싶어하신다는 건 우리도 분명히 느끼고 있었지만, 그 아이의 움직임이 과연 진정한 것인지에 아내는 약간 떨떠름하고 냉소적인 느낌이라고 말씀드렸다. 나도 조심스러우면서 동시에 흥분되는 마음속에는 약간의 걱정과 약간의 자부심이 뒤섞여 있음을 인정하지 않을 수 없었다. 이 가족과 어떻게든 연관될 기회가 생길 것 같았다. 그 일을 과연 잘 해낼 수 있을까? 내가 주역이 되고 싶어하는 건 아닐까?

그러고 나서 우리는 처음 대화를 시작했을 때보다 좀더 겸손한 마음으로 함께 하나님께 **나아갔다**(approached). "하나님, 우리는 정말로 당신이 우리 인생의 1순위가 되시기를 마음 깊이 원합니다. 엉망진창인 우리 두 사람이 좀더 자유롭게 우리 자신을 당신께 내어드릴 수 있는 능력, 그리고 그 깨어짐 속에서 당신의 모습이 우리를 통해 이 가족에게 흘러들어 가는 것을 볼 수 있는 능력을 사모합니다." 우리는 그 능력을 달라고 간구하지는 않았다. 단지 그 갈망을 인정하고, 받아들이고, 그것을 들고 하나님께 나아갔을 뿐이다.

그러고 나서 우리는 귀기울였다. 잠잠히 묵상했다. 우리 안에서 가장 생생하게 느껴진다고 생각되는 것들을 말로 표현했다. 이제 우리는 하나님께 간청하고 싶어졌다. 하나님과의 친밀감 속에서 우러나온 기도 제목들을 가지고 말이다. 그 친밀감은 파파와의 연결로 자양분을 공급받은 성령의 생명에서 흘러넘친 것이었다. 우리는 성령 안에서, 그리스도의 마음을 품고, 아버지의 영광을 위해 기도하기 원했다.

관계형 기도에서 간청형 기도가 흘러나온 것이다. 집사람은 그 아이의 부모에게 하나님 자신을 강력하게 보여 주시기를 간구했다. 그리하여 아들의 회심을 바라는 마음이 그 부모의 최우선 순위가 되지 않게 해 달라고 간구했다. 그 뒤를 이어 나는 그 부모가 하나님께 아무것도 요구하지 않는 마음으로 아들에게 다가가게 해 달라고 기도했다. 그리하여 그 아들의 새로운 출발을 유지시키는 것에 집착하지 말고, 그러한 첫 번째 움직임 자체를 축하할 수 있도록 말이다.

그런 다음 우리는 이렇게 더 기도했다. "그리고 하나님, 저희는 이 아이가 그리스도께 나아오는 모습을 정말로 보고 싶습니다. 그게 당신의 뜻이 아닐 리가 없으니까요." 그 간청은 마치 아이가 아버지한테 케이크를 한 조각만 더 달라고 부탁하는 것처럼 느껴졌다. 아버지는 주실 수도 있고 안 주실 수도 있다. 우리는 모른다. 하지만 느낌이 좋았고, 그런 부탁을 하는 게 당연하다고 여겨졌다.

이것이 바로 우리가 애써 노력한 관계형 기도의 모습이다. 그 순간 우리 삶을 우리 자신에 관한 것만으로, 또는 하나님에 관한 것만으로 생각지 않고, 우리와 하나님의 관계에 관한 것으로 생각하고자 했다. 우리는 먼저 하나님과 관계를 맺고("내 안에 거하라"), 그러고 나서 하나님께 요청을 했다("원하는 대로 구하라").

파파 기도를 배울 준비를 하는 동안(파파 기도는 제2부에서 본격적으로 다루어진다), 무엇보다 먼저 관계형 기도가 기도의 핵심이라는 사실을 확실히 해두어야 한다. 하나님께 무엇을 요청하기 전에, 먼저 하나님과 함께해야 하고 그분을 알아가야 한다는 말이다. 이 장에서는 이 개념에 대해 좀더 살펴보고자 한다. 그런 연후에 다음 두 장에서는 이 개념이 내 머리에서 나온 것인지 아니면 성경에 있는 것인지를 살펴볼 것이다.

주세요! 주세요! 주세요!

파파 기도는 자전거를 타는 것만큼 쉽다. 물론 걸음마하는 아이한테는 그리 쉽지 않겠지만 말이다.

걸음마하는 아이들은 유모차를 탄다. 그 애들은 누가 유모차를 밀든 벽에 부닥치거나 하지는 않을 거라고 믿고는, 등을 턱 기대고 유모차 타기를 즐긴다. 물론 걸음마하는 아이한테는 좋은 것이다. 그 애들에게는 유모차가 가장 알맞은 운송 수단이다. 그 애들의 균형 감각은 아직 두 발 자전거를 탈 만큼 발달되지 않았으니 말이다.

다음 주일에 교회에 가면 주변을 한번 돌아보라. 그리고 정규적으로 출석하는 교우들에게 기도 생활을 어떻게 하는지 물어 보라. 그리고 당신의 기도 생활을 생각해 보라. 어쩌면 내가 도달한 결론과 동일한 결론에 도달하게 될지도 모른다. 즉, 서양 교회들, 특히 복음주의 진영의 교회들은 나와 같은 큰 아기들―자전거를 타야 할 시기에 아직도 유모차를 타고 있는 큰 아기들―로 가득 차 있다는 사실 말이다. 우리의 미성숙함은 우리의 기도 방식에서 가장 적나라하게 드러난다.

옛날에 기독교 지도자였던 번(C. J. Vaughan)이라는 사람은 이렇게 말한 적이 있다. "나는 상대방을 겸손하게 만들고 싶을 때면 그 사람의 기도 생활에 대해 물어 본다. 그 사람에게서 서글픈 자기 고백을 끌어내는 데는 이보다 더 좋은 주제가 없다."[1]

이 점을 생각해 보자. 유모차를 타고 슈퍼마켓을 누비는 큰 아기보다 요구 사항이 많은 존재는 이 지구상에 없다. 그들은 시금치와 사과 가판대는 못 본 척 지나쳐 버리고, 시리얼이라는 이름으로 광고가 나오는 설탕 덩어리 상자들은 빤히 쳐다본다. 그러고는 졸라댄다. "저거 사 주세요." 자기가 요구하는 상대가 누군지 아는 일에는 전혀 관심이 없고, 그 사람이 자기에게 가장 좋은 음식을 골라 줄 것이라고 믿는 일에는 더욱 관심이 없다.

관계성 없는 간청―이것이야말로 우리가 너무도 열심히 쌓아올리는 기도다. 아무리 포장이 그럴싸해도 어쩔 수 없다. 아무리 경건하게 기도 제목을 다듬어도, 아무리 주시는 분의 너그러운 성품을 뜨겁게 확신해도, 우리는 여전히 받는 자의 태도에만 머물러 있다. "주세요! 주세요! 주세요!" 그저 나밖에 생각하지 않는다.

연합과 예배의 기도마저도 때로는 하나님과 우리의 관계를 세우는 것보다는 하나님께 좀더 많은 복을 얻기 위해 하나님의 좋은 면을 부각

시키는 데 치중하는 경우가 있다. 우리가 하나님을 알고 하나님이 우리를 아신다는 개념은 그렇게 중요해 보이지 않는다.

어떤 사람들한테는 그런 기대 자체가 부적절하다. 길고 무더운 여름날, 아이들은 아이스크림 가게가 어디 있는지, 주인이 누구인지를 잘 안다. 심지어 주인을 만나면 반갑게 인사할 줄도 안다. 하지만, 핵심은 아이스크림이다. 크리스마스 때가 되면 우리 손자들은 백화점에 있는 산타의 무릎 위에 앉으면서, 산타에게 안부 인사를 건넨다. 산타가 여러 아이들한테 시달려 지쳤을지도 모르니까 말이다. 그런 다음, 녀석들은 제가 받고 싶은 선물을 줄줄이 읊어댄 후, 그 무릎에서 뛰어내린다. 우리 그리스도인들은 이것을 기도라고 부른다.

관계형 기도를 통해 하나님을 알아 가는 것에는 아무 관심도 없이, 그저 하나님께 요구만 하는 간청형 기도는 결국 버릇없는 자식의 졸라대기가 되어 버린다. 정당한 갈망은 기대로 발전되고 그것은 은근슬쩍 당연한 권리 주장이 되어 버린다. 또는 내 친구가 더 간단히 표현한 대로, 꿈(dream)이 변하여 요구(demand)가 된다.

우리 눈은 몹시 달콤한 그 설탕 덩어리 시리얼 이상을 보지 못한다. 어쩌면 우리는 건강이나 괜찮은 수입 또는 능력 있는 사역을 간구할 것이다. 우리에게 깊은 만족을 주기 때문에 온당치 못한 것들조차 좋은 것으로 합리화시켜 간구할 수도 있다. 예를 들면 배우자 대신 다른 남자나 여자를 간구한다든지, 영웅이 될 기회를 간구하는 따위 말이다. 악마는 진열대에 맛난 물건들을 가득 쌓아 놓으며, 우리는 육체를 따라 이렇게 기도한다. "이걸 저한테 주세요. 저걸 갖고 싶어요. 하나님의 영광을 위해, 예수님의 이름으로 기도합니다. 아멘."

우리는 하나님께 아픈 자녀를 고쳐 달라고, 결혼 생활이 나아지게 해 달라고, 우리가 좀더 사랑스러운 배우자가 되게 해 달라고, 우울증에서 건져 달라고, 사역에 열매가 맺히게 해 달라고, 직장을 달라고, 우리의 소그룹이 편안한 모임이 되게 해 달라고, 소그룹 모임에서 우리가 편안한 사람들이 되게 해 달라고, 우리에게 친한 친구를 달라고, 우리 또한 다른 사람의 친한 친구가 되게 해 달라고, 우리가 소속감을 느끼고 섬길 만한 교회로 인도해 달라고 부탁한다. 우리 기도 제목 중 상당수는 선하고 정당한 것이다. 어떤 것들은 정말 다른 사람 위주의 기도이기도 하다.

하지만 우리는 우리가 말을 걸고 있는 상대가 누구인지는 제대로 알지도 못한 채 여전히 무언가를 달라고 부탁하기 때문에, 그분의 목소리를 실제 들을 수 없는 것이다. 우리는 2차적인 것들—우리의 성취, 만족, 인생의 즐거움—에 대한 갈망은 잘 알고 있으면서, 우리와의 관계를 원하시는 하나님의 갈망은 망각한다. 우리는 다만 우리 자신의 목소리만 들으면서 하나님이 듣고 계시기를 바란다. 심지어 하나님이 몇몇 기도 제목을 들어주실 때조차도, 그분을 알고자 하는 깊은 열망을 느끼지 못한다. 어린아이가 산타를 알고 싶은 마음이 없는 것과 마찬가지다. 그저 맛난 것이나 계속 얻을 수 있게 그분과 적당히 지내자는 마음이다. (이것은 율법주의인가, 아니면 압박감인가?) 그리고 주어야 할 분이 더 이상 주지 않으면, 우리는 발끈 성을 낸다. 그것을 우리는 뜨거운 기도라고 생각한다.

기도의 목적은 관계다

그래서 이 모든 논의가 파파 기도를 배울 준비를 하는 것과 무슨 상관이 있단 말인가? 간단히 말하면 이것이다. 즉, 기도의 최우선 목적이 하나님한테서 뭔가를 얻어내는 것이 아니라는 사실을 깨닫기까지는, 어린아이가 마침내 두 발 자전거를 타듯 파파 기도를 누릴 수도 그 리듬을 탈 수도 없다는 것이다. 기도의 목적은 멀리서 하나님을 찬양하거나 하나님께 감사드리는 것이 아니다. **기도의 최우선적인 목적은 하나님을 아는 것이요**, 하나님과의 관계를 깊게 하는 것이며, 하나님이 이미 우리 안에 심으신 생명을 가꾸는 것이고, 우리와 관계 맺고 싶어하시는 하나님의 갈망을 채워 드리기 위해 이 모든 것을 하는 것이다.

기도는 결코 우리 자신에 관한 것이 아니다. 그리고 하나님에 관한 것만도 아니다. 하나님의 성품 때문에, 기도는 (그리하여 총체적인 그리스도인의 삶은) 하나님과 우리에 관한 모든 것이다. 우리의 관계에 관한 것이다. 이것이 바로 하나님이 원하시는 방법이다. 그러므로 관계를 맺으며 기도하는 법을 배워야 한다는 사실, 우리가 원하는 것을 하나님께 간구하기 전에 하나님이 처음과 마지막 말씀을 주도하시는 쌍방간의 대화를 누려야 한다는 사실은 일리가 있다.

그리고 이것이야말로 예수님이 우리에게 가르쳐 주신 기도 방법이다. 예수님은 우리에게 본보기를 주셨는데, 단지 암송을 위해서가 아니라 파파와 나누는 대화를 통해 우리를 올바르게 인도하시기 위해서 주신 것이다. 다음 장에서는 그 기도의 본을 살펴보기로 하자.

제7장
파파 기도는 하나님과 관계 맺는 방식이다

여러 성경 번역본이 있지만, 주기도문은 역시 개역 성경이 가장 친숙할 것이다.

> 하늘에 계신 우리 아버지여
>
> 이름이 거룩히 여김을 받으시오며
>
> 나라가 임하시오며
>
> 뜻이 하늘에서 이루어진 것 같이 땅에서도 이루어지이다.
>
> 오늘 우리에게 일용할 양식을 주시옵고
>
> 우리가 우리에게 죄 지은 자를 사하여 준 것 같이
>
> 우리 죄를 사하여 주시옵고
>
> 우리를 시험에 들게 하지 마시옵고
>
> 다만 악에서 구하시옵소서.
>
> 나라와 권세와 영광이 아버지께 영원히 있사옵나이다.
>
> 아멘(마 6:9-13).

이 주기도문에는 특별히 주목하고 싶은 부분이 몇 군데 있는데, 그것들은 보통 쉽게 간과되는 부분이다. 우선 첫 문장부터 살펴보자. 바로 "우리 아버지"라는 단어다. 이 단어는 우리로 하여금 관계에 대해 생각하게 만든다. "파파, 우리가 당신께 나아옵니다."

그리고 예수님은 우리가 나아가는 대상이 누구인지 정확히 알기를 원하셨다. 우리의 파파는 하늘의 거룩한 하나님이시다. 예수님 덕이 아니라면, 우리가 하나님과 대화를 하고 하나님을 파파라고 부르는 건 상상도 못할 일이다. 오히려 우리가 마주해야 하는 장면은 법정과 흡사할 것이다. 우리는 융통성 없이 의롭기만 한 재판관 앞의 피고석에 서서, 마땅히 우리에게 떨어질 사형 선고를 기다리며 벌벌 떨고 있을 것이다.

하지만 예수님은 모든 것을 변화시키셨다. 우리는 이제 백악관을 마음껏 들어갈 수 있는 대통령의 자녀다. 일하고 계신 파파의 무릎에 기어오를 수도 있는 그런 자녀 말이다.

그 아늑한 자리에서 파파의 목소리를 들으면서, 우리는 하늘의 파파가 무슨 일을 하고 계신지 이해하기 시작한다. 느긋한 확신과 불굴의 권위를 지닌 파파는 하늘나라를 이 땅에 이루고 계시는 중이다. 시간은 좀 걸리지만, 파파는 자신이 성자와 성령과 더불어 항상 누리는 그런 공동체를 우리의 인간 관계 속에도 재현하고자 하신다는 걸 우리는 점점 깨닫게 된다.

우리는 하나님의 빛나는 눈빛과 꾹 다문 입술을 보고, 그분이 정말 진지하시다는 걸 깨닫는다. 그분의 나라는 이 땅에 임할 것이고, 어떤 힘도 그 일을 저지할 수 없다. 우리는 그것이 온전히 어떤 의미인지 확실히는 모르지만, 우리 안에서도 불길처럼 뜨거운 감격이 솟구친다. "파파, 꼭 그렇게 되길 바래요. 당신의 나라가 이 땅을 가득 채우길 바래요."

그분이 우리를 내려다보신다. 그 표정은 마치 스타 선수를 구장에 내보내는 코치의 결연한 표정 같다. 우리는 그 일을 이루는 데 우리가 감당할 역할이 있음을 깨닫는다. '저요? 저한테 주어진 역할이 있다고요? 하지만 제가 누군데 감히? 제 안에서 도대체 무슨 일이 일어나고 있지요? 제가 무얼 할 수 있을까요?'

그래서 우리는 부르짖게 된다. "당신의 사명을 감당할 힘을 얻을 수 있도록 제게 필요한 양식을 주시옵소서." 그분이 주신 양식과 사명을 마음에 품고 나면, 굳이 아들이 인생의 방향을 돌이키거나 배우자가 우리를 더 많이 사랑해 주어야 하는 건 아님을, 뇌졸중에서 완전히 회복되어야만 하는 건 아님을 깨닫게 된다. 하나님이 사람들과 관계 맺으시는 방식을 다른 사람들에게 드러내는 역할을 감당하기 위해 반드시 직장이 있어야 하는 것도 아니다. 우리에게 필요한 것은 하늘의 양식, 생명의 양식이다. 그게 전부다. 그 외의 복도 바라기는 하지만, 그것은 모두 2차적이다. 하나님의 마음과 우리의 마음속 가장 깊은 갈망을 만족시키기 위해서, 또는 우리의 사명을 완수하기 위해서 그것들이 필요한 건 아니다.

이건 정말 사실이다. 우리가 항상 그렇게 생각하지는 못하지만, 정말 사실로 여겨질 때 우리는 2차적인 것들이 우리의 애착 때문에 1순위가 되어 버렸음을 알게 된다. 그리고 우리의 기도 생활이 그 2차적인 것들을 달라고 하나님께 간청하는 기도로 점철되었음도 알게 된다. 그 깨달음이 우리를 쏟아내기(purging)로 이끈다.

우리는 이렇게 기도한다. "파파, 저는 소중히 여겨야 마땅한 당신을 소중히 여기지 않았습니다. 탕자처럼 저 역시 당신을 원하기보다는 당신의 재산을 제 마음대로 쓰기를 더 원했습니다. 당신이 없더라도 내가 원하고 좋아하는 것들을 모두 가질 수만 있다면, 사실 별로 당신과 함께 있고 싶어하지 않았습니다. 정말 끔찍한 일이죠! 저는 당신의 무릎에 앉을 자격이 없습니다."

"그리고 저는 다른 사람들을 통해 저의 공허함을 채우려 했기에, 제 뜻대로 움직여 주지 않는 사람들에게 무척 야박하게 굴었습니다. 끔찍한 일이죠. 파파, 이제 제가 그들을 용서하오니, 저를 용서해 주세요."

그러고 나서 우리 파파가 어떤 분이시며 지금 무슨 일에 열중해 계신지 좀더 분명히 깨닫고, 또 우리가 어떤 존재이며 지금까지 무엇에 열중했는지를 겸손히 깨달으면서, 우리의 마음속에 전쟁이 휘몰아침을 깨닫는다. 그것은 미묘한 전쟁, 숨겨진 전쟁이다. 최전선이 어디며 무엇을 위한 전쟁인지 깨닫기가 쉽지 않다.

하지만 한 가지 사실은 분명하다. 우리 안에는 뭔가 우리 자신의 왕국을 세우는 데 끌리는 마음이 있다는 사실이다. 우리가 대접받기를 원하는 대로 배우자가 우리를 대접하게 할 수만 있다면 무슨 짓이든 하려는 마음, 우리가 맺는 모든 관계 속에서 좋지 않게 보이는 걸 피하려고 우리 자신을 보호하려는 마음 말이다. 그럼에도 불구하고 우리는 "이 관계 속에서, 이 말다툼의 현장 속에서 당신의 뜻이 이루어지기를 원하나이다"라고 말한다. 이런 태도야말로 우리가 갖게 되기를 바라는 태도다. 하지만 우리는 거기까지 도달하지 못했다.

어떻게 하면 아내와 마음이 통할 수 있는지에는 전혀 관심이 없는 남편을 둔 여자에게, 한 친구는 남편과 헤어지는 걸 심각히 고려해 보라고 말해 주었다. "그 사람은 너를 그렇게 대접할 권리가 없어. 네 자신의 목소리를 찾아. 네 스스로가 자신을 존엄한 여성으로 대접하렴. 넌 그럴 만한 사람이야. 그 사람이 너를 그렇게 하찮게 대접하면 더 이상은 참지 않겠다는 걸 보여 줘."

그런 충고를 한 여성은 무릎을 꿇고 "저를 시험에 들지 말게 하옵시며 다만 악에서 구하옵소서"라고 기도해야만 한다. 그녀는 사탄의 거짓말을 믿은 것이다. 좀더 낮은 시각에서 생각하는 것이다. 그 시각은 무엇이 옳은가의 기준을 자신의 만족과 자기 친구의 만족에 두고 있다. 그녀가 마음 상해 있는 친구와 대화할 때, 그녀의 삶에서는 그리스도가 흘러나오지 못했다. 지옥발(發) 지혜가 입에서 새어 나오고 만 것이다. 그런 지혜는 내 입에서도 너무 쉽게 흘러나온다. 우리는 모두 "오, 파파, 우리를 악에서 구하옵소서"라고 기도해야 한다.

이제 우리는 그리스도의 마음을 품고 기도하게 된다. 우리는 주기도문으로 기도한다. 하나님과 관계를 맺고, 하나님께 가까이 다가가며, 이제 하나님도 우리에게 가까이 다가오신다. 예수님이 다음의 말씀을 하실 때 염두에 두신 것이 바로 이것이다. "사람이 나를 사랑하면(관계) 내 말을 지키리니(관계의 열매) 내 아버지께서 그를 사랑하실 것이요(물론 하나님은 이미 사랑하시지만, 그 사랑이 느껴지게 해주실 것이다) 우리가(파파와 예수님이 성령을 통해) 그에게 가서 거처를 그와 함께하리라"(요 14:23).

예수님의 기도의 본을 따라

주기도문은 어떻게 하면 기도의 목적을 드높이는 방식으로 기도할 수 있는지를 보여 준다. 주기도문은 그 거룩한 리듬과 목적 안에서 우리가 그리스도 안에 거하는 방향으로, 우리 안에 있는 그분의 생명을 깨닫는 방향으로 나아가게 해준다. 1차적인 것과 2차적인 것들이 저절로 분류되기 시작하고, 우리의 기도가 달라진다. 우리는 전과 다른 것들을 원하게 된다. 그리고 그리스도께서 그러셨듯이, 우리도 성령 안에서 기도하게 된다.

그리하여 우리는 예수님과 좀더 비슷해진다. 우리가 가장 원하는 것은 파파와의 친밀한 관계라는 것을 깨닫고, 그분의 뜻을 이루는 데 필요한 것이면 무엇이든 간구하게 된다.

예수님은 우리에게 기도 방법을 말씀으로 가르치실 뿐만 아니라 직접 몸으로 보여 주셨다. 그분은 자신과 하늘 아버지 사이를 멀어지게 하는 거라면 무엇이든 절대 그것에 최우선 가치를 두지 않으셨다. 사십 일 동안 금식하신 뒤에 예수님은 맛난 음식을 원하셨지만, 그것이 아버지로부터 단 일 센티미터라도 멀어지게 할 경우에는 절대로 원치 않으셨다. 그리고 자신을 보호하기 위해서 그분의 능력을 사용하는 것이 아버지의 나라가 드러나는 것을 막는다면, 예수님은 그것을 사용하지 않으셨다. 겟세마네 동산에서 예수님은 십자가를 피하게 해 달라고 간구했다. 주된 이유는 예수님이 십자기에 달리는 동안 아버지는 예수님에게서 등을 돌리실 것이기 때문이었다. 못박히는 고통보다 그 상황이 예수님을 더욱 두렵게 했다.

심지어 겟세마네 동산에서도, 예수님은 모든 번민을 아버지께 의탁했다. 예수님께는 둘 사이의 관계, 너무도 투명한 그 관계가 가장 소중했다. 다른 인간들과 마찬가지로, 예수님도 고통을 달가워하지는 않으셨다. 하지만 다른 인간들과는 달리, 그분은 절대 고독이라는 고통을 맛볼 준비가 되어 있으셨다. 왜냐하면(성경에 분명히 밝혀져 있지 않다면 나는 감히 이 말을 할 수 없으리라) 예수님을 상하게 하는 것이 하늘 아버지를 기쁘시게 했기 때문이다(사 53:10). 하늘 아버지가 그 외 누군가를 상하게 하는 일로 기뻐하신 적은 한 번도 없었다. 예수님의 고통 외에는 그 누구의 고통도, 하나님이 파파가 되시는 가족 관계 속으로 우리를 끼워 줄 수 없다.

예수님이 기도한 모든 간구의 동력이 된 열정은 바로 그리스도와 그분의 아버지와의 관계였다. 관계가 간청보다 선행했다. 예수님의 생애는 내가 강조하고 싶은 요점을 잘 보여 주는 심오한 선례다. 즉, 하나님한테서 원하는 것들을 얻는 것보다 하나님 자체를 얻는 것이 우리에게는 무한히 더 가치 있는 일이라는 요점 말이다.

그런데 온 나라에 넘쳐나는 설교자들, 특히 텔레비전에 나오는 설교자들은 다음과 같이 가르친다. 즉, 기독교란 우리 삶 속에서 하나님의 선심을 얻어내는 것이요, 확신에 찬 끈질긴 기도를 통해서 원하는 복들을 얻을 수 있다고 말이다. 그들은 거짓 선지자다.

파파 기도의 목적은 하나님을 조종하는 게 아니다

한 가지만 더 짚고 넘어가자. 이제 내가 제시하는 파파 기도는 당신과 하나님과의 관계를 좀더 발전시켜 주는 기도 방법이라는 것이 분명해졌으리라 생각한다. 하지만 파파 기도를 하나님께 좀더 가까이 다가갈 수 있는 묘책이나 공식으로 생각한다면, 이 책을 읽지 말고 차라리 불태워 버리고 당신이 만나는 모든 사람에게도 그렇게 경고해 주기를 바란다. 우리가 뭔가를 행했다고 해서 하나님이 뭔가를 해주시는 건 절대 아니다. 우리는 다만 우리 자신을 하나님께 내어드리고, 하나님을 경험하는 일에 집중하며, 우리가 잘못된 방식으로 관계 맺은 것을 인정하고 그것을 변화시킬 능력이 없음을 고백하고, 하나님께 나아가 긍휼을 구할 따름이다. 그런데 우리는 그 이상을 원한다. 우리는 효과 있고, 우리에게 통제권을 주며, 뭔가 일을 벌이는 능력을 주는 그 무엇을 원한다.

그 결과, 우리는 '사물주의'(thing-ism)에 빠지고 만다. 좋은 아이디어를 창안해서 그걸 이용해 뭔가 근사한 걸 만들어 낸다. 그것이 새로운 기도의 방법론이든 요즘 인기 있는 저자이든 혹은 세미나 강사이든, 우리는 계속 새로운 걸 만들어 내는 데 사족을 못 쓴다. 무엇이든 다들 우리 삶을 변화시켜 줄 거라고 약속한다. 호소력 있다.

최근에 나는 캘리포니아 어바인에 있는 새노래 교회(New Song Church)에서 몇몇 젊은 복음주의자들과 함께 예배를 드린 적이 있다. 매우 근사한 경험이었다. 우리 나이 든 복음주의자들은 뭔가 새로운 것을 끊임없이 체계화시켜, 부끄러운 줄도 모르고 열심히 선전해 왔다. 도대체 성경의 보증도 없는 약속들을 해대면서 말이다. 이 젊은이들이 그런 새로운 것들에 환멸을 느끼는 모습을 보면서 나는 깊이 감사하는 마음을 안고 돌아왔다.

좀더 분명히 표현해 보자. 나는 파파 기도가 사람을 좀더 영적으로 만들어 주는 방법이라고 생각해서 추천하는 게 아니다. 만일 그렇게 된다면 그건 성령의 자유로운 주권과, 또 성령이 임하실 때 그 흐름을 타든 거부하든 스스로 결정할 수 있는 우리의 자유 그 둘 다를 부인하는 셈이다. 중요한 사안들을 우리가 원하는 식으로 만들어 갈 수는 없다. 따라서 우리가 할 수 있는 것들, 그 방향으로 인도하신다고 믿게 되는 것들을 계속 해 나가긴 하지만, 우리가 뭔가를 일으킬 수는 없다. 다만 우리의 가난함과 하나님에 대한 의존성을 더욱 인식하는 가운데, 선한 것을 행할 뿐이다. 나머지는 파파 마음이다. 그것이 순종이다. 그것이 신뢰이고 겸손이다.

파파 기도를 하면서 나는 내가 그렇게 능력 있는 존재가 아니라는 걸 느끼게 되었다. 하나님 나라가 나의 나라를 방해할 때, 그 하나님 나라가 이루어지지 않기를 얼마나 강렬히 바라는지를 깨달으면서, 나는 마음 깊이 아파하는 자신을 느낀다. 내가 사랑하는 사람들과 어떤 식으로 관계를 맺는지 그 동기를 들여다볼 때, 이 점은 더욱 분명해진다. 그리고 그때 나는 깨닫는다. 나의 약함과 상한 마음이야말로 하나님이 나를 통해 좀더 충만하게 당신의 생명력을 흘려보내실 수 있는 기회라는 사실을.

그리고 그런 일이 일어날 때, 나는 하나님과 내 자신을 조금 더 잘 알게 된다. 그게 참 좋다. 당신에게 자신의 공허함과 하나님의 충만함을 더 잘 경험할 수 있는 기도 방법이 있다면, 그것대로 하라. 하지만 당신의 기도 생활이 마치 산타 할아버지의 무릎 위에 앉아 있는 어린아이처럼, 잘 알지도 못하는 상대에게 요구 사항만 엄청나게 늘어놓는 형국이라면, 이 책은 어쩌면 당신을 위한 하나님의 메시지가 될지도 모른다.

우리가 예수님 안에 거하고 예수님의 말씀이 우리 안에 거하면, 무엇이든지 원하는 대로 구할 수 있고 그러면 우리에게 그것을 주리라고 예수님이 말씀하셨을 때 염두에 두신 것, 바로 그것을 경험하는 방법이 파파 기도다.

예수님은 자신이 하신 말씀을 지키시는 분이다. 요한복음 15:7에 대한 몇 가지 생각을 좀더 나누다 보면, 파파 기도를 배울 준비가 될 것이다.

제8장
그리스도 안에
편안히 거하라

한 친구에게 전화가 왔다. 그 친구의 남편은 아내와 깊이 있게 관계 맺는 법을 전혀 몰랐다. 굳이 배우려 들지도 않았다. 그 친구로서는 상당히 긴 여정이었고 어두운 밤도 꽤 지나야 했지만, 사실 그녀는 자신의 영혼 안에서 벌어지고 있는 진짜 싸움에 직면해 있었다. 남편이 자기에게 좀더 다가오기를 요구하고, 그렇게 하지 않을 경우에는 차라리 뒷걸음질쳐 버릴 것인가? 이혼해야 하는가? 아니면 아내로서 누리는 행복 같은 건 과감히 2순위로 밀어 버리고, 하나님을 아는 일에 힘써 그리스도가 주시는 힘으로 남편과 관계를 맺음으로써 그녀의 결혼 생활 속에 하나님 나라가 임하시도록 할 것인가?

그녀가 당면한 선택은 성령이냐 육체냐? 빛의 나라냐 어둠의 나라냐? 하늘 아버지냐 아니면 거짓의 아비냐? 둘 중 하나였다. 그녀는 남편에게 하나님의 성품을 드러내야 한다는 생각 없이 그저 결혼 생활을 견디기만 하는 것은, 그 생활을 끝장내는 것과 마찬가지의 죄라는 걸 깨닫게 되었다. 그리고 남편의 변화를 구하는 기도가 더 이상 그녀의 기도 생활의 중심이 될 수 없다는 것도 깨달았다.

그녀는 파파의 품안에서 편안히 쉬고, 남편과의 친밀함보다 파파와의 친밀함을 더 소중히 여기며, 남편에게서 자신을 보호하기보다는 그녀의 삶을 통해 그리스도가 남편에게로 조금씩 흘러들게 하는 일에 집중할 수 있도록, 일용할 양식을 충분히 섭취하는 법을 배워 가고 있다.

나는 그녀의 목소리에서 신선한 흥분을 느낄 수 있었다. "래리, 남편이 당신과 이야기를 나눠 보겠대요. 전에는 한 번도 못 느꼈던 부드러움을 그이한테서 느꼈어요. 그 사람을 한 번 만나 줄래요?"

나는 희열과 경계심을 동시에 느꼈다. 그리스도께 가까이 붙어 있다 보면 종종 좋은 일들이 생긴다. 배우자가 따뜻하게 다가온다. 미운 짓만 하던 십대 자녀가 고분고분해진다. 두통이 사라진다. 그리고 신나게 축하를 하기에 이른다. 나는 그 기회를 얼른 거머쥐고 싶어졌다. 이 남자가 아내를 좀더 잘 사랑할 수 있도록 돕는 일에 하나님이 나를 사용해 주신다면 얼마나 흐뭇하겠는가. 2차적인 축복을 받을 경우에는 잔치를 열어라. 흐뭇한 기분을 마음껏 누려라.

하지만 2차적인 축복들이 너무나 좋게 느껴진 나머지, 우리는 그것들을 1차적인 것으로 생각하기 시작한다. 이스라엘 민족이 약속의 땅으로 들어가기 직전에 하나님이 그들에게 하신 말씀을 들어 보자. "네가 먹어서 배부르고 네 하나님 여호와께서 옥토를 네게 주셨음으로 말미암아 그를 찬송하리라." 다시 말해서, 받은 복을 경축하라는 말씀이다. 하지만 "내가 오늘 네게 명하는 여호와의 명령과 법도와 규례를 지키지 아니하고 네 하나님 여호와를 잊어버리지 않도록 삼갈지어다.…네가 먹어서 배부르고(즉, 네 남편이 너를 사랑해 주기 시작하고)…네 하나님 여호와를 잊어버릴까 염려하노라. 여호와는 너를…종 되었던 집에서 이끌어내시고"(신 8:10-14).

이생에서는, 부부 관계가 호전된다든지 자녀가 하나님께 돌아온다든지 또는 유산을 받아 재정 문제를 해결한다든지 아니면 사역이 승승장구한다든지 할 때가, 하나님을 경험할 때보다 만족감이 훨씬 더 강하고 기쁨도 더 큰 경우가 종종 있다. 그 기쁨에 찬물을 끼얹는 것도 어리석은 짓이지만, 그것만을 위해 살 위험성, 하나님 그 분보다도 하나님이 주시는 복들이 우리 영혼을 더 깊이 만족시킨다고 생각할 위험성이 있다.

물론 문제는, 우리가 하나님과 맺는 관계가 너무도 얄팍해서 그 관계가 주는 기쁨이 사실상 우리 인생이 잘 되어 갈 때 느끼는 기쁨보다 적다는 데 있다. 내가 경계심을 갖는 이유 중 하나도 바로 이 점 때문이다.

두 번째 이유는 이것이다. 받아들이기 힘든 진실이지만, 하늘 이편에서 우리가 하나님과 맺는 관계가 항상 좋은 느낌을 주는 건 아니라는 사실이다. 성실하고 희생적으로 하나님을 위해 사는 삶, 그 삶이 항상 의미와 기쁨을 주는 유쾌한 경험이 되지는 못한다. 하나님은 우리에게 공허와 허무의 계절들을 허락하시며, 이생에서 우리의 참된 목적이 나 자신의 만족에 있는 한, 우리는 그것을 절대로 견뎌낼 수가 없다.

그리스도가 하나님께 굴복하신 절대절명의 순간은, 이제 곧 가장 끔찍한 외로움이 닥칠 거라는 현실에 직면했을 때였다. 그리고 그 굴복을 통해 예수님은 가장 결연한 의지를 발휘하셨다. 겟세마네의 고통을 통해, 예수님은 차마 형언할 수도 없는 갈보리의 공포에 대비할 수 있으셨다. 겟세마네 동산에서의 씨름이 없었다면, 십자가에 끝까지 매달려 있을 힘이 있었을까?

모르겠다. 하지만 내가 아는 것은, 겟세마네에서 예수님이 직면하셨던 버림받는 공포가 갈보리에서 현실이 되었을 때, 그분은 이전에 전혀 경험하지 못했던 고통 속에서 울부짖으셨고, 마지막 숨을 거두면서는 자신을 아버지께 완전히 의탁하셨다.

하나님과의 관계를 신실하게 지켜나가기 위해서는 때로 우리 영혼에 고뇌가 따르는데, 이 고뇌는 오로지 타협으로만 타개할 수 있다. 내가 내 친구에 대해 염려했던 것도 바로 이런 생각들 때문이었다. 그녀가 스스로에게 속아, 잘 느껴지지도 않는 파파와의 관계보다 그녀에게 만족스럽게 다가오는 남편에 대한 기대감을 더 소중하게 여기지는 않을까? 그녀가 예배에서 우상 숭배로 돌아서면서도 그런 사실조차 깨닫지 못하는 건 아닐까? 그녀의 간청하는 기도가 감사 기도로 바뀌고, 결국 그 감사 기도가 하나님과의 관계형 기도를 슬그머니 그 중심에서 밀어내 버리는 건 아닐까?

'성령 안에서' 기도하라

예수님도 이 문제를 진지하게 다루셨다. 예수님은 우리에게 당신 안에 거하라고, 하나님 안에서 편안히 거하고 축복이라는 안락한 세상에 안주하지 말라고 말씀하셨다. 그리고 이렇게 덧붙이셨다. "너희가 내 안에 거하면, 무엇이든지 구하는 대로 주겠다." 간청형 기도의 능력은 관계형 기도를 우선 순위에 두는 여부에 달려 있다는 것이 예수님이 말씀하시려는 의미인 것 같다.

이 구절을 좀더 자세히 살펴보도록 하자. 유진 피터슨은 「메시지」(The Message)에서 이 구절을 다음과 같이 정리했다. "나는 포도나무, 너희는 가지다. 너희가 나와 붙어 있고 내가 너희와 붙어 있으면, 그 관계는 친밀하고 유기적이며, 열매도 당연히 풍성하다. 너희가 나에게서 분리되면, 아무것도 생산해 낼 수가 없다. 나에게서 분리된 자는 누구든지 죽은 나무요[여기서 예수님은 신자들에게 말씀하고 있다는 점을 기억하라], 그것들을 모아 모닥불에 던질 수밖에 없다[하나님 나라의 목적에는 쓸모가 없다]. 하지만 너희가 나와 더불어 거하며 내 말이 너희 안에 거하면, 너희가 구하는 것은 무엇이든지 반드시 내가 귀기울여 듣고 시행할 것이다"(요 15:5-7).

이 짧은 구절에서, 예수님은 우리가 자연스럽게 따라 하는 기도와는 전혀 다른 기도를 소개하신다. 그리스도 안에 거하는 사람들, 예수님과 편안하게 지내는 사람들, 예수님이 하신 모든 말씀을 편안하게 느끼는 사람들의 기도는 어떤 모습일까? "성령 안에서 기도한다"는 건 무슨 의미일까?

유다는 한 장으로 된 자신의 책 20절에서 이 표현을 사용한다. 그리고 그 뒤에는 이런 말이 따라온다. "하나님의 사랑 안에 거하라"(21절). 이 말은 우리가 주어진 방식대로 행동하지 않을 경우 하나님이 우리를 더 이상 사랑하지 않으실 수도 있다는 의미인가? 물론 그렇지 않다. 우리는 사랑받는 자들이다. 더도 덜도 없는 꽉찬 사랑을 받는 자들이다.

하지만 우리는 사랑의 잔치를 떠나기로 선택할 수는 있다. 왜냐하면 그 잔치가 항상 잔치처럼 느껴지지는 않기 때문이다. 50년대의 근사한 십대들처럼, 우리는 춤추는 자리에서 빠져나와 친구 두엇과 함께 후미진 구석에서 담배를 피워 물 수 있다. 하나님의 사랑이라는 현실에서 빠져나와 우리 자신 안에 거하면서 자아에 함몰되어 자신만의 충족감과 만족 외에는 아무것도 생각하지 않는 것, 이것은 가능한 일이고, 사실 전염병처럼 만연되어 있기도 하다.

2차적인 것을 추구하며 살 때마다 우리는 그런 행동을 한다. 하나님과의 좀더 친밀한 관계보다 결혼 생활이 좀더 좋게 느껴지기를 기도할 때마다 우리는 그런 행동을 한다. 하나님 나라에 보탬이 되는 열매를 맺는 것보다는 좀더 행복한 인생을 위해 개인적인 복을 달라고 기도할 때마다 우리는 그런 행동을 한다.

그리고 우리가 자아 안에 거하면서 파파의 사랑을 의식하지 못할 때, 우리는 성령 안에서 기도할 수 없다. 하나님을 거역하고 있는 자녀, 2차적인 것들을 하나님의 사랑보다 줄기차게 더 소중히 여기는 자녀의 기도 중에 하나님이 들어주실 만한 파파 기도의 유형은 단 한 가지뿐이다. "하나님, 제가 왔어요. 당신이 절 사랑하신다는 걸 잘 알아요. 저는 당신과 함께 있는 것보다는 제 자신이 좀더 좋게 느껴지는 것, 제 인생이 좀더 잘 풀리는 것에만 관심이 있었어요. 하지만 이제 당신 품으로 돌아갑니다. 저를 받아 주시겠습니까?" 그런 기도를 통해 우리 마음은 그리스도께로 돌아오고, 우리는 그분 안에 거하게 된다.

우리가 자아에만 머물면, 하나님의 사랑을 인생에서 가장 소중한 실재로 여기고 가까이 가지 않으면, 우리는 뭔가 다른 것을 가장 소중히 여기게 될 것이다. 그리고 그걸 달라고 기도할 것이다. 그러면서도 우리가 하나님을 예배하기보다는 2차적인 것을 달라고 기도하고 있다는 것, 하나님을 이용하고 있다는 것, 심지어는 하나님을 조종하려 한다는 사실은 전혀 생각지도 못할 것이다. 특히 우리가 구하는 것이 영적 생활에 따라오는 특권일 경우 그 위험성은 매우 크다.

오스왈드 챔버스(Oswald Chambers)가 경고한 다음의 말을 들어 보라. "우리는 평강과 기쁨을 얻기 위해 하나님을 활용한다. 즉, 예수 그리스도를 의식하는 게 아니라 그분을 누리는 우리의 기쁨만을 의식한다. 이것이야말로 잘못된 방향으로 들어서는 첫걸음이다."[1]

챔버스가 지적한 그 위험을 깨닫고 있는가? 그것은 매우 미묘하다. 예수 그리스도가 우리의 영혼을 만족시켜 주시긴 하지만, 항상 즉각적으로 그렇지는 않다. 지금은 아니지만 장차 언젠가는, 내 안에 거하라고 하신 하나님의 요구 사항이 우리 마음의 가장 깊은 갈망과 완벽하게 맞아떨어진다는 것을 전혀 의심 없이 알게 될 날이 올 것을 믿어야만 한다. 하지만 지금 당장은, 아무리 하나님과의 관계에 최우선 순위를 둔다고 해도, 우리가 마땅히 갈망하는 영혼의 극대치의 만족은 얻지 못할 수도 있다.[2]

그리스도 자체보다 그리스도 안에서의 만족을 더 중요시할 때, 우리는 그리스도가 아니라 자기 자신에게 헌신되어 있는 것이다. 우리는 그리스도께 헌신되어 있다고 생각할 수도 있지만, 그리고 어떤 의미에서는 헌신되어 있기도 하지만, 그것은 오직 목적을 위한 수단으로써만 그렇다. 목적은 그리스도의 영광이 아니라, 우리의 만족인 것이다.

온통 하나님을 이용만 할 때에도, 우리가 하나님을 예배하며 성령 안에서 기도한다고 생각할지도 모른다. 마치 아기를 갖고 싶어하는 여자가 가장 근사한 소유라고 확신하는 그 아기를 갖기 위해 남자를 이용할 수 있듯이 말이다. 관계 자체보다 관계의 열매를 더 극진히 아끼는 것이다. 주셔야 할 분이 주시지 않을 때, 그 여성이 임신이 안 될 때, 또는 기쁨이 느껴지지 않을 때, 우리가 원하는 것을 얻으려고 다른 데를 기웃거리고 싶은 유혹이 불가항력적으로 다가온다. 아니면 공급자한테서 공급품을 얻어내려고, 더 열심히 기도한다. 관계형 기도는 안중에도 없어진다.

공급품이 아니라 공급자에게 집중하라

예수님도 이 위험성을 경고하셨다. 우리가 우리의 필요를 들고 나아가는 대상(공급자)보다도 우리의 필요(공급품)에만 초점을 맞추면, 우리는 "이방인들처럼 중언부언" 할 것이다(마 6:7). 하나님은 우리에게 필요한 게 무엇인지 이미 다 아시는데, 우리는 그걸 달라고 줄기차게 간청할 것이다. 그리고 설상가상으로, 하나님이 우리의 요청을 들어주시도록 설득하거나 심지어 우겨서라도 얻기를 바라는 마음으로 특정한 기도법까지 창안하려 들 것이다.

그러나 예수님은 더 좋은 생각을 가지고 계셨다. "자, 이렇게 한번 해 보렴. 조용하고 한적한 곳을 찾아라. 하나님 앞에서 연극을 하고 싶은 유혹에 빠지지 않도록 말이다. 그 한적한 곳에서, 최대한 단순하고 솔직해져라. 그러면 초점이 네 자신에서 하나님으로 옮겨질 것이고, 너는 하나님의 은혜를 감지하기 시작할 것이다. 세상은 소위 기도의 전사라는 이들로 가득하다만, 사실 그들은 기도에 무지하다. 그들은 온갖 공식과 프로그램과 조언을 잔뜩 짊어지고, 네가 하나님한테 얻고 싶은 것들을 얻어내는 기술을 팔러 다닌다. 하지만 그런 허튼 말에 넘어가지 말아라. 네가 상대하고 있는 이분은 바로 네 아버지시며, 그분은 너한테 뭐가 필요한지를 너보다도 더 잘 아신다. 이렇게 너를 사랑하는 하나님한테는, 아주 단순하게 기도해도 된단다"(마 6:6-9, *The Message*).

그러고 나서 예수님은 그들에게 주기도문을 주셨다. 이것은 내가 이미 앞 장에서 설명한 대로다. 여기서 예수님이 하시려는 말씀은 이런 의미로 들린다. 즉, 마치 하나님이 너그러워지시려면 당신의 설득이 필요하다는 듯이, 하나님 앞에서 여러 말로 지껄이지 말라는 것이다. 대주교인 트렌치(Trench)가 언젠가 말했듯이, "기도란 내켜 하지 않는 하나님을 승복시키는 것이 아니라 너무나 해주고 싶어하시는 하나님의 마음을 풀어 드리는 것으로 생각해야 한다.³⁾ 당신의 하늘 아버지를 알아 가라. 그분은 범접하지 못할 정도로 거룩하시고 하늘 저 멀리에 사시는 분이지만, 지금 이 순간 당신 자신보다도 더 당신과 가까운 분이라는 사실을 알라.

하늘에서 무슨 일이 진행되고 있는지, 거룩한 삼위께서 얼마나 근사한 시간을 함께 보내고 계시는지에 집중하라. 당신이 그 즐거움을 함께 누리고 다른 사람들에게도(심지어 냉랭한 남편에게도) 나눠 주기를 삼위께서 얼마나 원하시는지를 깨달으라. 파파의 사랑이 당신을 통해 결혼 생활에, 자녀들에게, 소그룹 모임에 흘러들 때 어떤 모습일지를 생각해 보라.

그런 다음에 하나님께 뭔가를 간구하라. 당신의 필요를 더 채우기 위해 당신과 관련된 사람들이 변화되기를 기도하지 말고, 위와 같은 일을 이룰 수 있는 힘을 달라고, 당신의 관계 속에서 하늘나라가 이 땅에도 이루어지게 해 달라고 간구하라. 당신이 그 일을 얼마나 제대로 할 수 없는지를 깨달을 때면, 또다시 간구하라. 이번에는 그런 당신을 용서해 달라고. 당신은 오로지 하나님 안에서만 얻을 수 있는 영혼의 만족을 사람들 속에서 찾고 있는 것이다. 그건 어리석을 뿐 아니라 잘못된 것이다. 당신이 얼마나 어리석고 잘못된 사람인지를 깨달을 때, 당신은 예수님과 십자가를 어느 때보다도 더욱 소중히 여기게 될 것이다. 그리스도의 수난은 훌륭한 영화 이상의 의미가 될 것이며, 당신의 삶의 중심에서 제자리를 찾게 될 것이다.

그리고 당신은 사람들—냉랭한 남편, 마음이 닫힌 아내, 힘들게 하는 십대 자녀, 관심 없는 친구 등—을 용서할 수 있는 새로운 힘을 발견하게 되겠지만, 그래도 갈등은 느낄 것이다. 그리하여 당신의 기도 제목에는 한 가지가 더 추가될 것이다. 당신이 자기 것만을 그러쥐고, 자기 유익을 최우선시하는 자아의 왕국 시민처럼 살기를 그 누구보다도 원하는 그 한 인격으로부터 구원해 달라는 기도를 하게 될 것이다.

그것이 바로 성령 안에서 기도하는 것이다. 그것이 바로 그리스도 안에 거하는 것이다. 이 말들을 쓰는 지금, 나는 흥분을 감출 길이 없다. 이렇게 소리치고 싶다. "그렇게 해 봐요! 믿어지지 않을 걸요!" 그걸 충분히 해 보라. 그러면 당신은 은밀히 즐기던 죄에 저항하는 능력을 체험할 것이다. 그걸 충분히 해 보라. 물론 제대로 대접받지 못할 때는 여전히 상처를 받겠지만, 그래도 그리스도와 더불어 고난받는 것을 특권으로 여기게 될 것이며, 그분처럼 당신의 파파에게 바짝 달라붙을 것이다. 당신의 관계 속에 그리스도가 사신 방식이(그분의 나라가) 임하는 능력을 알게 될 것이다.

사실, 나도 성령 안에서 기도한 순간들이 있었다. 파파가 계단을 올라와 나를 보시고는 기쁨에 겨워 노래를 부르시는 모습에 경이로움을 느끼고, 하나님의 사랑을 깨닫는 것이 무슨 의미인지 나는 알고 있다. 그리고 그분의 생명과 사랑이 나에게서 다른 사람들에게로 한 방울씩 흘러나가기도 했다. 놀라울 따름이다!

그런데 당신을 통해 한 방울씩 흘러나가는 것이 정말로 파파의 생명인지 아니면 가짜인지를 알아 볼 수 있는 시금석이 있다. 그것이 당신과 가장 가까운 사람들, 가장 사랑하기 힘든 사람들에게로 흘러나가는지를 보면 된다. 내 경우, 가족보다는 가끔 만나는 내담자한테 더 참을성 있게 친절할 수 있다. 반면에 내담자들보다 가족한테는 요구하는 게 더 많다.

내가 하나님한테 뭔가를 요청하기 전에 먼저 하나님과 관계를 맺을 때, 오로지 그 때만 하나님의 생명이 한 방울씩 흘러나간다(언젠가는 그것이 큰 강이 될지도 모른다). 그렇게 기도할 때, 나는 성령 안에서 기도한다는 게 어떤 의미인지를 안다. 나는 1차적인 것들은 확신 가운데, 그리고 2차적인 것들은 편안한 소망 가운데 기도한다.

하지만 꾸준히 하나님의 사랑 안에 거하는 게 쉽지 않다. 어떻게 하면 그 사랑 안에 늘 거할 수 있을까?

그리스도 안에 거하라

우리 주님은 우리더러 그분과 '더불어 거하라고'(at home), 그분 안에 거하라고 초청하셨다(요 15:7, *The Message*). 내가 그려 볼 수 있는 이미지 중에 이 말씀에 가장 근접한 것은, 따스한 봄날 저녁에 아내와 함께 뒤뜰 발코니에 앉아 있거나, 눈 내리는 겨울밤에 우리 집 벽난로 앞 편안한 의자에 앉아 있는 장면이다. 아내한테 뭘 부탁하고 싶다는 생각은 전혀 나지 않는다. 그냥 아내를 누리고 싶을 뿐이다. 핵심은 함께 있다는 것이니까.

내가 아내와 함께 있는 걸 '편하게' 느낄 때면, 나에게 일어나는 그 어떤 갈망도 우리 둘이 함께 있는 것을 방해하지 못한다. 아내에게서 얻어낼 것보다는 아내와 함께 있는 것이 나에게 더 큰 의미가 있다. 그 순간에는, 아내가 원치 않는 것을 내가 원하게 될 가능성이란 거의 없다.

다음과 같은 요한의 글을 읽을 때 떠오르는 그림이 바로 이런 것이다. "그를 향하여 우리의 가진 바 담대함이 이것이니 그의 뜻대로 무엇을 구하면 들으심이라. 우리가 무엇이든지 구하는 바를 들으시는 줄을 안즉 우리가 그에게 구한 그것을 얻은 줄을 또한 아느니라"(요일 5:14-15).

아내와 함께 앉아 있노라면, 나는 아내가 가장 원하는 것이 무엇인지 감지한다. 그리고 그것을 요청한다. 그러면 아내는 항상 나에게 그것을 준다. 하나님과도 마찬가지다.

관계형 기도는 간청형 기도에 힘을 실어 주는 조건이다. 왜 그럴까? 관계형 기도는 우리가 가장 열렬히 구하는 대상이 바뀌게 해주고, 우리가 무엇이든 구할 때 취하는 권리 주장의 태도를 없애 주기 때문이다. 야고보는 말하기를, 우리가 잘못된 동기로 뭔가를 구할 때는 그것이 아무리 좋은 것일지라도 얻을 수 없을 거라고 했다. 우리가 하는 간청 기도의 궁극적인 목적이 우리 자신의 만족은 아닌지, 그것을 점검하라는 경고의 말이 아닐까 싶다. 그 목적이 정말 자신의 만족이라면, 우리는 그리스도와 편안히 거하지 못하는 것이다.

그리스도 안에 거하려면 우리는 세 가지에 집중해야 한다. (1) 우리가 스스로에게 절대 해줄 수 없는 일을 그리스도가 해주신 그 일의 중대성 즉, 우리를 파파의 가족으로 입양해 주신 일. (2) 그리스도가 주시는 일용할 양식 없이는 우리의 만족을 이룰 수 있는 능력이나 진정으로 의미 있는 일을 수행할 능력이 근본적으로 우리에게 없다는 사실. (3) 우리에게는 홀로 침묵하며 하나님과 함께 있는 시간이 꼭 필요하다는 사실. 여기에는 주말에 기도원에 가는 것 등도 포함될 수 있지만, 꼭 그래야만 하는 건 아니다. 바쁜 일상 속에서도 하나님과 함께 앉아 있는 내면의 장소가 곧 수도원이 될 수 있다.

그렇다고 이 말을 정신 없이 바쁜 생활을 합리화하는 데 사용하지는 말라. 내가 아내한테 잘 있으라고 손을 흔들며 다음 비행기를 타려고 뛰어가면서, 아내와 이야기 나누는 시간은 전혀 갖지 않는다면, 나는 아내와 함께 거하는 것이 아닐 것이다.

요약하자면, 그리스도 안에 거한다는 것은 우리가 의식적으로, 날마다 그리스도를 우리 생명의 근원으로 소중히 여기고, 그분 아닌 다른 사람에게 우리를 채워 달라고 요구하는 일을 중단하는 걸 의미한다. 또한 우리에게서 나올 수 있는 모든 선한 것을 그리스도께 의존하며, 그분의 선함이 다른 사람에게서 우리에게로 들어오기를 바라기보다는 그 선함이 우리에게서 다른 사람에게로 흘러가기를 바라는 마음을 의미한다. 그리스도 안에 거한다는 것은 그분께 가까이 가기 위하여, 우리 안에 있는 그분의 생명을 일깨우는 연합을 체험하기 위하여, 어떤 값이 요구되든 그 값을 지불하고 어떤 야망이 요구되든 그 야망을 희생하는 것을 의미한다.

이것이 관계형 기도다.

제9장
래리 크랩의
파파 기도

앞에서 나는 PAPA가 각각 무엇을 상징하는지 설명한 바 있다.

P: 자신을 꾸밈없이 하나님 앞에 내어놓으라(Present).

A: 당신이 하나님을 어떻게 생각하는지 예의주시하라(Attend).

P: 하나님과의 관계를 가로막는 것은 무엇이든 쏟아놓으라(Purge).

A: 하나님을 당신의 '1순위'로 여기고 나아가라(Approach)

제2부에서는 각 부분을 실제적으로 좀더 면밀히 살펴봄으로써, 파파 기도를 어떻게 하는 것인지 알게 될 터인데, 그것을 어떤 식으로 펼쳐 나갈지 간단히 설명하고 싶다. 다음에 이어지는 서너 단락은 가르침이라기보다는 예시에 가깝다. 성경이 보증하는 기도의 모범은 주기도문밖에 없다. 그리고 기록된 바울의 기도들, 특히 에베소서에 기록된 그의 기도는 내가 제시할 기도의 실례보다 훨씬 훌륭한 기도다. 파파 기도는

단지 예수님의 모범과 바울의 예를 따르려는 내 나름의 시도일 뿐이다. 그리고 내 방식이라는 것도 어린애가 처음으로 두발 자전거를 탈 때처럼 비틀거리는 수준이다.

자신을 꾸밈없이 하나님 앞에 내어놓으라

첫째로, 나 자신을 꾸밈없이 하나님 앞에 내어놓는다. 이것은 PAPA의 처음 P에 해당한다. 나는 예수님이 가르쳐 주신 대로 기도를 시작한다. 즉, 내가 말을 하는 대상은 거룩하신 하나님, 나를 초청하사 그분을 아버지라 부르게 해주신 하나님이라는 사실을 먼저 인식하는 것이다. 그래서 나는 종종 이렇게 말씀드린다. "아버지, 당신의 은혜 없이는 당신이 차마 제 모습을 참으실 수 없을 겁니다. 하지만 예수님이 저를 위해 돌아가셨기에, 제가 이 자리에 있습니다. 당신이 지금 저와 함께 있고 싶으셔서 이 바닥에 내려와 앉아 계심을 저는 믿습니다."

하나님께 기도 제목을 아뢰기 전에, 나는 먼저 그 순간 내 안에서 어떤 생각들이 일어나는지를 묵상한다. 그건 자연스럽게 되는 일이 아니다.

오늘 나는 메리와 점심 식사를 같이 했다. 그녀가 상처받고 있음을 나는 잘 알고 있다. 식당으로 가는 길에 나는 그녀를 위해 기도했다. "하나님, 우리가 함께하는 시간을 축복하소서. 메리가 당신을 좀더 잘 알게 되었으면 좋겠습니다."

그 때 나는 내가 종교적인 언어로 뭔가를 요구하고 있음을 포착했고, 그래서 즉시 중단했다. 관계를 맺기 전에 요구부터 하고 있었던 것이다.

그건 현실적이진 않았지만 왠지 적절한 행동처럼 느껴졌다. 나는 하나님과 함께 있는 사람처럼 접근하지 않았던 것이다. 그래서 나는 메리를 만나러 가는 동안 내 안에서 어떤 생각들이 일어나는지를 깨닫기 시작했다. 그녀에게 고마운 마음이 들었다. 그녀는 내가 그녀의 시간을 뺏고 있다는 느낌이 전혀 안 들게 해준다. 그녀가 상당히 겸손한 사람이라는 것을 알 수 있다. 그녀와 만나고 있는 게 특권으로 느껴지고, 그녀 마음속 깊은 곳까지 그녀와 함께 들어가고 싶어진다. 말씀하시는 성령님이 거하시는 그녀의 마음속으로 말이다.

그래서 나는 그런 마음을 하나님께 아뢰었다. 하나님이 그 때까지도 뭔가 모르고 계셔서 내가 가르쳐 드려야 할 건 하나도 없었지만, 그래도 왠지 나는 하나님과 좀더 가까워진 느낌이 들었다. 하나님과 나는 마치 친구처럼 관계를 주고받았고, 그것이 내가 메리에게 좀더 진실해지는 데 도움이 되었다.

나를 꾸밈없이 하나님 앞에 내려놓는 것은 그렇게 단순하다. 내 자신에게 너무 몰두하거나 내 깊은 무의식을 파헤치지 않고, 그저 그 순간 내 상태 그대로를 하나님께 말씀드린다. 나 자신을 하나님께 내어놓는 일을 습관화하면, 마침내 성령님은 감추어졌던 것들을 가르쳐 주신다는 걸 알게 된다.

당신이 하나님을 어떻게 생각하고 있는지 예의주시하라

그런 다음, 그 순간 하나님에 대해 무엇을 경험하든지 그 경험을 예의

주시한다(PAPA의 첫 번째 A). 나는 하나님의 임재를 의식하고 있는가? 최근에 하나님의 임재를 느낀 적은 언제인가? 지금 이 순간 그분이 실재하며 살아 계신 분으로 생각되는가? 조금이나마 그렇게 여겨지는가? 때로는 하나님이 전혀 실재하지 않는 것처럼 보일 때도 있다.

나는 하나님 앞에서 오직 긍휼로 얻은 특권밖에는 아무 권리가 없는 존재이고, 그분이 주권적인 주님이심을 의식하고 있는가? 아니면 버튼만 누르면 내가 원하는 것을 뭐든지 얻어낼 수 있는 우주의 자동판매기로 여기고 있는가?

내가 세운 한 가지 규칙은 절대로 '척하지' 않는 것, 절대로 확신하는 척하지 않는 것이다. 초자연적인 뭔가를 느끼지도 않으면서 느끼는 척한다든지, 사실은 심부름꾼한테 커피를 가져오라고 손가락질이나 하고 있으면서 마치 전능하신 하나님께 간청하는 척하는 태도 말이다. 그리고 가능한 한 종교적인 언어를 사용하지 않으려 한다. 그런 미사여구들은 때로 하나님 자체를 체험한 결과로서가 아니라 거짓 감정을 불러일으키기 위해 그리스도인들이 사용하는 경우가 있기에, 그런 걸 피하고 싶기 때문이다.

예를 들면, 나는 "오 위대하신 하나님, 나의 연인이요 친구이신 하나님, 경이로운 삼위일체이신 하나님, 오늘도 제게 임재하여 주시니 감사 드리오며 당신을 찬양하나이다"라는 식으로 말하지 않는다. 물론 진심으로 그렇게 표현하는 사람도 있을 것이다. 하지만 나는 그렇지 못하다. 뭔가 꾸민 것처럼 느껴진다. 그래서 그런 표현을 하면 하나님과 거리감이 느껴진다.

나는 이렇게 말하는 게 더 좋다. "하나님, 어제 예레미야 32장을 읽을 때, 당신이 너무도 실재하시는 분으로 느껴졌습니다. 그리고 지금 이 순간 당신은 제게 선한 일을 행하고 싶어하신다는 사실에 고요한 전율을 느꼈습니다. 당신은 제가 알고 있는 그 누구와도 다르십니다. 당신에게 탄복하지 않을 수 없어요." 또는 "하나님, 지금은 당신이 좀 무심하다고나 할까, 저를 못 견뎌 하시는 것 같네요. 제가 너무 더디게 성장하니 말이예요."

하나님과의 관계를 가로막는 것은 무엇이든 쏟아놓으라

세 번째로, **나와 하나님의 관계를 가로막는 것은 무엇이든 쏟아놓는다.** 이것이 PAPA의 두 번째 P에 해당한다. 하나님에 대해 생각하노라면, 나 자신에 대해서도 생각하지 않을 수 없다. 그건 좋은 거다. 관계적인 거니까. 하나님에 대해 생각하고 있는 동안은 내 자신에 대해 우쭐한 생각을 하지 않게 되는 경향이 있다. 존 파이퍼(John Piper)가 말했듯이, "그랜드캐니언 꼭대기에 서서 '나 참 대단한 사람이지?'라고 말할 사람은 한 명도 없다."

하나님 앞에 설 때, 나는 자신이 보잘것없지만 진실해지는 걸 느낀다. 나는 그 자리에 분명히 존재하되, 겸손해진다. 성경을 보면, 사람들은 하나님을 만났을 때 종종 얼굴을 땅에 대고 엎드렸다. 그게 현실이다. 이것이야말로 사람이 만사의 진정한 현실에 직면할 때 일어나는 일이다. 나는 하나님보다 다른 걸 더 가치롭게 여기는 것이 죄라는 것과 내가 아직도 죄된 존재라는 걸 알고 있기 때문에, 그 순간 내가 하나님보다 더 원하는 것이 무엇인지 깨닫게 된다. 그런 건 항상 있다. 나는 단 일 분도 나 자신의 만족보다 하나님의 영광을 더 생각하면서 살 수 없으니 말이다.

내가 늘 범하는 죄 가운데 하나는 다른 사람의 말을 들어 주기보다는 다른 사람이 내 말을 들어 주기를 요구하는 태도다. 나는 질문을 잘 하는 편이다. 그래서 질문으로 사람들을 유도해 그들의 말을 듣는 동안 은근히 우월감을 느낀다. 그러면서 동시에, 나는 그들에게 호기심을 느끼는데 그들은 나에게 호기심을 느끼지 않는다는 사실에 화가 난다. 사람들은 나에게 얼마든지 자기 문제를 이야기하는 데 반해, 내가 내 문제를 이야기할 수 있는 경우는 내 문제가 그들에게 도움이 될 때뿐이다. 이것이 내가 자주 늘어놓는 불평거리 중 하나다. "오늘 메리가 나에게 자기 이야기를 편하게 할 수 있듯이, 나도 내 이야기를 편하게 할 수 있는 사람이 있었으면 좋겠어"라고 말이다.

그러면 나는 그 불평이 자기 중심적이고 자기 방어적인 죄임을 하나님께 말씀드린다. 물론 그럴 때마다 거의 항상 나와의 한판 싸움이 벌어지지만 말이다. 그건 예수님이 본보여 주신 희생적인 사랑이 전혀 아니다. 예수님이 부르짖으며 기도하시는 동안 제자들은 잠을 잤고, 그분은 그런 제자들에게 거룩한 삶을 가르치셨으며 그들을 위해 죽으셨다. 제자들이 자신의 안위와 하나님 아버지의 기쁨을 위해 그 가르침대로 살 수 있게 하시려고 말이다.

내가 보기에 죄를 쏟아놓는다는 것은, 내 안에서 일어나는 생각들,

나를 무디게 해서 하나님을 경험하지 못하게 하는 것들을 하나님께 말씀드리는 것 이상의 의미가 있다. 그렇다고 그 죄를 없애 버린다는 의미는 아니다. 나는 그렇게 할 능력이 없다.

그렇지만 즉각적인 만족을 받아들이는 것은 하나님 안에 그보다 더 깊은 만족이 있을 거라는 소망으로 하나님을 신뢰하지 않는 것과 마찬가지라는 것을 종종 깨닫는다. 주린 배를 불량 식품으로 이미 채웠기 때문에, 요리사가 내온 스테이크 요리를 먹을 입맛이 떨어진 것이다. 이것이야말로 어리석은 짓이요, 더 나아가서 우상 숭배다. 누가 내 이야기 좀 들어 다오! 내 인생이 어떻게 돌아가고 있는지 신경 쓰는 사람은 없단 말인가? 도대체 나한테 관심 있는 사람이 있기나 한가?

그리고 그런 상황이 제대로 눈에 들어올 때, 만족을 갈구하는 내 부르짖음이 속된 갈망이요 자기 몰두로 보일 때, 나는 상한 마음을 부여잡고 하나님께 엎드린다. 이것이야말로 듣는 자가 취할 올바른 자세다.

하나님을 당신의 '1순위'로 여기고 나아가라

이제 나는 하나님을 지고의 가치, 나의 최고선(*summum bonum*)으로 인정하고 **그 앞에 나아갈** 준비가 된다(PAPA의 마지막 A). 앞의 세 단계(내어놓기, 예의주시하기, 쏟아놓기)는 나를 자유케 하여, 하나님이 내 인생에서 첫 순위가 되시기를 진정으로 바라게 해준다. 내 생각의 첫 순위, 내 선호의 첫 순위, 내 목적의 첫 순위, 그리고 내 선택의 첫 순위가 되시도록 말이다. 하나님의 기쁨을 위해 내 인생을 헌신함으로써 내 만족까지도 하나님께 의탁하기 원한다.

그러고 나면 그 외의 모든 것은 2차적이라는 사실이 분명해진다. 배우자가 나를 높여 주건 말건, 점심을 같이 하는 사람이 나에 관해 질문해 주건 말건, 암이 재발하건 말건, 내가 활기차고 살아 있음이 생생하게 느껴져 신이 나건 말건, 하나님 외에 내가 원하는 것은 전부 2차적이다. 물론 각각의 합당한 위치는 있지만, 그것이 하나님의 영광보다 더 높은 자리를 차지할 때는 우상이다.

메리를 만나 차를 몰고 가면서 나는 이렇게 기도했다. "하나님, 제가 그녀를 반드시 도와주어야 한다는 부담감에서 자유롭기를 간절히 바랍니다. 가장 중요한 것은 제가 당신 안에서 쉼을 누리는 것이며, 당신을 신뢰하고 당신을 기쁘시게 하는 것입니다. 그리고 저를 통해 당신이 어떤 분이신지를 그녀에게 비추는 것입니다. 메리가 도움을 얻고, 또 제가 메리에게 도움이 되면 정말 좋겠지만, 그런 건 다 2차적인 것입니다. 당신이 제 삶의 1순위가 되기를 갈망하는 저의 마음이 느껴집니다. 저는 당신 것이고 당신은 제 것이라고 말씀하시는 당신의 음성, 메리와 함께 하는 동안 제가 당신의 생명을 메리에게 부어 줄 수 있을 거라고 말씀하시는 당신의 음성을 듣기를 갈망합니다."

파파 기도를 어떤 식으로 하는 건지 내 경우를 예로 들어 간단히 이야기해 보았다. 내가 어떻게 기도하는지를 공적으로 드러낸 것은 이번이 처음이 아닌가 싶다. 앞 장에서 나는 그 동안 왜 기도에 관해서는 거의 말하지 않았는지 한 가지 이유를 밝힌 바 있다. 기도에 관한 한 초등학교 1학년 수준에 불과한 내 논의가 마치 학식 높은 교수가 가르치는 대학원 수업 같은 인상을 줄까 봐 그랬다.

또 다른 이유도 있다. 어떻게 기도해야 하는지 정말 제대로 알고 있는 사람은 아무도 없다. 바울조차도 로마서 8:26에서 이렇게 말했다. "이와 같이 성령도 우리의 연약함을 도우시나니 우리는 마땅히 기도할 바를 알지 못하나 오직 성령이 말할 수 없는 탄식으로 우리를 위하여 친히 간구하시느니라."

아무리 열심히 기도를 연구하고 최선을 다해 생각해도, 역시 기도는—특히 간청형 기도는—여전히 신비로 남는다. 하지만 자신을 내어놓는 법, 우리가 말을 걸고 있는 대상이 누구인지 예의주시하는 법, 하나님과 사귈 수 있는 특권을 누리지 못하도록 방해하는 것들을 쏟아놓는 법, 그리고 하나님을 우리의 가장 고귀한 보물로 여기고 나아가는 법을 배우기만 한다면, 우리의 기도는—그래도 여전히 신비지만—기쁨이 될 것이다. 나를 가장 잘 아시고 가장 사랑하시는 분과 관계를 맺게 되는 것이다.

제10장
기도의 새로운
패러다임

　　　　　　　이제는 준비 단계를 거쳐 파파 기도를 실제로 배울 차례가 되었다. 준비 단계가 길었던 이유는, 늘 하던 기도 방식을 전환한다는 것은 매우 획기적인 일이기 때문이다. 이 전환이란, 관계형 기도를 기도 생활의 확실한 핵심에 두는 법을 찾아내는 것이다.

　무엇을 달라고 간구하기 전에 먼저 관계 중심의 기도를 하지 않으면(하나님을 알고 하나님과의 연합을 추구함으로써, 우리 안에 있는 그분의 생명을 경험하고 그 생명을 다른 사람들에게 쏟아붓지 않으면), 우리는 예수님의 제자로 가장한 자아도취자가 될 것이며, 그러면서도 그렇다는 사실조차 깨닫지 못할 것이다. 기도는 우리의 영적 여정에서 가장 취약한 부분이 될 것이다.

　기도의 두 가지 패러다임

　나를 비롯해 사람들이 기도하는 모습을 살펴볼 때, 나는 두 가지 패러다임을 발견하게 된다. 패러다임이란 사물을 보는 방식이다. 어떤 주제에 관한 전반적인 통찰, 즉 그 주제에 관해서 어떻게 생각하며, 일상생활에서 그것을 어떻게 다루는지를 보여 주는 관점이다.

오늘날 그리스도인들이 압도적으로 수용하는 패러다임이 있는데, 나는 그것을 '하나님한테 좀더 얻는 기도' 패러다임으로 부르겠다. 여기서 기도의 핵심은, 하나님이 주실 만한 뭔가를 얻어내자는 것이다. 그리고 그 '뭔가'라는 것은 대체로 복을 말한다. 우리 삶을 좀더 안락하게 해주는 것들 말이다. 더 좋은 직업, 더 많은 돈, 사랑스러운 배우자, 번창하는 사역 등 열거하자면 끝이 없다. 그래서 우리는 더 많이 기도한다. 계속 중언부언한다.

이것 말고 두 번째 패러다임이 있는데, 이는 선지자들이 고대했고(특히 하박국 선지자를 보라) 예수님이 가르치셨으며, 바울이 실천했던 기도의 패러다임이다. 이 패러다임은, 기도란 하나님을 더 잘 알고 하나님의 뜻에 즐거이 순복하며, 다른 사람들과 관계 맺는 방식을 통해 하나님의 뜻이 이루어지도록 성령을 의지하게 하는 유일한 기회로 본다. 이것을 '하나님을 좀더 아는 기도' 패러다임으로 부르려 한다.

이 관점에 의거하면, 기도의 중심은 관계형 기도다. 그 외의 모든 다양한 기도는 하나님과 우리의 관계를 깊게 해주는 이 기도에서 흘러나오며, 완벽하게 그 관계의 리듬을 탄다.

이 두 번째 패러다임을 취하는 사람들의 경우, 예배와 찬양은 힘든 시기에도 지속될 뿐만 아니라 오히려 그 깊이가 더욱 깊어진다. 예배란 삶의 1순위인 하나님을 알기 위해 2순위인 여타의 모든 것을 희생하고

자 하는 열정이다. 찬양도 먼저 하나님의 이름을 찬양하고, 그 다음에 그분이 주신 은덕을 찬양한다. 시편 기자도 "내 영혼아, 여호와를 송축하라. 내 속에 있는 것들아, 다 그의 거룩한 이름을 송축하라"(시 103:1)고 찬양하고 그 다음에 "내 영혼아, 여호와를 송축하며 그의 모든 은택을 잊지 말지어다"라고 찬양했다(시 103:2).

찬양은 소망 가운데 견고해진다. 결국 모든 게 다 잘 될 테니까. 비록 지금은 아니고 나중에지만 말이다. 그래도 지금 여기에 파파가 계시지 않은가. 잘못될 일도 없고, 결국 해결되지 않을 일도 없다. 파킨슨씨 병도, 강간도, 파산도, 심지어는 도덕적인 잘못도 다 해결될 것이다. 그러므로 우리는 상황을 변화시켜 달라고 애걸하기보다는 소망 안에서 더욱 뜨겁게 하나님을 찬양한다.

진정한 간청 기도도 관계형 기도를 통해 흘러나온다. 이 두 기도로부터 예배와 찬양, 고백과 애통함이 흘러나온다. 우리가 잘못을 깨닫고 고통하며 갈등할 때, 우리 앞에 문이 열린다. 유혹은 적어지고 즐거움은 더해지는 문이 아니라, 하나님을 더 잘 알고 그분의 온유한 자비와 무한한 긍휼을 덧입혀 주는 문이 열리는 것이다. 그리하여 하나님을 좀더 잘 알게 된다.

이 패러다임의 효과는 제목 그대로다. 즉, 이것은 우리로 하여금 하나님을 좀더 잘 알 수 있는 기도를 깨우쳐 준다. 우리는 더 이상 바랄 게 없어진다. 이 일은 시간이 걸리지만, 관계형 기도를 배워 가는 사람이라면 누구에게나 일어난다. 하나님을 좀더 알고, 만족해서가 아니라 만족을 소망하면서 안식한다.

기도의 패러다임 전환하기

이 책은 기도의 패러다임 전환을 촉구하는 책이다. 우리는 너무나 오랫동안 잘못된 기도의 패러다임을 취하고, 여러 모양으로 그것을 전제하고 장려하는 기독교 문화 속에서 살아왔기 때문에, 이 전환이 어려울 수도 있다. 많은 사람에게 이것은 새로운 패러다임이다. 기도란 '하나님한테' 좀더 얻는 게 아니라 '하나님을' 좀더 얻는 것이라는 이 개념은 완전히 새롭고 획기적일 수도 있다.

우리에게 익숙한 기도의 패러다임에서 낯선 패러다임으로 전환하는 첫 단계는, 이 둘의 차이점을 정확하게 살펴보고 옳은 것과 그른 것을 확실히 깨닫는 것이다. 이번 장 마지막 부분에서는 '하나님한테 좀더 얻는 기도'라는 패러다임으로 기도할 때 당연히 전제하는 여덟 가지 개념과 '하나님을 좀더 아는 기도'라는 패러다임으로 기도할 때 전제하는 여덟 가지 개념을 비교해서 살펴보도록 하겠다.

이 두 패러다임의 전제들을 주의 깊게 살펴보기를 권한다. 당신이 그 둘의 근본적인 차이점을 알고, '좀더 얻어내려는' 패러다임이 얼마나 자아에 집중되어 있는지를 깨달으면, 드디어 당신은 파파 기도를 배울 준비가 된 것이다.

'하나님을 좀더 아는 기도' 패러다임	'하나님한테 좀더 얻는 기도' 패러다임
전제 #1 기도란 하나님이 우리 말을 들으시기보다는 우리가 하나님의 말씀을 듣는 것이다. 우리는 청중이다.	전제 #1 기도란 하나님한테 우리의 요구 사항을 알리는 기회다. 그분이 우리 청중이시다.

전제 #2 진정한 기도는 절대 지루하지 않다. 우리가 원하는 것을 얻든 못 얻든 기도하는 이유는, 무엇보다도 삶에서 기도가 가장 중대하기 때문이다.	전제 #2 기도가 얼마나 흥미진진한가는 우리가 구하는 것을 얻느냐 못 얻느냐에 달려 있다. 최소한 얻을 희망이라도 있어야 한다.
전제 #3 기도는 우리가 하나님을 파파로 알아갈 수 있도록 하나님이 정해 주신 수단이다.	전제 #3 기도는 우리가 만족과 성취감을 느끼는 데 필요한 것들을 얻기 위해 하나님이 정해 주신 수단이다.
전제 #4 기도는 우리가 육신의 아버지와 너무도 나누고 싶어했던 그런 대화가 될 수 있다. 그런 대화가 일어날 때, '아버지로 인한 상처'가 치유된다.	전제 #4 기도는 뭔가를 달라고 하나님께 요구하는 것이며, 기도를 통해 우리는 상속받을 권리를 주장하는 자녀처럼 행동한다.
전제 #5 간청형 기도의 능력은 우리의 관계형 기도가 얼마나 친밀한가에 달려 있다. 하나님을 조금 알면 간청 기도의 능력도 조금밖에 경험하지 못한다. 하지만 하나님을 많이 알면 간청형 기도의 능력도 많이 경험하게 된다.	전제 #5 간청하는 기도의 능력은 눈에 보이는 열정, 말로 선포하는 믿음, 기도 횟수와 양, 그리고 간혹 기도하는 자세 등에 달려 있다.
전제 #6 먼저 하나님과 관계 맺는 기도 없이 하는 간청형 기도는 우리의 합당한 욕구를 함부로 주장하는 요구로 바꿔 버린다.	전제 #6 기도는 하나님의 약속을 주장하는 방법이다. 우리는 하나님께 나아갈 권리가 있으며, 하나님이 약속하신 것들을 받아 마땅하다.
전제 #7 기도는 떨떠름해하는 하나님한테 우리가 원하는 것을 얻어내는 기술이 아니다. 기도는 우리가 내생에서 하나님을 뵙기 전에 이생에서 하나님과 친해질 수 있는 가장 중요한 기회다.	전제 #7 기도는 우리가 장차 충만하게 받을 복을 미리 확보해 두는 도구다.
전제 #8 하나님을 아는 지식은 이생에서 우리가 가장 원하는 것이 달라지게 하고, 그리하여 우리가 가장 절실히 구하는 것도 달라지게 한다.	전제 #8 하나님은 우리 마음의 갈망을 들어주신다. 그러므로 우리는 가장 만족을 주는 게 무엇인지 분별해서 그것을 간구해야 한다.

자신을 꾸밈없이 하나님 앞에 내어놓으라.

"하나님, 당신을 좀더 잘 알게 될 것을 생각하니 마음이 들뜹니다."

당신이 하나님을 어떻게 생각하는지 예의주시하라.

"당신은 저보다도 훨씬 더 저와 가까워지기를 원하시는군요. 그게 너무 좋아요."

하나님과의 관계를 가로막는 것은 무엇이든 쏟아놓으라.

"하지만 제 삶에서 뭔가를 바꾸고 싶은 갈망이 너무 강합니다. 그래도 괜찮다는 건 알고 있지만, 지금 저는 당신을 더 잘 알고 싶은 마음보다도 그 갈망이 더 강한 것 같습니다. 그건 안 될 일이지요. 어떻게 하면 이 마음을 바꿀 수 있을까요?"

하나님을 당신의 '1순위'로 여기고 나아가라.

"그래서 저는 있는 모습 그대로 당신께 나아갑니다. 달리 무얼 해야 할지 모르겠습니다. 하지만 당신이 제 안에서 일하시어 제 모습을 보여주시리라 믿습니다. 그 무엇보다도 당신을 더 알기 원합니다."

당신은 방금 파파 기도를 했다. 이제부터는 당신의 남은 생애 동안 어떻게 하면 이 기도를 계속 할 수 있을지 좀더 자세히 살펴보도록 하자.

2부
파파 기도 배우기

제11장
이제 파파 기도를
배울 시간이다

우리는 하나님을 움직일 수 있지만, 오직 그분을 알 때만 움직일 수 있다. 하나님을 더 잘 알면 알수록(하나님에 대해서가 아니라, 하나님 그분을 말이다), 하나님이 지금 하고 계시는 일과 그분이 우리 안에 그리고 다른 사람들 안에 행하고 싶어하시는 일들을 더욱 기대하게 될 것이다. 그런 기대감이 우리 기도를 이끌 때, 우리 기도가 점점 더 많이 응답되는 것을 보게 될 것이다. 따라서 핵심은 하나님을 아는 것이다. 하나님을 아는 것이 모든 것의 핵심이다.

지금까지 제1부를 다룬 목적은 두 가지다.

첫째로, 우리의 기도 방법을 근본적으로 변화시킬 수 있는, 간단하지만 획기적인 의견을 소개했다. 그런 생각은 기도가 우리의 영적 삶에서 가장 중요하고 의미 있는 부분이 되게 할 수 있다. 요약하면 이렇다. 기도는 하나님과 열정적인 관계를 세워 나가고, 그분을 잘 알 수 있는 기회다. 참된 기도는 우리의 가장 깊은 속마음과 하나님의 가장 깊은 속마음을 연결시켜 주고, 하나님의 생명이 우리 안에 흘러들게 한다.

둘째로, 나는 하나님과 관계를 맺는 것이야말로 기도의 핵심이며, 간청형 기도는 기도의 특권 중 하나라는 생각을 제시했다.

이 순서가 중요하다. 관계형 기도가 간청형 기도보다 선행되어야 한다. 그렇지 않을 경우, 우리는 마치 대통령한테 편지를 써서 개인적인 청탁을 하듯 하나님께 이것저것을 요구할 것이다. 우리가 하나님을 안다면, 혹은 더 나아가서 하나님이 우리의 진정한 아버지시라면, 우리의 요청 사항도 좀더 효과를 볼 것이다.

관계가 먼저, 간구는 나중에

우리는 먼저 하나님과 관계를 잘 맺을 때에만 간구도 잘 할 수 있다. 우리가 원하는 것, 우리를 만족시켜 주고 행복하게 해줄 거라고 확신하는 것들을 잘 조율해서 그걸 달라고 요청하는 것으로 기도를 시작하면, 하나님과의 관계를 잘 맺을 수가 없다.

우리는 다음의 네 가지를 잘 해야 하나님과도 관계를 잘 맺을 수 있으며, 이 원리는 어떤 관계에서든 마찬가지다. 그 네 가지란, 우리가 신뢰하는 상대 앞에서 자신에게 솔직하기, 상대방이 어떤 사람인지 진심으로 관심 갖기, 관계를 해치는 것은 무엇이든 잘못을 인정하기, 상대와의 관계를 그 무엇보다 우선 순위에 두고 존중하기.

위의 네 가지 요소를 하나님과의 관계에 적용하면 다음과 같다.

- 자신을 꾸밈없이 하나님 앞에 **내어놓으라**. 아무도 의식하지 말고 오직 하

나님 앞에 진실하라.

- 당신이 하나님을 어떻게 생각하는지 **예의주시하라**. 하나님께 기도할 때 떠오르는 하나님의 모습은 어떠한지 주시하고, 하나님이 자신을 누구라고 말씀하시는지 그것에 맞게 당신의 이미지를 수정하라.
- 하나님의 유익보다 당신의 유익을 먼저 생각하는 태도를 살펴보면서, 그분과의 관계를 해치는 당신의 허물을 **쏟아놓으라**. 하나님과 친밀해지지 못하게 방해하는 것들을 없애라.
- 있는 모습 그대로 하나님께 **나아가라**. 모든 것 위에 뛰어나신 하나님을 알고 싶고 높이고 싶은 당신의 열정에 마음을 집중하라.

이것이 바로 파파 기도다. 하지만 어떻게 그런 기도를 할 수 있을까? 하나님과의 대화 속에서 우리 자신을 내어놓고, 예의주시하고, 쏟아놓고, 나아간다는 것은 무엇일까? 이에 대한 답변은 제2부에서 다루게 될 것이다.

다시 살펴볼 질문

파파 기도를 살펴보기 전에 한 가지 더 다루고 싶은 게 있다. 앞에서 파파 기도로 당신을 초대하면서, 관심을 고조시키기 위해 나는 아홉 가지 질문을 한 적이 있다. 당신의 기도 생활 중에 좌절을 경험한 적이 있는지 살펴보고, 새로운 기도 방법을 통해 하나님과의 관계에서 얻을 수 있는 것들에 대한 기대감을 불러일으키기 위해서였다.

여기서 그 질문들을 약간 표현을 달리 하여 다시 한 번 살펴보고자 한다.

1. 지금까지 기도한 것 중에서 응답받지 못한 것이 있는가? 응답받지 못하는 기도들이 습관화되고 있지는 않은가?
2. 주님의 인도하심을 구했으나 인도받지 못한 적이 있는가? 당신의 결정이 요구되는 상황에서 하나님은 그 결정을 정말로 인도해 주시는가?
3. 하나님의 응답이 맞는지 확실치 않음에도 불구하고, 응답을 들은 것이라고 억지로 확신하려 든 적은 없었는가?
4. 하나님이 당신을 보살피는 건 고사하고, 당신이 어떤 일들을 겪고 있는지 관심이나 있으신지 의심스러웠던 적은 없었는가?
5. 공허감과 외로움이 몰려들 때, 아무리 기도를 해도 오히려 더 공허하고 외로웠던 적은 없었는가?
6. 유혹 앞에서 이길 힘을 달라고 기도했지만, 오히려 유혹을 더 강하게 느낀 적은 없었는가?
7. 당신은 하나님과의 동행을 누리며 사는가? 그저 하나님과 함께 있다는 사실만으로도 기도를 좋아하는가?
8. 다른 누구보다도 하나님과 함께 있는 시간을 더 기뻐하며 누리는 게 가능하다고 생각하는가? 그렇게 살고 싶은 마음이 있는가?
9. 당신의 상황이 어떠하건 상관없이, 하나님의 음성을 듣고 그분이 함께하심을 느낄 만큼 하나님과 연결되어 있는가?

너무 많은 약속을 남발하고 싶지는 않다. 절대로 실현되지 않을 희망을 불어넣고 싶지도 않다. 하지만, 이것만은 말하고 싶다. 당신이 파파 기도를 제대로 배우게 되면, 하나님을 알 수 있는 이 기회를 붙잡고 계속 유지한다면, 내 삶에서 일어난 일들을 당신도 경험하게 되리라는 사실이다. 파파 기도를 통해 당신은

- 간청형 기도에 새로운 능력이 부어지는 걸 경험할 것이다.
- 실수 없으신 하나님의 인도를 받을 것이다.
- 하나님의 음성을 듣는 영적인 '귀'가 생길 것이다.
- 하나님이 당신의 기도를 들으신다는 새로운 확신을 누리게 될 것이다.
- 하나님의 참된 임재를 알게 될 것이다.
- 어떤 즐거움보다도 하나님을 더 사모할 만큼 하나님을 향한 갈망이 깊어질 것이다.
- 하나님의 동행을 실제적으로 누리고, 그분 역시 당신을 기뻐하신다는 걸 알게 될 것이다.
- 하나님이 당신 인생의 핵심이 될 때까지, 하나님을 좀더 알고 싶은 사모함이 생길 것이다.
- 영혼의 텅 빈 자리들이 다 채워지리라는 확신이 생길 것이다.
- 그 확신은 당신이 본향에 닿을 때까지 겪을 모든 시험을 견딜 수 있는 소망이 될 것이다.

자, 준비 작업은 끝났다. 이제 시작해도 되겠는가? 그럼 이제부터 파파 기도를 배우도록 하자!

P: 자신을 꾸밈없이
   하나님 앞에
   내어놓으라

제12장
이상적인 모습을
강요하지 말라

에드와 멜라니는 내 친구 부부다. 그런데 멜라니는 에드를 경멸한다.[1]

얼마 전에 멜라니가 이런 말을 했다. "도대체 그이를 어떻게 사랑해야 하죠? 그 사람은 자기밖에 몰라요. 백 번은 말해야 애들을 한 번 챙겨 줄까 말까예요. 잔디도 내가 깎고 쓰레기도 내가 버려요. 이젠 그 사람이 나한테 키스하는 것조차 못 견디겠어요. 성관계도 한참 동안 안 해서 좀 미안한 마음이 들면 두어 달에 한 번 봉사 차원으로 해주죠. 그것도 그이가 먼저 말을 꺼내야 해요.

내 태도가 엄청 잘못됐다는 건 나도 알아요. 마음에 불만이 꽉 차 있다는 것도 알겠는데, 어떻게 해야 할지 모르겠어요. 때로 좋은 설교를 듣거나 성경을 읽으며 의미 있는 시간을 보내고 나면 남편한테 좀 잘해 주기도 해요. 좀더 따스하게 대하고, 그 사람이 좋아하는 음식도 만들어 주고 말이죠. 하지만 절대 오래 못 가요. 좀 잘해 주면 그이는 그걸 더 당연시하거든요. 정말 우울해져요. 어떻게 해야 하죠?"

내가 대답했다. "꼭 어떤 식으로 행동해야 마땅하다 생각하고 그렇게 하려고 너무 애쓰지 마세요."

"그러면 남편한테 솔직하게 내 감정을 다 말하라고요? 그것도 다 해 봤죠. 상황만 더 나빠지더라고요."

"기도하세요."

"기도는 안 해 본 줄 아세요? 말도 말아요. 기도도 많이 했죠. 이 문제 때문에 무릎 꿇고 울면서 기도한 적도 있어요. 그 사람만이 아니라 저도 변화시켜 달라고 기도해야 한다는 건 알아요. 그렇게 기도도 했구요. 하지만 달라진 게 없어요."

"그러니까, 하나님한테 뭔가를 해 달라고 요청했단 말이죠?"

"당연하죠! 저를 변화시켜 달라고요. 좀더 좋은 아내가 되게 해 달라고요. 제가 화를 잘 내고 비판적이라는 것도 알아요. 하지만 제가 당연히 해야 할 행동을 전혀 못하겠어요."

"하나님한테 당신을 변화시켜 달라고 요청하기 전에, 먼저 하나님과 관계를 맺어 보면 어떨까요?"

잠시 침묵.

"도대체 무슨 말씀인지 모르겠네요."

내 친구 스탠은 아버지와 관계가 너무 안 좋다. 그의 아버지는 그가 태어날 때부터 사실상 알코올 중독자였다. 직장 생활도 착실히 했고, 돈도 곧잘 벌었고, 꽤 괜찮은 사람이기도 했는데, 다만 가끔씩 성질을 부리곤 했다. 하지만 자식들은 아버지의 존재를 한 번도 제대로 느껴 보질 못했다. 아버지는 맘씨는 좋지만 늘 술에 절어 있는 술 귀신 같았다.

스탠의 어머니는 세 남매 중 막내인 스탠이 집을 떠나 대학에 들어갔을 때 아버지와 이혼했다. 그게 20년 전 일이다. 지금 스탠은 38세다.

그의 아버지는 현재 세 번째 아내와 살고 있다. 그런데 세 달 전에 그 아버지가 전립선암 말기라는 진단을 받았다. 아버지의 현부인이 이메일을 보내서 알게 된 사실이었다. 아주 짧은 이메일이었다. 스탠의 형은 이혼남인데다 술을 너무 많이 마시고 있고, 누나는 스탠이 보기에 동성애자인 것 같다고 한다. 그 두 사람은 아버지에 대해 전혀 관심이 없을 테고, 또 그리스도인도 아니다.

"그러니 내가 어찌 했으면 좋겠어요? 아버지가 암에 걸렸다는 소식을 들었을 때 별다른 느낌은 없었지만, 아버지가 지옥에 갈 거라고 생각하니 맘에 조금 걸리더군요. 그 점에 대해 기도도 했고, 아버지를 한 번 찾아뵈어야 하지 않나 하는 생각도 들더군요. 4년 동안 못 뵈었거든요. 일 년에 두어 번, 잠깐 전화 통화 하는 게 다예요. 우리 애들의 안부를 물으시고, 애들한테 해마다 크리스마스 선물은 보내셔요. 그것도 대단한 거죠. 확신은 없지만, 어쩌면 성령께서 저에게 아버지를 찾아뵙고 그냥 사랑해 드리라고 하는 게 아닌가 싶네요. 선생님 생각은 어떠세요?"

"두 가지 생각이 드네요. 첫째로, 자신이 꼭 그렇게 행동해야 한다고 생각하는 걸 하려고 억지로 애쓰지 마세요. 당신의 말을 듣다 보니, 기독교란 올바른 분을 알아가는 거라기보다 올바른 일을 행하는 거라는 느낌을 주네요. 둘째로, 내면에서 떠오르는 생각보다 자신이 마땅히 해야 한다고 생각하는 일들에 더 관심을 쏟는 한, 당신을 인도하시는 하나님의 음성을 분명하게 들을 수 있을지 의심스러워요. 편찮으신 아버지를 찾아뵙지 않으면 죄책감을 느낄 것이고, 그렇다고 찾아뵈라고 말씀하시는 분이 정말 성령님이신지도 혼란스러울 거고요. 또는 아버지한테 화가 나서 아버지와 대결하면서도, 마치 성령께서 그걸 통해 아버지를 그리스도께로 인도하시는 건 아닐까 오해할 수도 있을 것 같은데요."

"맞아요, 그런 것도 같아요. 그러면 제가 어떻게 해야 하죠? 제 안에 떠오르는 생각들을 살피라니, 그게 무슨 말인지 모르겠어요."

"기도하세요."

"기도야 많이 했죠. 아버지가 암에 걸리셨다는 이메일을 받은 후로는, 매일 기도하면서 제가 무얼 하길 원하시느냐고 하나님께 여쭤 보아요. 아버지의 구원을 위해서도 기도하는 걸요. 뭔가 방향이 잡힌다고 생각했는데, 지금은 별로 확신이 없어요."

"그런 식으로 기도하시나 보죠? 갈 길을 인도해 달라고?"

"당연하죠. 그게 뭐 잘못됐나요?"

"주객이 전도됐네요. 자신이 원하는 걸 요청하기 전에, 먼저 하나님과 관계를 맺는 게 중요하답니다."

잠시 침묵.

"무슨 말씀인지 도통 모르겠네요."

자신을 하나님께 내어드리라

당신이 파파 기도를 배우고 싶다면, 하나님께 뭔가를 요청하기에 앞서 하나님과 관계를 맺고 싶다면, 자신을 하나님께 내어놓는 것에서 출발하라.

그걸 어떻게 하느냐고? 하나님과 대화할 준비를 할 때, 당신 내면에 떠오르는 생각들에 마음을 모으라. 그 순간 당신의 느낌, 마음에 떠오르는 생각들 말이다. 당신이 정의할 수 있는 것이면 무엇이든지 마음을 모으고, 그것을 하나님께 말씀드리라. 그 순간 당신은 어떤 사람인지 정확하게 말씀드리라. 하나님 앞에 진실하라. 아무것도 감추지 마라. 마음에 어떤 생각이 들든지 그것을 말로 표현해 보라.

나는 하나님께 이렇게 나 자신을 내어놓은 적이 있다. "하나님, 지금 당신은 제게서 몇 백만 킬로미터나 떨어져 계신 것만 같습니다. 당신이 과연 저를 보살피시는가 하는 문제는 차치하고, 당신의 존재조차도 의심스러워요. 현재의 제 느낌에만 근거해서 본다면, 이 순간 저는 무신론자일 것 같네요." 또 언젠가는 이렇게 말씀드린 적도 있다. "하나님, 지금 저는 무척 혼란스럽습니다. 오늘 밤 소그룹을 어떻게 인도해야 할지 감이 잡히질 않네요. 모임이 정말 의미 있는 시간이 되도록 인도하지 못할까 봐 두려워하는 것 같아요." 또 이렇게 말씀드린 적도 있다. "지금 저는 기분이 무척 좋아요. 희망차고, 낙관적이예요. 살아 있다는 사실 자체가 기쁘답니다."

이것이 자신을 하나님께 내어놓는 것이며, 꾸밈없이 말씀드리는 것이고, 현재에 충실한 것이다. 또한 충분한 시간을 가지고 자신 안에 일어나는 생각들을 살펴서 찾아내고 그것이 무엇이든 하나님께 말씀드리는 것이다.

스탠이 하나님의 인도하심을 간구하기 전에 먼저 하나님과 관계 맺는 첫 단계로서, 자신을 하나님께 내어놓는 것은 어떤 의미가 있을까? 멜라니가 엉망진창인 결혼 생활 속에서 있는 모습 그대로 하나님께 나아와 자신을 내어놓는 것은 어떤 의미가 있을까? 당신이 각종 축복과 문제가 뒤섞여 있는 인생을 살아가는 동안 자신을 하나님 앞에 내어놓는 것은 어떤 의미가 있을까?

당신의 '붉은 동그라미' 지점을 찾으라

그 질문에 답하는 데 도움이 될 만한 간단한 개념 하나를 소개하겠다. 나는 그 개념을 '붉은 동그라미'라고 부른다.

당신이 어떤 쇼핑몰에 처음으로 발을 들여 놓았다고 상상해 보라. 제일 먼저 무얼 찾겠는가? 그 쇼핑몰의 약도일 것이다. 약도를 찾은 다음, 눈으로 온갖 사각형과 숫자들을 더듬어 갈 것이다. 무엇을 찾을 때까지? 당신의 현재 위치를 알려 주는 붉은 동그라미를 찾을 때까지.

당신은 온갖 방향 표시와 가판대와 수없이 많은 통로와 몰려다니는 쇼핑객으로 가득한 미로에 들어서기 전에, 먼저 자신의 현재 위치를 알고 싶을 것이다. 당신이 가고 싶은 장소로 향하기 전에, 먼저 현재 위치를 파악하고 방향을 확인하는 게 낫다는 것을 당신은 본능적으로 알고 있다.

영적인 여정도 마찬가지다. 목적지를 찾아나서기 전에, 먼저 자신의 현재 위치를 알아야 한다.

멜라니는 이렇게 말할지도 모른다. "그건 별로 도움이 안 되요. 난 내가 지금 어느 자리에 있는지, 내가 어떤 사람인지 이미 다 알아요. 그 점에 관해서는 더 생각할 필요가 없어요. 난 에드라는 남자의 아내고, 네 아이의 엄마죠. 그저 이 다섯 명한테서 벗어나고 싶을 뿐이에요. 그래요, 아주 돌아버릴 것 같아요. 실망투성이에 의욕 상실이죠. 그게 바로 나의 현재 위치예요. 그게 나의 '붉은 동그라미'죠. 그럼 이제 어떻게 하면 예수님이 약속하신 그 풍성한 삶에 도달할 수 있죠? 제가 묻고 싶은 질문은 바로 그거예요."

오래 전에 살았던 소크라테스는 말하기를, 자기 성찰 없는 인생은 살 가치가 없다고 했다. 내 생각이 틀릴지도 모르지만, 이 말은 우리에게 일어나는 모든 일과 우리 내면에 일어나는 모든 느낌을 죄다 분석하고 이해해야 한다는 의미는 아니라고 생각한다. 때로 전문 치료를 그렇게 오해하는 경우도 있지만 말이다.

소크라테스보다 더 권위 있는 성경은 말하기를(소크라테스도 이런 의미로 말한 것이라 생각하지만), **돌아보지 않는**(unobserved) 삶이란 살 가치가 없다(잠 20:5; 히 4:12을 보라). 예수님은 바리새인들이 삶의 외양에만 치중하는 태도에 정말로 화가 나셨다. 진짜 중요한 건 전혀 보지 못한 채 종교에만 매달리는 태도 때문이었다. "너희 삶의 내면은 정말 엉망진창이구나. 그걸 돌아본다면 너희 종교는 하등 무가치하다는 것을 깨닫게 될 것이다. 너희 종교는 너희를 바꿀 능력이 없다. 그저 잘못된 것을 가리울 뿐이다." (예수님이 실제로 하신 말씀은 마 23:25-26에 기록되어 있으며, 위의 말과 별로 다르지 않다.)

예수님은 우리에게 자기 내면을 들여다보라고 말씀하시는 것이다. 당신의 있는 모습 그대로 들여다보라. 한 번 살짝 들여다보고는 그것을 변화시키려고 애쓰지 말라. 당신의 현재 위치를 숙고해 보라. 그리고 그것에 대해 하나님과 대화하라. 마음이 편치 않을 것이다. 기분도 썩 좋지는 않을 것이다. 하지만 그렇게 하노라면 당신은 하나님에 대해 좀더 많은 생각을 하게 될 것이다.

뭔가를 걱정하기 전에, 먼저 하나님과의 관계에 대해 생각해 보고 그 관계를 경험해야 함을 깨닫게 될 것이다. 그리고 하나님과의 관계에 진짜 문제가 있음을 깨닫게 될 것이다. 그리고 자신이 얼마나 무력한 존재인지도 보기 시작할 것이다. 하나님은 모든 것을 보시지만, 당신은 아무 것도 변화시킬 수 없다. 그렇다면 하나님은 무엇을 하시겠는가? 그런 식으로 당신의 초점이 자신에게서 하나님으로 옮겨질 것이다.

에덴 동산에서 일어난 일도 바로 이것이었다. 아담은 심각한 문제에 봉착했다. 그의 '붉은 동그라미'는 죄책과 공포심이었다. 그는 하나님을 거역하는 중죄를 지었다. 그래서 나무 뒤에 숨었다. 자기의 붉은 동그라미 위치에 서서 하나님을 대면하기를 원치 않았던 것이다.

그 때 하나님은 친구 되신 성자와 성령과 함께 늘 하시던 대로 저녁 산책을 나오셨다. 아담은 가장 굵은 나무 둥치를 발견하고는 그 뒤에 숨어 떨고 있었다. 그 때 하나님이 "아담아, 네가 어디 있느냐?"라고 그를 부르셨다.

하나님이 정말 몰라서 부르셨을까? 나무 뒤에서 오들오들 떨고 있는 아담을 정말 못 보신 걸까? 내 생각에 하나님의 의중은 이런 게 아니었을까 싶다. "아담아, 네가 어디 있는지, 너의 '붉은 동그라미' 지점을 난 다 알고 있단다. 하지만 네가 숨어 있는 자리를 박차고 나오기 전에는 우리가 원하는 관계를 맺을 수가 없단다. 네가 떨고 있다는 것도 다 안단다. 네가 현 상황을 직시하고, 네가 저지른 극악무도한 일과 앞으로 네 미래의 끔찍한 모습을 직시하면, 그런 너를 나는 미워할 수밖에 없다는 걸 깨닫게 될 것이다."

"하지만, 난 너를 미워하지 않는단다. 나는 널 사랑한다. 나한테서 그만 도망치렴. 너의 있는 모습 그대로 내 앞에 서렴. 방어나 변명 같은 건 하지 말고. 그러면 너는 도저히 믿을 수 없는 사실 한 가지를 발견할 것이다. 내가 너를 반가이 맞아, 네가 이전에 경험한 것보다 훨씬 더 좋은 관계, 가능하리라고 꿈조차 꾸지 못했던 관계로 이끌어 가리라는 사실 말이다. 내가 허락하는 이 관계를 누리려면, 너는 자신의 내면을 깊이 들여다보아야 한다. 네 안에서 진정 어떤 일이 일어나고 있는지, 네가 어떤 상태인지, 네가 그렇게 두려워하는 게 무엇인지를 보아야만 해. 그리고 나에게 와서 그것에 대해 말하렴. 내가 그걸 모두 넘겨받을 테니."

아담에게 자신의 내면을 들여다보고 그것들을 하나님께 내어드리라고 초대하셨던 하나님, 그와 동일한 하나님은 수천 년이 흐른 뒤 갈릴리 언덕에 있던 많은 무리에게도 똑같이 말씀하셨다. 마태는 그가 저술한 복음서 11:28-30에서 그것에 대해 말하고 있다.

스스로 해결할 수 없는 온갖 문제들로 옴짝달싹 못하던 무리, 이러저러하게 행동해야 한다고 강요하는 종교 지도자들에게 짓눌려 있던 무력한 무리를 보신 예수님은 마음이 움직이셨다. "너희 중에 스스로 지쳤음을 인정하는 자들이 있느냐? 아내를 존귀히 대해 주지 않는 남편과 잘 살아 보려고 애쓰다 지쳐 버린 아내들이 보이는구나. 애는 쓰는데 잘 안 된다는 걸 이미 알고 있는 너희들, 결정해야 할 일들은 코앞에 닥쳤는데 상황은 도무지 혼동스럽기만 하지? 상처만 준 아버지가 아프신데 찾아뵈야 하나 말아야 하나 하는 문제따위말이야. 그건 그렇고, 너희의 종교가 얼마나 쓸모없는 건지는 깨닫고 있느냐? 지켜야 할 온갖 원칙들을 따르느라 녹초가 되어 버리지는 않았느냐? 자신을 괜찮은 사람으로 느끼게 해주고 좀더 행복하게 해준다는 치유 프로그램들을 좇아다니느라 지쳐 있지는 않느냐?"

"너의 붉은 동그라미는 어디 있느냐? 네가 어디 있느냐? 너의 있는 모습 그대로 내게 오너라. 좋은 사람이 되려고 너무 애쓰지 마라. 네가 별로 좋은 사람이 아니라는 걸 인정하려무나. 지금까지 네가 경험한 나에게 얼마나 실망이 큰지 인정하거라. 도대체 내가 네게 관심이나 있는지 의심스러워한다는 거 다 알고 있단다. 때로는 내가 밉기도 했지. 지금은 그냥 내 임재 안에서 네 자신이 되거라. 물론, 네가 보기 좋은 모습은 아니란다. 하지만 너를 기쁨에 못 이겨 바라볼 방법을 나는 찾았단다. 그리고 내 아버지는 네가 좋아 노래까지 흥얼거리신단다. 하지만 네가 숨은 자리에서 나오기 전에는 그 노래를 듣지 못할 거야. 이리 오렴. 네 자신을 나에게 내어주렴. 내가 너와 함께 가줄 테니 네 자신을 내 아버지께 내어드리렴. 괜찮아. 나를 믿어."

파파 기도를 배우는 첫 걸음은, 우리가 가고 싶은 곳에 도달하려는 노력을 중단하고 자신의 현재 위치를 돌아볼 수 있을 만큼 충분한 시간 동안 잠잠히 있는 것이다. 그러려면 어떻게 해야 할까? 그리고 과연 우리는 자신의 내면에서 무엇을 발견하게 될까?

다음 장에서 이 두 가지 질문에 관해 살펴보도록 하자.

제13장
붉은 동그라미 속으로
들어가라

우리는 대부분 마음에서 우러나오는 참된 감정을 표출하기 두려워한다. 가장 깊은 속마음을 말로 표현하는 걸 두려워하는 것이다.

우리 아버지는 정서적으로 건강한 편이지만 감정을 억누르는 분이셨다. 우리 부자는 서로 좋아하면서도, 정작 진정한 교류라 할 만한 시간을 가져 본 적은 거의 없었다. 그러다가 아버지와 내가 함께 저술한 「내 아버지의 하나님」(*God of My Father*)이라는 책"이 출간된 뒤, 제임스 돕슨(James Dobson) 박사가 우리 부자를 인터뷰한 적이 있다. 그 순간을 나는 절대 잊지 못할 것이다. 그 때 일을 쓰려 하니, 다시 그 자리에서 있는 것만 같다.

인터뷰 중간에 돕슨 박사가 아버지 쪽으로 몸을 기울이면서 따스한 어조로 이렇게 말했다. "크랩 씨, 아드님이 무척 자랑스러우시죠?" 나는 아무렇지도 않은 척하느라 진땀을 뺐다. 아버지는 나를 사랑한다든지 내가 자랑스럽다는 것을 한 번도 말로 표현하신 적이 없었다. 나는 목을 길게 빼고 아버지의 대답을 기다렸다. 내가 단두대로 끌려가는 건지 왕관을 받으러 가는 건지는 알 길이 없었다.

아버지는 자리를 고쳐 앉으시더니 이렇게 말씀하셨다. "글쎄요. 자만하지 않도록 조심해야겠죠. 물론, 하나님은 래리를 다양한 방법으로 쓰셨죠."

그게 다였다. 단두대의 칼날이 떨어진 것이다. 길게 뺐던 목을 제자리로 되돌리기도 쉽지 않았다. 그 순간에 아버지가 환한 얼굴로 "돕슨 박사님, 제 맘대로 아들을 고를 수 있다면, 전 역시 래리를 고를 겁니다"라고만 말씀하셨다면, 나는 무얼 내주어도 아깝지 않았을 것이다. 아버지가 진심으로 그렇게 말씀하실 수도 있었다고 나는 믿는다. 내가 그렇게 간절히 듣고 싶어했던 뜨거운 감정이 아버지의 마음속에 있었지만, 아버지는 당신의 '붉은 동그라미' 속으로 들어가지 않으셨다. 왜일까?

왜 대부분의 사람들은—심지어 "사랑해", "오로지 네 생각뿐이야"라며 감정을 쉽게 표현하는 사람들조차—속마음은 별로 말하지 않는 걸까? 왜 우리 대부분은 자신 안에 있는 깊은 미답의 세계에 들어가는 건 고사하고, 그런 게 있다는 것조차 깨닫지 못하는 걸까? 주님이 사람들에게 무엇인가 말씀하시면, 사람들은 그 말씀이 뭔가 근본적으로 다르다는 걸 알았는데, 뭐가 그렇게 달랐던 걸까?

주님의 말씀에는 권위가 있었다. 그분은 자기 존재의 중심으로부터 말씀하셨다. 그분은 자기 존재의 정수를 아셨고 자신의 존재 그대로 온전히 수용하셨다. 그분은 지상에서 살았던 사람 중에 가장 그리고 유일하게 진실하셨던(authentic) 분이다. 주님은 자신의 가장 깊은 내면을 잘 알고 계셨고, 항상 그 깊은 내면으로부터 말씀하셨으며, 또한 하나님을 영화롭게 하려는 목적에 맞게 그리하셨다.

우리는 왜 좀더 솔직하지 못할까? 왜 우리는 솔직하기보다는 사교적일 뿐인가? 너무 솔직하면 사람들에게 거부를 당하고 결국 사람들을 피하게 될까 봐 두려워서 그러는가? 아니면 가련할 정도로 사람들에게 매달리거나 사람들을 미워하면서 그들에게로 달려갈까 봐 그러는가? 프로이트가 옳았던 것일까? 우리는 욕구에 대해 어느 정도는 억제하면서 동시에 기분 좋게 느껴질 만큼 탐닉해야 하는가?

우리 아버지는 속마음을 말로 표현하는 걸 왜 그렇게 두려워하셨을까? 나 역시 왜 그런 갈등을 겪는 걸까? 최소한 하나님께만이라도 좀더 진실해질 수는 없는 걸까? 나의 현재 상태 그대로 자신을 하나님께 내어놓을 수 있도록 말이다.

내가 그걸 배우고 있다는 것, 그리도 당신도 배워야 한다는 사실이 중요하다. 자신을 하나님께 내어놓지 않고는, 우리의 붉은 동그라미 지점으로 들어가서 그 모습 그대로 솔직하게 말씀드리지 않고는, 우리가 갈망하고 하나님이 갈망하시며 양쪽이 함께 누릴 수 있는 그런 관계를 절대로 발전시킬 수가 없다.

우리가 하나님께 진실하지 못하게 방해하는 것은 무엇인가? 이 질문을 먼저 다루도록 하자. 어떻게 하면 진실해질 수 있는가는 그 다음에 다루기로 하겠다.

갈망과 공포 사이에서

우리는 대부분 외양적인 인생을 산다. 물론 우리 자신은 내면 깊숙이 들어갔다고 생각할지 모른다. 특히 고난이나 큰 위기를 겪었다든지 소그룹 모임에서 자기 사연을 이야기하고 났을 때는 그렇게 생각하는 경향이 있다.

하지만 이 세상 그 무엇으로도 만족되지 않는 갈망을 느끼고 직시하기까지는, 자신의 중심에 닿아 있는 것이 아니다. 우리가 무엇보다 가장 동경하는 것은 관계다. 그 안에서 우리가 받는 사랑이 우리를 정의하고, 우리가 살아가는 인생의 의미가 우리의 가치관을 정의하는 관계, 인생에서 각자가 받은 고유한 소명을 따라 고유하고 독특한 존재로 살아갈 수 있는 관계를 동경하는 것이다.

우리는 내 안에 뭔가 용납하기 힘든 것이 있다는 사실, 밖으로 드러나는 행동보다 훨씬 추한 것이 있다는 사실, 우리 존재를 정의하는 끔찍한 것이 있다는 사실을 직관적으로 감지하기 때문에, 그런 우리를 용서해 주고 우리가 어떤 존재가 될 수 있는지를 제시해 줄 수 있는 누군가와 관계를 맺고 싶은 마음 또한 직관적으로 감지한다.

그 갈망은 남자나 여자나 동일하다. 남자는 밖으로 나와 자신의 세계를 취하라고 속삭이는 소리, 남들이 느끼고 존경할 만한 무게감으로 그들 속에 들어가라고 속삭이는 소리를 듣는다. 남자들이 가장 무서워하는 것은, 자기 인생이 그저 물에 손을 담갔다가 손을 빼 보니 아무 흔적도 없는, 그런 인생이 되는 것이다.

남자가 두려워하는 것은 이것이다. '나는 유능한가(adequate)? 내게 중요한 일들을 감당할 만한 능력이 있는가? 여성이나 아이나 친구에게 내 가치관을 확실히 보여 주면서, 그들에게 영향력을 행사할 만한 능력이 있는가?' 동전에도 양면이 있듯이, 갈망을 뒤집으면 공포가 된다. '내가 원하는 것은 내가 원할 수밖에 없는 것이다. 내가 그렇게 간절히 바라는 것—영원한 가치, 죽음을 넘어서도 유효한 영향력—을 진정 내 것으로 누릴 수 있을 것인가?' 남자의 마음 가장 밑바닥에 깔린 공포심은 영향력 없는 것, 즉 남들이 알아주고 인정하는 단단한 실체의 부재다.

여자는 남자와 다르다. 여자와 남자의 차이점은 생리적 기능과 신체 구조의 차이를 넘어서고, 머리 모양과 복장과 목소리의 차이를 넘어서며, 공을 던지거나 춤을 추거나 고개를 갸우뚱거리는 모습의 차이를 넘어선다. 가장 핵심적인 차이는 갈망에 있다. 남자는 영향력, 능력을 행사하는 실체를 동경한다.

반면에 여자는 미(美)를 간절히 동경한다. 여자는, 다른 사람들의 관심을 끌어 그들의 눈앞에 있는 그녀를 감싸 주고 보호하며 추앙하게 함으로써, 그리고 궁극적 미를 염원하는 사람들의 갈망을 일깨움으로써 영원한 영향력을 행사하는 내적 실재(internal reality)를 동경한다. 자신의 존재가 타인의 존중과 소중히 여김을 받을 만큼 유일하고 독특한 뭔가가 없다는 느낌을 여성은 가장 두려워한다.

여성의 두려움은 이것이다. 즉, '나는 아름다운가, 아니면 그저 유익할 뿐인가? 성적 대상일 뿐인가? 다른 사람의 목적을 성취하는 데 일익을 담당하는 일종의 자원인가?' 그런 갈망의 이면에는 이런 공포가 있다. '나는 사람과 진정으로 깊이 이어질 수 있을까? 내가 안심하고 믿을 만한 사람이 있을까? 내 아름다움을 봐 줄 사람이 있을까? 혹은 남들이 존중하고 기뻐할 만한 것이 나에게 전혀 없는 건 아닐까?'

아무도 장담할 수 없다. 우리가 그렇게 애타게 원하지만 우리 스스로 해낼 수는 없는 것을 우리에게 해줄 사람이 과연 있는지, 아무도 확신할 수 없다. 남자들은 자신이 전혀 영향력 없는 작은 소년에 불과하다고 느끼고, 여자들은 자신이 남들 눈에 띄지 않는 작은 소녀처럼 느껴진다.

타락한 인간은 교묘한 재간으로 그 공포심을 처리한다. 즉, 가장 깊은 갈망은 의식 저편으로 밀어 버리고, 그보다 덜 중요한 것들만 가지고 우리 마음대로 좌지우지할 수 있다고 생각하는 것이다. 우리는 그렇게 공포심을 마비시킨 채 자신을 보호하며 살아간다. 스스로의 기분을 돋워 줄 수 있는 관계의 방식을 찾아내고, 뭔가가 자신의 깊은 고통과 공포를 건드릴 듯하면 한발 물러서거나 아니면 공격을 한다. 아무도 자신을 건드리지 못하도록, 할 수 있는 건 뭐든지 다 한다.

만족 없는 갈망과 소모적인 공포심의 자리, 그 붉은 동그라미는 감추어져 있다.

우리 아버지는 당신이 바라던 대로 내 인생에서 당신의 영향력을 충분히 발휘했다는 사실을 알면 무척 기뻐하곤 하셨다. 아버지는 다섯 살 때 할아버지를 여의셨다. 할머니는 (나도 뵈어서 알고 있지만) 애정어린 분이라기보다는 경건한 분이셨고, 자식들에게 여성적인 미를 쏟아붓기보다는 그 자식들과 함께 하나님만 더욱 열심히 믿기로 작정하신 분이었다. 남편도 없고 돈도 없었으니까.

우리 아버지가 자신의 가치를 마음 깊이 느끼셨으리라고는 생각지 않는다. 아버지는 일생 동안 스스로를 부적격자라고 느끼셨다. 그런 내면의 공허함을 감안할 때, 우리 아버지는 일등 아버지셨다. 그 점이 정말 감사하다. 그리고 아버지를 존경하고 사랑한다.

하지만 우리 아버지만 그런 게 아니라 모든 남자들이 그렇다. 아버지는 내 허기진 영혼에 당신의 남성적 깊이를 쏟아부으시는 것으로 자신의 가벼움에 대한 공포심을 처리하셨다. 나도 그와 동일한 문제로 갈등한다. 남편으로서, 아빠로서, 친구로서, 그리고 상담가로서. 나는 만족 없는 갈망에서 오는 공허감과 나를 소진시키는 그 강력한 공포심을 하나님께 내려놓으려고 애쓴다. 멜라니와 스탠도 그렇다.

멜라니가 말했다. "그래요. 나는 화가 나 죽겠고, 상처도 많아요. 하지만 내가 겁날 줄 알아요? 천만에요. 내가 남은 인생을 내내 이렇게 비참한 느낌으로 살아야 하나요?"

스탠이 치고 들어온다. "그런데요, 내가 알고 싶은 건 우리 아버지를 찾아뵈야 하나 말아야 하나 그것뿐이예요. 아버지가 나한테 해준 게 없어서 내가 상처받았냐고요? 그 때를 생각하면 아직도 마음이 쓰라리냐고요? 물론이죠. 그래서 그 때를 생각하고 싶지 않은 거예요. 도대체 핵심이 뭡니까? 그 상처들은 그런 대로 거의 아물었다고 생각해요. 난 술도 안 마시고, 아이들과 함께하는 시간도 보내요. 물론 내가 굳이 그 고통을 느끼고자 하면 아직도 마음 한구석은 쓰라리죠. 어쩌면 눈물이 복받쳐 하염없이 울겠지요. 하지만, 그래서 좋을 건 또 뭡니까?" 멜라니와 스탠에게, 그리고 당신과 나 자신에게 내가 해주고 싶은 말은 이것이다.

자신의 붉은 동그라미로 들어가지 않는 한, 당신은 그 공포심을 사랑으로 대체해 줄 하나님을 결코 발견할 수 없다는 것이다. 그리고 '진정한 자신'(the real you)도 발견하지 못할 것이다. 강하고 아름다우며, 영향력 있고 호감 있는 근사한 자신을 말이다. 당신의 붉은 동그라미에서 당신이 하나님을 발견하기 전에는, 또는 당신의 상처 속에서 하나님이 당신을 발견하기 전에는, 당신은 절대 자신을 발견하지 못할 것이다.

붉은 동그라미로 들어가는 법

당신의 마음이 움직인다면, 당신의 내면 세계의 현실 속으로 들어가 자신을 하나님께 내어드리고 싶은 열망이 생긴다면, 다음의 세 가지 제안을 고려해 보기 바란다.

첫째로, 당신의 붉은 동그라미 위치에서 삶을 반추하는 생활 방식을 만들라. 물론, 그 일에만 온 신경을 쓰라는 말은 아니다. 나의 깊은 내면에서 무슨 일이 일어나고 있는가에만 골몰하지 말고, 점심도 먹고 친구한테 전화도 걸고 출근도 하라. 하지만, 하루에 서너 번 잠시 쉬는 시간을 가지라는 말이다. 몇 분 정도 짬을 내서 "지금 내 안에서는 무슨 생각이 돌아가고 있지? 나는 무얼 느끼고 있지? 나는 무슨 일이 일어나길 바라고 있지? 내가 두려워하는 건 뭐지?" 등의 질문을 해 보라.

새벽 2시에 잠이 깼을 때, 바로 책을 펼치거나 텔레비전을 켜거나 수면제를 찾지 말고, 그냥 누운 채로 당신의 속생각을 반추해 보라. 그리고 그것을 하나님께 말씀드리라. 하나님을 파파라고 부르면서.

"파파, 지금 저는 산더미처럼 쌓인 일들을 도저히 끝낼 수 없을 것만 같아요. 할 일은 너무 많은데, 이렇게 한밤중에 말똥말똥 잠이 깨어 있네요. 당신한테도 화가 나고, 인생에 대해서도 화가 나고, 저렇게 곤히 자고 있는 집사람한테도 화가 나요."

"하지만 전 계속 밀고나가고 싶어요. 전 남자잖아요. 제 앞에 어떤 일이 닥치든 그걸 해낼 수 있다는 걸 똑똑히 보고 싶어요. 하지만 해낼 수 있을지 확신은 없어요. 저는 인생의 압박감을 용기 있게 헤쳐 나갈 수 있을 만큼 완전한 남자가 아니거든요. 차라리 텔레비전에 나오는 예쁜 여자나 탐닉하며 잠시 시간을 보내는 게 더 좋겠죠. 또는 이렇게 침대에 누워 머릿속으로 음란 비디오나 한 편 돌리든가요. 아니면 자리에서 일어나 오늘 해야 할 일들을 적어 보는 것도 방법이겠네요. 아니, 아래층에 내려가 신앙 서적을 좀 읽어야 할지도 모르겠어요. 내 생각이 좀더 영적인 것들에 쏠리도록 말이죠."

"하지만 저는 그 신앙 서적조차도 성적 공상과 똑같은 용도로 이용할 수 있지요. 저의 붉은 동그라미 자리를 피하기 위한 용도로 말이예요. 그래요, 도대체 어떻게 되어 가는 거죠?"

단 한 번의 시도로 모든 걸 파악할 수 있으리라는 기대는 하지 말라. 이것은 생활 속에서 몸에 배야 한다. 매일 저녁 또는 아침마다 몇 분씩만 꾸준히 하라. 당신이 성경을 펼치거나 신앙 서적을 집어들 때, 당신 안에 어떤 생각들이 일어나는지 반추해 보라. 당신의 붉은 동그라미를 반추하는 일을 생활 방식으로 만들라. 이것이 나의 첫 번째 제안 사항이다. 그럼으로써 당신은 자신을 하나님께 내어놓을 때, 당신 안에서 어떤 생각들이 일어나고 있는지 더 잘 알게 될 것이다.

둘째로, 당신의 꿈에 관심을 가지라. 물론 나는 융이나 프로이트 신봉자는 아니다. 하지만 아침에 일어났을 때 생생하게 기억나는 꿈은 때로 당신이 의도적으로 감추고 있는 갈등을 표현하는 경우가 있다. 자신을 하나님께 좀더 내어놓고 싶다면, (꿈처럼) 다양한 기회를 통해 당신의 생각과 감정의 세계를 엿보는 것도 좋은 방법이다.

바로 어젯밤, 나는 헬스 클럽에서 벤치에 누워 역기를 드는 꿈을 꾸었다. 보통은 쉽게 드는 역기였는데, 꿈에서는 팔에 힘이 빠지면서 역기가 내 가슴팍에 떨어져 갈빗대가 부러졌다. 나는 급히 응급차에 실려 병원으로 갔고, 어지럼증을 느끼는 와중에서도 치료를 제대로 받게 되었다며 안심하던 기억이 난다.

오늘 아침 나는 그 꿈에 대해 생각해 보았다. 부담이 큰 강연 일정이 다가오고 있었고, 이메일 수십 통이 나의 답장을 기다리고 있었으며, 가족과 오붓한 시간을 보내고픈 소망 또한 나를 집어삼키고 있었고, 중요한 두 건의 마감일이 코앞에 닥쳐 있었다. 지난 사십 년 동안 이런 식으로 분주한 시절을 헤치며 살아왔다.

하지만 역기를 떨어뜨리고 그것을 피할 힘조차 없었던 장면을 그려 보면서, 어쩌면 이번에는 일들이 힘에 부치다는 게 드러날지도 모른다는 두려움을 느낄 수 있었다. '나는 어른이 아니라 작은 소년일 뿐이야. 힘도 약해. 지금까지는 힘이 센 척했을 뿐이야. 내 몫의 일들을 감당할 수가 없어. 그렇다면 왜 할 수 있는 척하지? 그냥 나가서 아침 식사나 하는 거야. 오트밀 죽은 생략, 오믈렛만 시켜 먹고, 신문의 스포츠란과 만

화란을 읽으며 이 미친 현실을 도피하는 거야.' 생각건대, 그래서 나는 병원으로 실려 간 것 같았다. '내가 남자라는 사실은 잊어버리고, 그저 수동적인 쾌락주의자가 되는 거야. 남들더러 나 좀 돌봐달라고 하지 뭐.' 그럴 때 두려움이 수그러든다.

오늘 아침 나는 네 시에 잠이 깼다. 삼십 분 동안은 그런 생각들을 하나님과 나누었다. 그 꿈 때문에 마음이 움직인 나는 나 자신을 하나님께 내어놓았다. 다섯 시 삼십 분까지 책상에 앉아 글을 쓰고, 블루베리가 섞인 시리얼 한 사발을 먹고, 그리고 이번 장을 썼다. 기분이 좋았다. 남자처럼 땀 흘리고 전진하고 무거운 역기를 가볍게 들어올리면서, 다시금 살아 있음을 느꼈다.

셋째로, 신뢰할 만한 친구 앞에서 '감성의 산책길'(affective track)을 따라가 보라. **감성**(affect)이란 말 그대로 정서(emotion)를 의미한다. 당신 안에서 솟아나는 확연한 감정들을 예의주시해 보라. 때로는 타락한 욕정이나 격렬한 분노 같은 추한 감정일 수도 있다. 때로는 날아오를 듯한 자유나 기쁨처럼 근사한 감정일 수도 있다. 혹은 무례한 운전자로 인한 짜증이나 커피 한 잔에서 오는 행복감처럼 일상적인 감정들도 있을 수 있다.

수잔은 도무지 집안일에 신경 쓰지 않던 아버지와 매사에 비판적인 어머니에 관한 이야기를, 마치 지루한 영화를 묘사하듯 나한테 이야기했다. 감성도 정서도 전혀 없었다. 돌처럼 무덤덤했다.

이야기를 듣던 내가 말했다. "화가 나도 단단히 났겠는걸요."

"어머, 아니예요. 그런 건 다 해결됐어요."

"물론 그럴 수도 있죠. 하지만 정말 다 해결되었다면, 당신이 하는 이야기 속에는 실망감이라든지 부모님을 용서한 데서 오는 따스함 같은 게 스며 있지 않을까요? 제 생각에는 아직도 부모님한테 몹시 화가 나 있는 것 같은데요."

그러자 그녀가 고집스럽게 말했다. "전 그렇게 생각하지 않는데요. 하지만 그렇게 말씀하시니 한번 곰곰이 생각해 볼게요."

다음날 그녀가 이렇게 말했다. "제 일생 처음으로 저는 방에서 발을 쾅쾅 구르며 소리를 질러댔답니다. 아버지한테 내가 얼마나 많은 분노를 품고 있는지 저 자신도 믿을 수가 없었어요. 그 자리에 있던 남편이 제 이야기를 다 들었지요. 그러고는 저를 꼭 안아 주었어요. 저더러 그만 소리지르라고 말리지도 않더군요. 그냥 그 자리에 있어 준 거지요. 그런데 오늘 아침, 저를 향한 하나님의 사랑이 어느 때보다도 더 확연히 느껴졌어요. 하나님한테 저의 최악의 상태를 보여 드렸는데, 그럼에도 불구하고 하나님은 여전히 절 사랑하신다는 걸 깨달았어요. 기분이 너무 좋아요."

마음을 모으라. 느낌이 오는 대로 묵상하라. 감성이란 당신 앞에 열려 있는 통로라 생각하고, 그것을 따라 걸으라. 그것이 어디로 이끄는지 따라가 보라. 분석하지 말라. 당신의 감정이 무엇을 의미하는지, 어디서 연유된 것인지 알려고 하지 말라. 그냥 감정의 흐름을 타라. 감정이 이끄는 대로 따르라.

당신의 감성적인 붉은 동그라미에 대해 친구에게 분명하게 말하라. 신뢰하는 친구에게 진실하다 보면 하나님께도 좀더 쉽게 진실해질 수 있고, 하나님의 사랑도 좀더 쉽게 느낄 수 있다.

내 경우는 어떻게 했는가

실례를 한 가지만 더 들기로 하자. 이번에는 짧고 개인적인 것이다. 어제는 온갖 압박감이 나를 덮치며 짓눌렀다. 나는 거의 공황 상태가 되어 갈피를 못 잡았다. 하지만 억지로 안정을 찾으려 하거나 마음의 갈피를 잡으려고 성경 구절을 암송하지는 않았다.

대신 아내에게 몇 분 정도 시간이 있느냐고 물었더니, 아내는 있다고 했다. 나는 현재 정서적으로 완전히 마비된 상태라고 아내한테 말했다. 나의 혼란한 내면 세계에서 일어나는 일들을 예의주시하면서, 나는 십 분 정도 마구 고함을 질러댔다.

그러고 나자 기도하고 싶은 충동이 느껴졌다. 내가 바보 같았다. '이건 그저 종교적인 겉치레, 가벼운 종교 의식에 불과한 거 아닐까? 아내야 그저 정중히 참고 있을 뿐, 연기에 불과하다는 걸 다 알 텐데.'

나는 겁이 난다고 하나님께 말씀드렸다. 나 자신을 하나님께 내어놓은 것이다. 그런 다음 용기를 발휘해서 아내에게 "여보, 나 기도하고 싶어요"라고 말했다. 그리고 기도를 했다. 아내가 빙그레 웃었다. 나도 웃어 보였다. 나는 새로운 희망의 끈을 잡고 다시 일하러 갔다. "그래, 됐어. 압박감이 나를 망치지는 못해. 이제 전진할 시간이야."

당신 자신을 하나님께 내어놓으라(present). 그러면 하나님도 자신을 당신에게 내어주실 것이다. 그것이 파파 기도의 첫 번째 P다.

파파 기도의 다음 단계인 A로 넘어가기 전에, 멜라니와 스탠이 어떤 식으로 자신을 하나님께 내어놓을 수 있을지 한번 생각해 보는 것도 좋은 연습이 될 것이다. 상상력을 마음껏 동원해서 생각해 보기 바란다.

A: 당신이 하나님을
   어떻게 생각하고 있는지
   예의주시하라

제14장
당신의 하나님은
어떤 이미지인가?

　　　　　　　　기도할 때 당신은 하나님에 대해 어떤 이미지가 떠오르는가? 그분이 누구라고 생각하는가? 그분은 어떤 분이신가?

당신이 의식적으로 선택해서 마음에 새기려고 노력하는 하나님의 모습이나 개념을 묻는 게 아님을 명심하기 바란다. 내 질문은, 이미 당신 안에 자리잡고 있는 하나님에 대한 개념, 어쩌면 당신의 의식 저변에 깔려 당신이 하나님께 말을 걸 때 마음속에서 일렁이는 개념이 무엇인지를 묻는 것이다.

파파 기도를 배우는 두 번째 단계는, 당신이 기도할 때 당신이 말하고 있는 상대가 어떤 분이라고 생각하는지를 예의주시하면서, 잘못된 그림이 명확히 드러날 때마다 그것을 바로잡는 단계다. 이 단계를 거치는 과정에서 당신은 하나님에 대해 아무 생각이 없다는 사실을 깨달을지도 모른다. 아무 그림도 그려지지 않는다. 아무 이미지도 떠오르지 않는다.

그게 좋을 수도 있다. 때로 우리는 하나님의 임재를 깨닫지 못한 채,

심지어는 그 존재조차 깨닫지 못한 채 기도할 때 가장 의미 있는 기도를 하는 경우가 있다. 그러다가 의도적인 믿음, 강한 의지적 행동이 우리의 기도 생활을 이끌게 된다. 인생이란 너무나 암울해지기도 하기 때문에, 과거에 진리라고 깨달았던 것을 믿음이라는 이름으로 고집스럽게 끌고 가게 되는 것이다.

정서적으로 텅빈 마음에서 우러나오는 기도가 가장 풍성할 때가 종종 있다. 이 점에 대해 잠시 언급하고 넘어 가도록 하자.

하나님에 대해 아무런 이미지가 없을 때

C. S. 루이스의 흡인력 있는 책, 「스크루테이프의 편지」(*Screwtape Letters*, 홍성사 역간)에는 고참 악마인 스크루테이프가 제자 웜우드에게 지옥의 관점에서 볼 때 그들의 '원수'인 하나님의 행동 방식에 대해 조언하는 장면이 나온다. 그는 이렇게 말한다. "원수가 조금만 더 자기 능력을 활용하면 인간들에게 언제 얼마든지 자신의 임재를 느끼게 해줄 수 있을 텐데, 왜 그러지 않는지 자네도 꽤 궁금했을 거야. 그는 인간의 의지를 무시하는 건 소용없다고 생각하지(지극히 미약하고 희미한 수준이라도 그의 임재를 억지로 느끼게 한다면 그건 월권인 거니까). 그는 억지로는 안 해. 다만 간절히 원할 뿐이지."[1]

이건 곱씹어 볼 만한 개념이다. 스크루테이프는 이어서 말한다. "물론 그는 인간들에게 자기의 임재를 드러내면서 시작하지. 아무리 그 임재가 미약해도 인간에게는 너무나 근사하고 따스하고 온갖 유혹을 정복하게 해줄 수 있는 임재니까."

우리 중에도 확실한 하나님의 임재에 압도되는 경험을 해 본 사람들이 많이 있을 것이다. 그 순간만큼은 하나님을 우리 애정의 최고 자리에 앉혀 드리는 게 너무도 당연하게 여겨지는 순간들 말이다. 그런데 왜 성령께서는 그러한 순간을 우리의 평생 동안 지속되게 하지 않으시는지 궁금한 적은 없었는가? 스크루테이프는 그 이유를 알고 있다.

"하지만 그는 이런 상태를 오래 지속시키지 않는다네. 조만간 한발 뒤로 물러서지. 실상은 그러는 것도 아니지만, 최소한 그 사람의 의식적으로는 그렇게 느껴지게 한다네.…그 인간이 제 힘으로 서게 하는 거지. 제가 해야 할 일들이 별로 내키지 않더라고 자기 의지로 해내도록 말이야."

스크루테이프의 '예지'를 놓치지 말라. 다시 말하면 이렇다. **우리가 하나님을 체험하느냐 못하느냐와 상관없이 하나님을 따를 때에만, 우리는 비로소 진정한 자신의 모습으로 충만해진다.** 보이지 않는 것을 믿는 믿음이야말로 우리의 진정한 정체성을 드러낸다. 그런 믿음은 진정한 정체성을 흐리게 하는 방어 기제들과, 너무나 자주 선택의 기준이 되는 자기 만족적인 열정을 약화시킨다.

스크루테이프의 말을 계속 들어 보자. "그렇게 혹독한 시기야말로 그 자가(웜우드에게 할당된 인간이) 하나님이 정말 바라는 그런 피조물로 성장해 가는 시기라네. 따라서 그런 메마른 상태에서 하는 기도야말로 우리 원수를 가장 기쁘게 하는 기도야."

그러므로 당신이 기도할 때 하나님의 모습이 선명하게 떠오르지 않는다고, 혹은 하나님이 어떤 분인지 잘 모르겠다고 너무 걱정하지 말라.

어쩌면 당신은 하나님과 가장 풍성한 연합으로 가는 길목에 있는지도 모른다. 물론 스크루테이프는 이 점이 몹시 거슬렸다. 자, 그의 마지막 말을 들어 보자.

"웜우드, 절대로 속지 말거라. 인간이 마음은 동하지 않으면서도 꿋꿋이 우리 원수의 뜻을 행하고자 할 때, 그리고 원수의 모습이 온 우주에서 감쪽같이 사라져 버린 것 같아서 왜 자기를 그렇게 버려 두느냐고 질문하면서도 여전히 그에게 순종할 때, 그 때야말로 우리의 원대한 목표가 가장 위험에 처하는 순간이란다." 여기서 나는 '여전히 그에게 순종할 때' 뒤에 '그리고 여전히 기도할 때'라는 말을 덧붙이고 싶다. 알지 못하는 하나님이 아니라, 느껴지지 않는 하나님께 여전히 기도할 때….

당신이 하나님을 주시하고 있는데 오로지 캄캄한 동굴밖에 느껴지지 않는다면, 그 때야말로 당신이 파파 기도를 배우기에 가장 좋은 기회인지도 모른다.

하나님에 대한 이미지가 잘못되어 있을 때

하지만 우리들 대부분은 기도할 때 크게 애쓰지 않아도 조금만 예의 주시하면, 마음속에 떠오르는 하나님의 모습이 있게 마련이다. 그러한 모습 중에는 하나님의 직접적인 계시보다는 일찍이 교회와 육신의 아버지를 통해 고정된 개념들도 있다.

한번은 어떤 여성에게, 하나님께 나아갈 때 하나님의 어떤 모습이 띠오르느냐고 물었더니, 즉시 이런 대답이 나왔다. "휠체어를 타고 있는 피그미 족이요." 그런 개념은 한 번도 들어 본 적이 없던 나는 그 이상한 이미지가 무엇을 상징하느냐고 물었다. "때로는 제가 말을 걸고 있는 상대방이, 몸집은 너무 작고 장애가 많아서, 많은 것들을 하고는 싶은데 제대로 할 수 없는 존재라는 느낌이 들 때가 있거든요."

이렇게 말한 사람도 있었다. "전에는 그 점에 대해 별로 관심이 없었는데요, 이제 생각해 보니 저는 하나님을 마치 차르르 흘러내리는 옷을 입고 하얀 수염을 기른 성난 남자분으로 생각하는 것 같아요. 팔을 한껏 벌리고 눈에서는 불이 활활 타는, 악몽 속에서나 만날 것 같은 그런 존재 말이예요."

나는 요한계시록 1장에 기록되어 있는, 요한이 본 예수님의 모습을 그녀에게 읽어 주었다. 그랬더니 이렇게 말했다. "내가 생각한 게 바로 그거예요!" 내 생각에는, 십계명을 새긴 돌판을 화를 내며 내동댕이치는 모세의 그림도 그녀의 이미지에 일조한 게 아닌가 싶다.

2년 동안 취업을 위해 기도했으나 취직을 못한 한 친구는 이렇게 말했다. "기도할 때 떠오르는 건 오로지 초점 없는 응시뿐이라네."

내가 물어 본 사람 중에서 하나님을 산타 클로스로 묘사한 사람은 없었지만, 내 생각에 그것은 솔직한 답변이라기보다는 '종교적으로 교화된' 탓인 것 같다. 그 밖에 텔레비전에 나오는 설교가들도 우리를 달콤하게 부추긴다. "하나님의 사랑을 선포하시고 복을 받을 준비를 하세요. 하나님은 자기 자녀들에게 좋은 것들을 쏟아부어 주기를 기뻐하십니다. 힘들 때 하나님을 믿으세요. 그러면 만나가 해결될 겁니다. 하나님은 여러분이 원하는 새 집과 더 좋은 직장과 든든히 받쳐 주는 상관을 허락하실 겁니다. 하나님은 그렇게 해주길 기뻐하십니다."

그 설교를 믿으라. 그러면 당신이 그리는 하나님의 모습은, 빨간 옷을 입고 썰매를 타고 맛난 걸 잔뜩 싣고 당신네 집으로 달려오는 산타가 될 것이다.

당신이 기도할 때 떠오르는 하나님의 모습은 어떠한가? 당신이 하나님께 기도할 때 마음속에 떠오르는 하나님의 모습이 어떤 모습이든 간에, 그 모습은 당신이 기도하는 방식에 영향을 미칠 것이다. 전 세계에 사는 수백만 명의 그리스도인들이 스스로는 예수의 이름으로 기도하고 있다고 생각하겠지만, 실상은 다른 누군가의 이름으로, 성경이 전혀 알지도 못하는 신에게 기도하고 있는 경우도 가능하다.

가장 보편적인 하나님에 대한 열 가지 이미지

사람들이 기도할 때 보편적으로 생각하는 하나님의 이미지를 열 가지로 정리해 보았다. 다음 이미지 중에서 당신이 기도할 때 떠오르는 하나님의 이미지는 어느 것인지 살펴보기 바란다.

1. 웃음 짓는 친구
2. 뒷방에 앉아 있는 시계공
3. 바쁜 왕
4. 자동판매기
5. 근엄한 아버지

6. 자상한 할아버지

7. 비인격적인 힘

8. 잔인한 폭군

9. 윤리 실천 운동가

10. 애틋한 연인

성경은 우리 편한 대로 하나님을 한 가지 이미지로 고정시키는 걸 허용하지 않는다. 우리가 창세기부터 요한계시록에 걸쳐 만나는 하나님, 그리고 사복음서를 통해 아주 가까이서 보게 되는 하나님은 분류하기가 힘들다. 성경을 읽으면 읽을수록 신비만 더 깊어진다. 그분은 친근감 있다가 격분하시고, 다감하다가 거리를 두시는가 하면, 장난스러우면서 거룩하시고, 사람을 반가워하는가 하면 두렵게도 하시고, 잘 응수하시는가 하면 예측불가능한 존재다. 우리가 쉽게 파파라고 부를 수 있는 그런 하나님이 아니다.

우리는 하나님을 한 가지 이미지로 고정시키고 싶어한다. 최소한 우리가 상대하는 대상이 좋든 나쁘든 어떤 분인지 알고 싶은 것이다. 우리는 "하나님은 문 하나를 닫으시면, 반드시 또 하나의 문을 열어 주신다"와 같은 상투적인 말을 하기 좋아한다. 특히 당장 실직이라도 했을 때는 더욱이 그렇다. 혹은 "이 시련은 나더러 교훈을 얻으라고 주신 거야"라는 말을 잘 한다. 이렇게 하나님을 선생님으로 보는 시각을 가지면, 우리가 배워야 할 교훈을 빨리 배우고 나면 곧 놀이터로 뛰어나갈 수 있을 거라는 희망을 갖게 된다.

우리가 하나님에 대해 말하기 좋아하는 게 한 가지 더 있다. "하나님은 내가 필요로 할 때면 언제든 나타나신다"라는 말이다. 믿을 만한 하나님이야말로 곰인형처럼 우리 위로의 원천이 된다. 우리는 어두운 밤을 굳이 어두운 밤으로 느낄 필요는 없다고 믿고 싶어한다.

기도할 때 우리는 상대가 어떤 분인지 알고 싶어한다. 신비는 싫다. 하나님은 우리의 기대대로 행하실 거라고 믿을 수 있는 그런 분이길 원한다. 우리는 통제하고 싶어한다. 최소한 예측 가능하길 바란다. 그래서 일찍이 교회와 육신의 아버지를 겪으면서 형성된 하나님의 이미지를 취하고, 그게 또 우리 입맛에 맞는다. 그 열 가지 이미지를 간략히 설명하면 다음과 같다.

1. 웃음짓는 친구

"와이드 어웨이크"(Wide Awake)라는 영화에서 야구 모자를 쓴 수녀로 나오는 로지 오도넬(Rosie O'Donnell)은 자기 수련생들에게 「예수님은 나의 친구」(*Jesus Is My Buddy*)라는 책을 읽힌다. 예수님은 좋은 친구가 마땅히 그러하듯이 늘 당신을 위해 계신다. 초월은 없고 내재만 있다. 우리 위에는 안 계시고 우리 안에만 계시는 것이다. 그저 같이 어울리는 것만 좋아하는 그런 하나님. 요구도 없고 규칙도 없고, 그저 좋은 게 좋은 거다.

하나님을 웃음짓는 친구로만 생각하면, 기도란 벗에게 이런저런 부탁을 하는 정도에 불과하게 된다.

2. 뒷방에 앉아 있는 시계공

이것은 내가 가장 자주 오해하는 하나님의 이미지다. 때때로 나는 그럴듯한 이신론자*가 된다. 때로 나는 무심한 우주에 홀로 있는 느낌이 들고, 절대로 시계방을 떠나지 않는 시계공이 만들어 태엽을 감아 놓은 시계처럼 째깍거릴 뿐이라고 느낀다. 하나님은 나를 만드셨다. 하지만 지금은 다른 할 일들이 있으시다. 나는 형제의 안전한 여행을 위해 기도했지만, 비행기가 추락해 그는 죽었다. 될 대로 돼라. 일어날 일은 어차피 일어나는 법. 굳이 기도할 필요가 어디 있단 말인가? 어차피 시계는 째깍째깍 돌아가는 것을.

하나님에 대한 이런 이미지 때문에 내 기도 생활은 오랫동안 무미건조하고 활력이 없었다. 어차피 일어나는 일들은 대충 좋은 쪽으로 받아들이자는 체념의 산물이었다.

3. 바쁜 왕

참새 한 마리도 하나님이 허락하지 않으시면 땅에 떨어지지 않는다고 성경은 누누이 우리를 안심시키건만, 그래도 우리는 때때로 하나님은 좀더 중요한 일로 바쁘신 분이라고 생각한다. 자녀를 어느 학교에 보내야 할지, 죽어가는 아버지를 만나고 싶지 않더라도 찾아뵈야 하는 건지 등의 일은 하나님께 그리 중요하지 않을 거라고 생각한다. 하나님은 전도, 기독교 사회 운동, 낙태에 관한 정치적 입장, 어떤 형태의 교회 개

---

* 이신론: 우주는 고도의 기술자인 조물주에 의해 창조된 후, 자연 법칙을 따라 저절로 운행될 뿐이며, 신은 인간과 우주에 개입하지 않는다고 보는 세계관—역주.

척이 장차 초대형 교회로 발전될 것인가 등에 온 신경을 집중하고 계신다고 생각한다.

우리의 기도는 작고 보잘것없으며, 중요한 일로 바쁜 왕의 관심을 끌 만한 가치가 없다고 여긴다. 하지만 어쨌든 기도는 한다. 마치 새로운 상법이 통과되면 조만간 가게문을 닫게 될 작은 동네의 슈퍼마켓 주인이 지역구 의원한테 편지를 쓰는 마음으로 말이다.

4. 자동판매기

이것도 우리가 인정하지는 않지만 가장 보편적으로 견지하는 하나님에 대한 이미지다. 이 이미지가 산타클로스나 웃음짓는 친구와 다른 점이 있다면, 자동판매기와는 관계 맺을 필요가 없다는 점이다. 그냥 동전을 집어넣고 나오는 걸 꺼내 가지면 된다. 우리의 예배와 하나님께 대한 사랑 고백이 자판기에서 초콜릿을 사먹으며 흡족해하는 사람의 감정과 비슷할 때가 얼마나 많은가.

'정확히 기도하면 효과가 나타난다. 주차할 자리도 생기고 종양도 사라지고 새 직장도 얻는다. 그러니 좀더 기도하자. 동전을 좀더 집어넣자. 하나님은 좋은 분이시니까.'

5. 근엄한 아버지

이 개념은 종교적인 아버지 밑에서 자랐거나 율법적인 교회를 다닌 경우에 종종 나타난다. 학교에 갈 때는 제일 큰 성경책을 들고 다닌다. 불량한 말을 하는 사람은 피한다. 저녁 식사를 할 때는 반드시 냅킨을 무릎 위에 깔고, 아버지가 오실 때까지 기다린다. 아버지가 식사 기도를 하기 전에 먼저 한 숟갈이라도 떴다가는, 바로 밥상머리에서 쫓겨난다.

이런 개념이 마음속에 자리잡고 있으면, 하나님께 순종은 하지만 하나님을 누리지는 못한다. 삼위일체와 함께 춤춘다는 개념(내가 좋아하는 개념)은 말도 안 되고, 거의 신성모독 수준이다. 기도는 딱딱하고 경직되어 있으며, 하나님의 내재(우리와 함께하시는 하나님)는 없고 초월(우리 위에 계시는 하나님)만 있다. 예배에도 열정이 없고 간청 기도도 소심하게 읊조린다.

6. 자상한 할아버지

나는 손자들과 함께 벽난로 앞에 앉아 노는 걸 참 좋아한다. 녀석들은 낄낄거리며 웃고, 서로 장난을 치고 내게도 장난을 건다. 정말 재미있다. 하지만 손자들의 장난이 일정 선을 넘어서면 나는 곧 제지하는데, 그러면 때로 녀석들은 의외라는 표정을 짓는다. 그건 자기 부모가 하는 일이지, 할아버지 할머니가 하는 일이 아니라는 것이다. 우리 조부모들이 할 일이란 식사 시간에 녀석들이 야채를 안 먹어도 그냥 못 본 체하고 바로 아이스크림을 주는 일이다.

자상한 할아버지한테 드리는 기도는 마치 못 견디게 사랑스러운 아이가 칭얼대며 졸라대는 것과 같다. 앙증맞은 손녀딸이 할아버지 목에 매달린다. 조막만한 손자 녀석이 장난스럽게 옆구리를 쿡쿡 찌른다. "알았다, 알았어. 그래, 저녁 먹기 전에 사탕 먹어도 좋아. 하지만 딱 한 개다. 에이, 두 개만 먹든지."

7. 비인격적인 힘

이 이미지는 하나님을 '초점 없는 응시'처럼 생각하는 것이다. 이미 자기가 할 일을 해 놓은 시계 수리공 이미지와도 다르고, 우리 문제보다 더 중요한 일들에만 신경 쓰는 왕의 이미지와도 다르다. 이 이미지는 하나님을 통제할 수 없는 일종의 힘으로 생각하는 것이다. 영화 "스타 워즈"(Star Wars)에서 막 튀어나온 것 같은, 비인격적인 힘의 이미지다.

여기에는 이신론자의 운명론도 없다. 오히려 통제 불능인 힘의 세계 안에서 무력한 한 인간이 느끼는 절망만 더할 뿐이다. 우리가 암에 걸리는 걸 하나님이 원하시면, 우리는 암에 걸리고 말 것이다. 물론 치유를 위해 기도는 하겠지만, 흥분도 진정한 희망도 없다. 우리 힘으로는 아무것도 달라지지 않는다. 하나님은 인격이라기보다는 일종의 대상물이다. 기도란, 잘해야 그 전류의 방향을 바꾸거나 할까, 절대로 우리를 사랑하는 분과 우리를 연결시켜 주지는 않는다. 이런 관점에서는 관계라는 것도 없다.

8. 잔인한 폭군

하나님은 잔인한 분이 아니라고 생각하기가 쉽지 않을 때가 있다. 의인이었던 욥을 들먹이며 사탄의 관심을 끌더니 결국 사탄이 욥에게 고통을 주도록 허락하신 분이 바로 하나님이 아니던가. 때로는 하나님을 선한 분이라고 말하는 데 정말로 노력이 필요할 때가 있다. 그리고 하나님의 선하심을 의심하다 보면, 죄는 너무도 사리에 맞아 보인다. 왜 안 그렇겠는가? 나한테는 아무 관심도 없는 하나님이 운영하는 세상에서 사소한 쾌락을 찾아다니는 게 뭐 그리 잘못이란 말인가?

기도? 그래, 그 잔인한 폭군의 마음이 변하기를 기도하자(누구한테 기도하는 건지는 분명치 않지만). 아니면 하나님도 속마음은 좋은데, 그 좋은 면이 발휘되려면 살살 달래야 한다고 믿자.

9. 윤리 실천 운동가

하나님을 이 이미지로 보면, 하나님이 제일 싫어하시는 건 눈에 보이는 죄악, 문화적인 죄악이다. 낙태, 음란물, 도박, 동성 결혼, 인종 차별, 부패한 정치(몇몇 단체에서 규정하기로는 자유주의와 밀접하게 연관되어 있다고 함), 간음 등은 그 중 몇 개에 불과하다. 개인의 영적 성숙은 두 번째 문제다. 전 국가적 분위기를 하나님께로 돌리는 게 급선무다. 이것이 가장 뜨겁게 기도해야 할 제목이고, 철야 기도, 기도 세미나, 대규모 집회에서도 그래야 한다.

모든 자원을 동원하고 기금을 마련하자. 뭔가 일을 벌이자. 우리가 섬기는 윤리 실천 운동가이신 하나님이 가장 중요하게 여기시는 것을 놓고 기도하는 데 온 영적 에너지를 다 쏟아붓자.

(윤리 실천 운동가와 비슷한 하나님의 이미지로는 꼬장꼬장한 신학자 이미지가 있다. 관계를 무시하는 신학자, 바리새인 같은 장로들, 그리고 남을 지배하려 드는 목사들이 보편적으로 가지고 있는 이미지다. 꼬장꼬장한 신학자인 하나님한테 드리는 기도는, 종말론과 세례의 형태와 교회의 구조 등에 관한 자기의 확고한 견해를 사람들에게 설득시키기 위해 우쭐해서 하나님과 힘을 결탁하는 형태를 띠게 된다. 사람들의

마음이 어떤 상태인지, 하나님이나 다른 사람들과는 어떤 식으로 관계를 맺고 있는지, 그 관계가 다른 사람들을 복음으로 이끌고 있는지 등에는 전혀 관심이 없다. 꼬장꼬장한 신학자에게 기도하는 교회의 지도자들이 즐겨 쓰는 말이 "우리는 참된 말씀을 선포해야 합니다"인데, 이것은 그들 내면의 쓰레기와 자신의 유익을 위해 관계를 맺는 생활 방식을 감추기 위한 연막에 불과하다. 내가 이 부분을 괄호 처리한 이유는, 오늘날의 문화에서 교리는 그 자체로 중요한 게 아니라 그것이 우리의 생활 방식에 미치는 영향으로 인해 중요하기 때문이다.)

10. 애틋한 연인

하나님은 우리 한 사람 한 사람을 사랑하신다. 그 외에 무슨 말이 더 필요한가? 그 외에 뭐가 중요하단 말인가? 하나님은 우리의 마음을 만족시켜 주시고, 우리를 얼마나 깊이 사랑하시는지를 너무도 알려 주고 싶어하신다. 우리 자신이 얼마나 소중하며 특별하고 각별한 사랑을 받고 있는지 느낄 수 있게 말이다. 하나님과의 깊은 연결감을 느끼는 걸 인생의 중심 목표로 삼으라. 그것을 위해 기도하라. 당신의 삶 속에서 무엇을 통해서든 황홀감과 영혼의 접속을 경험하면, 그것에 대해 하나님께 감사드리라. 무엇이든 불행감을 주면, 그것을 피해 연인의 품 속으로 달려가라.

하나님을 이런 분으로 이해하면, 기도는 자기를 숭배하는 자아도취적 갈망으로 전락하고 만다. 세상 그 무엇보다도 내면의 만족을 체험하는 걸 가장 중요시하는 사람이 되는 것이다.

이리하여 우리는 기도할 때 떠오르는 하나님의 열 가지 이미지를 살펴보았다. 각 이미지는 우리가 기도할 때 실제 모습 그대로의 하나님과 관계 맺지 못하도록 우리의 기도를 왜곡시킨다.

당신의 경우, 기도할 때 하나님이 어떤 모습으로 느껴지는지 생각해 보라. 그 이미지를 주시해 보라. 다음 번에 하나님께 기도를 할 때는 잠시 물러서서, '나는 지금 누구한테 말을 걸고 있다고 생각하는가?'를 자문해 보라.

그러고 나서 전혀 다른 질문을 해 보라. '그분은 누구신가? 나는 그분에 대해 제대로 알기는 하는 걸까?'라고. 다음 장에서는 이 질문에 관해 살펴보도록 하자.

제15장
하나님은 자신을
누구라고 하시는가?

히브리서 1:3은 예수님이 하나님 아버지의 '본체의 형상'이라고 한다. 따라서 하나님 아버지가 누구신지, 어떤 분이신지를 알고 싶으면 예수님을 살펴보면 된다. 그래야 마땅하다. 눈에 보이는 아들은 보이지 않는 아버지를 비추는 거울이다. 성육신(인간의 모습을 입으신 하나님)이 주는 큰 유익 중 하나는, 이제 우리가 하나님을 볼 수 있다는 사실이다. 예수님만 보면 되니까 말이다.

이번 장에서는 바로 그 작업을 하게 될 것이다. 우리가 기도하는 대상인 파파의 모습, 하나님의 모습을 좀더 분명히 알기 위해서, 지금 여기 계시는 예수님을 면밀히 살펴볼 것이다.

하나님께 기도한다는 것은 마치 만나 본 적도 없고 사는 곳에 가 보지도 못한 친척에게 이메일을 보내는 것과 같다. 이 비유를 좀더 활용해 본다면, 그 친척은 답장을 보낼 때도 자기 사진이나 살고 있는 집의 사진을 절대 보내지 않는다. 또한 답신인도 항상 통칭으로 '사랑하는 나의 친척들에게'라고 쓴다. 마치 크리스마스 때마다 받는 카드처럼 말이다. 당신에게만 따로 이메일을 보내는 적이 없으므로 호칭도 당신만을 부르는 적이 없다. 전화는 절대 하지도 받지도 않는다. 그는 아예 전화가 없다.

당신이 한 번도 보지 못한 이 사람이 과연 어떻게 생겼을지 상상력이 발동되지 않을 수 없을 것이다. 키가 클까? 말랐을까? 잘 생겼을까? 그가 사는 마을은 건조한 분지일까, 아니면 풀이 많은 구릉 지대일까? 또 그의 집은 어떤 곳일까? 일반 주택일까, 대저택일까 아니면 아파트일까?

그는 절대로 말해 주지 않는다. 우리가 아무리 물어 보아도 대답이 없다. 꼭 하나님 같다. 그래서 우리는 그 친척이 어떻게 생겼을지, 그가 사는 곳은 어떤 곳일지 알고 싶은 마음을 완전히 포기해 버린다.

하지만 우리가 정말로 원하는 것은, 그를 아는 것임을 점점 깨닫게 된다. 그가 수염을 길렀든 면도를 했든 그건 중요하지 않다. 그는 도대체 어떤 분일까? 같이 있으면 어떤 느낌이 들까? 이제 우리는 표면적인 것들을 넘어서서 정말 중요한 것에 호기심을 느낀다.

우리가 한 번도 만나 본 적이 없는 사람에 대해 일반적으로 알고 싶어하는 유의 궁금증에 대해서는 성경이 말해 주는 바가 거의 없는 것도 바로 그런 이유 때문인지 모르겠다. 우리는 사회적인 차원을 넘어 개인적인 것들을 알고 싶은 것이다. 우리의 기도 대상인 이 하나님은 도대체 누구신가?

하나님은 누구신가?

지금까지 나는 하나님에 대해 개인적인 질문들을 해 본 적이 있는지

의심스럽다. 그분이 누구시며 그분과 함께 있으면 어떤 느낌일지 정말 심각하게 생각해 본 적이 있었나 싶다. 그런 건 이미 알고 있다고 전제했던 것 같다. 어쨌든 나는 하나님에 관한 그림책을 읽으며 자라지 않았던가. 부직포로 만든 예수님이 우물가에 걸터앉아 외로웠던 한 여인과 대화를 나누는 장면도 융판에서 보지 않았던가. 하나님에 관해 가능한 모든 각도에서 조명하고 노래한 찬송가도 수십 곡이나 알고 있지 않은가.

멜 깁슨(Mel Gibson)이 만든 영화에서도 예수님을 보았다. 구름 속으로 사라져 하나님과 만나는, 찰튼 헤스톤(Chalton Heston)이 분한 모세도 영화에서 보았다. C. S. 루이스가 이 세상 너머에는 무엇이 있는지 알고 싶어, 짙은 안개로 뒤덮인 지상의 "쉐도우랜드"(Shadowland)를 들여다보는 영화에 완전히 빨려들기도 했다[C. S. 루이스는 앤소니 홉킨스(Anthony Hopkins)가 분했다].

하지만 하나님이 지금 바로 이 순간에 어떤 분이신지에 대해서는 정말 진지하게 의문을 품어 본 적이 있는지 모르겠다. 별로 고민해 보지도 않은 채, 그저 하나님은 우주를 만드신 기술자시며, 뒷방에 앉아 있는 시계공이라고 전제해 버렸다. 세상을 만들고, 필요한 장비들을 설치하고, 시계가 계속 째깍거리며 잘 돌아가게 만든 존재로 말이다. 또 어떤 때는 하나님을 애틋한 연인으로 생각하고 싶어했다. 언제든 나를 만족시켜 주실 분으로 기대해도 좋은 존재로 말이다.

내가 하나님에 대해 가장 분명하고 정확한 인식을 한 때는, 실상 하나님이 가장 모호하고, 가장 신비스럽고, 가장 범주화하기 어려울 때였다는 생각이 든다. 우리 아버지가 즐겨 하신 말씀 중에, 진정한 영적 성숙은 하나님의 예측불허성을 기꺼이 즐길 줄 아는 태도라던 말씀이 있다. 흐음…생각해 볼 만한 말씀이다.

나는 문자 그대로 하나님을 눈으로 볼 걸 기대해 본 적은 전혀 없다. 어쩌면 천국에서는 파파를 직접 볼 수 있을지도 모르겠지만, 그것도 의심스럽다. 예수님을 볼 거라는 건 안다. 그 때가 되면 "나를 본 자는 아버지를 보았거늘"(요 14:9)이라고 하신 예수님의 말씀도 이해가 될 것이다. 그것으로 족할 것이다. 완전히 만족할 것이다. 황홀할 지경으로.

하지만 지금은 어떻게 한단 말인가? 파파도 예수님도 보이지 않는다. 성령님도 보이지 않는다. 그렇다면 파파께 기도를 할 때 도대체 파파의 어떤 모습을 마음에 그려야 한단 말인가?

이메일만 주고받은 그 친척처럼, 하나님은 우리에게 스냅 사진이 잔뜩 꽂혀 있는 앨범을 보내지 않으신다. 아브라함과 대화하는 하나님이나 성전에서 장사치를 쫓아내는 예수님의 모습을 담은 사진들 말이다. 하지만 그보다 더 좋은 일을 하신다. 그분은 '이야기 그림' 시리즈를 모아 두셨다. 그것들은 예수님을 손쉬운 한 가지 이미지로 전락시키지 않고, 온갖 이야기로 가득한 스크랩북이다. 그 중에 어떤 건 우리 마음을 불편하게도 하지만, 그 속에 깊이 들어가기만 하면, 강력하게 우리를 하나님 가까이로 이끈다.

이 이야기 스크랩북의 마지막 몇 쪽에는 여러 가지 이미지가 들어 있다. 그 이미지들은 이야기보다 더 심오한 데까지, 물론 교훈적인 가르침보다 더 심오한 데까지 나아간다. 성령께서는 성경의 마지막을 요한계시록으로 마무리하셨는데, 이 계시록에는 예수 그리스도의 모습이 다양한 이미지를 통해 드러나 있다.

어떤 저자는 이렇게 쓴 적이 있다. "지금 이 순간의 예수님의 모습을 이해하는 데 요한이 쓴 마지막 책보다 더 분명하고 설득력 있게 보여 주는 책은 없다."[1] 여기에 덧붙이자면, 우리가 기도할 때 떠올려 볼 수 있는—그리고 떠올려야 마땅한—하나님의 이미지를 이 책만큼 확실히 설득력 있게 그려내는 책은 없다. 앞으로도 우리 파파는 볼 수 없겠지만, 예수님 안에서 그분을 볼 수는 있다.

요한이 보았던 예수님의 첫 번째 이미지의 배경을 먼저 살펴본 다음, 그 첫 번째 이미지를 살펴보도록 하자. 그리고 지금부터 몇 쪽을 읽는 동안은 하나님께 예의주시하기 바란다. 그 이미지가 당신이 지금까지 그려 왔던 하나님의 이미지와 같은지 다른지도 생각해 보라.

부활하신 그리스도의 모습

요한계시록의 저자인 요한은 팔십대 중반의 노인으로, 반역죄를 쓰고 밧모 섬에 유배되어 있었다. 그는 당시 로마의 황제였던 도미티아누스를 '주요 하나님'(*Domine et Deus*)으로 숭상하는 도미티아누스의 상 앞에 향불을 피우고 제사 지내는 일을 단호히 거부함으로써, 무신론자이자 국가의 적으로 간주되었다. 밧모 섬에 버려져 죽을 수밖에 없는 상황이었다.

나라면 당연히 불평했을 것이다. 하지만 요한은 하나님을 찬양했다. 1순위와 2순위를 제대로 구별했다. 그가 친구들에게 보낸 편지의 인사

말은 다음과 같다. "나 요한은 너희 형제요. 예수의 환난과 나라와 참음에 동참하는 자라. 하나님의 말씀과 예수를 증언하였음으로 말미암아 밧모라 하는 섬에 있었더니"(계 1:9).

나라면 내가 그들보다 더 많은 고난을 겪었으며, 참아야 하는 상황도 내가 그들보다 심했다고 적었을 것이다.

나라면 불평을 했을 것이다. 요한은 하나님을 섬겼다. 그는 "주의 날에 내가 성령에 감동되어"라고 썼다. 상황을 보지 않고 자기의 주님을 보았던 것이다(10절).

그리고 그 일이 일어났다. 예수 그리스도가 그에게 나타나신 것이다. 요한은 60년 전 어느 저녁 식사 때, 예수님의 품에 머리를 기대고 쉬었던 사람이라는 사실을 기억하라. 당시의 관례로 보자면, 그는 예수님과 남자들 식의 '껴안기'를 하고 있었던 것이다.

그로부터 얼마 지나지 않아, 요한은 예수님이 십자가에서 고통스럽게 몸부림치시는 모습을 보아야 했다. 그리고 나중에 에베소에서 교회를 목양할 때는, 예수님이 부탁하신 대로 예수님의 어머니 마리아를 모시고 와서 봉양하였다. 그가 마지막으로 예수님을 본 때는 부활하신 후의 모습이었지만, 그 때도 여전히 예수님은 평범한 사람의 모습이었고, 요한과 그의 친구들과 대화하셨으며, 그러고는 땅에서 들려 구름 속으로 올라가신 다음에 그들의 시야에서 완전히 사라져 버리셨다.

기도할 때 예수님의 어떤 모습을 떠올렸느냐고 요한에게 물어 본다면, 아마도 위의 이미지 중 하나였을 거라고 나는 생각한다. 어떤 이미지든 근사하지 않았겠는가? 하지만 그가 밧모 섬에서 환상을 본 후로는 그리스도에 대한 이미지가 완전히 달라졌다. 도저히 전과 같을 수가 없었으리라. 실제로 그가 본 환상은 어떠했는지 그의 설명을 들어 보자.

주의 날에 내가 성령에 감동되어 내 뒤에서 나는 나팔 소리 같은 큰 음성을 들으니…몸을 돌이켜 나에게 말한 음성을 알아 보려고 돌이킬 때에 일곱 금촛대를 보았는데, 촛대 사이에 인자 같은 이가 발에 끌리는 옷을 입고 가슴에 금띠를 띠고

그의 머리와 털의 희기가 흰 양털 같고 눈 같으며, 그의 눈은 불꽃 같고, 그의 발은 풀무불에 단련한 빛난 주석 같고, 그의 음성은 많은 물 소리와 같으며, 그의 오른손에 일곱 별이 있고, 그의 입에서 좌우에 날선 검이 나오고, 그 얼굴은 해가 힘있게 비치는 것 같더라.

내가 볼 때에 그의 발 앞에 엎드러져 죽은 자 같이 되매 그가 오른손을 내게 얹고 이르시되 두려워하지 말라. 나는 처음이요 마지막이니 곧 살아 있는 자라. 내가 전에 죽었었노라. 볼지어다. 이제 세세토록 살아 있어 사망과 음부의 열쇠를 가졌노니(계 1:10-18).

요한은 변화되신 그리스도도 보았지만 이런 모습은 본 적이 없었다. 물론 그는 밧모 섬에 있는 동안 하나님의 임재도 많이 경험했을 것이다. 하지만 지금 요한의 파파는, 그 당시 그리고 더 나아가 지금 현재의 예수 그리스도의 환상을 요한에게 보여 주셨다.

그가 묘사한 내용을 다시 한 번 읽어 보라. 그리고 생전 처음으로 그런 예수 그리스도의 모습을 보면서 그의 마음에 어떤 감동이 일었을지,

내가 간단 명료하게 설명해 볼 테니 한번 읽어 보기 바란다. 추측건대, 인생의 말년에 그가 파파께 드린 기도는 절묘할 만큼 풍성했을 것이다.

"**내 뒤에서 나는 나팔 소리 같은 큰 음성을 들으니.**" 요한은 어쩌면 사도 바울이 한 말, 즉 주님의 재림이 나팔 소리와 함께 선포되리라는 말(살전 4:16)을 떠올렸는지도 모른다. 요한은 "뭔가 큰 일이 일어나고 있어. 어마어마하게 큰 인물이 오고 있다"고 생각한 게 틀림없다.

"**몸을…돌이킬 때에…보았는데…인자 같은 이가.**" 이미 수백 년 전에 다니엘은 "인자 같은 이가…옛적부터 항상 계신 이에게 나아가"(단 7:13)라고 그가 받은 환상을 말한 바 있다. '인자'라는 용어는 역사 전체를 통틀어서 가장 중요한 인물을 지칭한다. 아마 고대 근동 지방에서는 사람이 쓸 수 있는 말 가운데 이것이 가장 높아 보이는 표현이었을 것이다. 다시 말하면 요한은 이렇게 말하고 있는 것이다. "그래, 바로 그분이다! 내 눈앞에 보이는 이분이 예수 그리스도시다. 온 우주에서건 이 밧모 섬에서건 그분보다 더 중요한 이는 없어."

"**발에 끌리는 옷을 입고 가슴에 금띠를 띠고.**" 예수님은 제사장 옷을 입고 가슴에는 띠를 띠고 계셨다. 사람이 일을 시작할 때는 옷이 걸리적거리지 않도록 허리에 띠를 띠었다. 그러다가 일이 끝나면 그 띠를 가슴으로 추슬러 올렸다.

예수님은 우리의 제사장이시요, 인간과 하나님을 잇는 다리시며, 파파의 임재로 나아가는 고속도로시다. 가슴에 띠를 띠고 있다는 것은 할 일이 다 끝났다는 뜻이다. 이제 우리는 천국의 보좌 앞으로 자신있게 성큼성큼 걸어나갈 수 있다. 우리는 거기 소속이다. 요한은 우리에게 이렇게 말하고 있는 것이다. "나는 그분이 '다 이루었다'고 하신 말씀을 들었고, 그건 사실이야. 이 곳 밧모 섬에서도 나는 하나님께 나아가 그분과의 연합을 누릴 수 있어. 예수님, 감사합니다."

"그의 머리와 털의 희기가 흰 양털 같고 눈 같으며." 요한의 생각은 훌훌 책장을 넘겨 이사야 1:18 말씀까지 갔음이 분명하다. "너희의 죄가 주홍 같을지라도 눈과 같이 희어질 것이요 진홍 같이 붉을지라도 양털 같이 희게 되리라." 예수 그리스도는 시대를 초월하시며, 모든 장로들 위에 지혜로우시고, 온전히 순결하신 분이다. 그리고 지금 요한은 그러한 분을 보고 있다. 그건 죽음을 뜻했다. 요한 역시 기적적으로, 순결하고 정결하며 더러움이 없다는 것이 선포되지 않는 한 말이다.

요한은 이렇게 말하고 있다. "그분의 거룩한 임재 앞에 서 있는 지금 무엇을 더 바라겠는가? 그분과 함께 있으면 나는 영원히 살아 있고 세대를 초월한 지혜를 함께 누릴 것이다."

"그의 눈은 불꽃 같고." 끔찍할 만큼 추하고 악한 게 우리인데, 그럼에도 불구하고 사랑의 임재 앞에서는 오히려 더욱더 사랑과 기쁨의 대상이 된다는 사실이야말로 우리 인간의 마음을 가장 깊이 변화시킨다. 그것이 은혜다.

우리는 '척'하면서 살고, 나쁜 것은 감추고 좋은 것만 한껏 뽐내며 산다. 그런 태도 때문에 우리의 공동체는 은혜에 기초한 진실한 공동체가 되지 못하고, 우리도 하나님을 누리지 못한다. 하지만 요한은 우리에게 말한다. "그분이 나를 보고 계신다. 모든 걸 보고 계셔. 나는 아직도 죄가 많은데, 그분은 계속 내 안에 거하신다! 어떻게 이런 일이 있을 수는가?"

"그의 발은 풀무불에 단련한 빛난 주석 같고." 요한의 생각은 다시 한 번 다니엘서로 돌아갔다. 그것은 인간이 세운 왕국인 느부갓네살의 이미지로서, 황금 머리에 은으로 된 가슴, 청동으로 된 허벅지, 그리고 철과 흙이 섞인 발로 되어 있다. 그 발은 인간이 건축한 것의 무게를 견딜 수 없었다. 우리의 자기 몰두는 결국 모든 공동체, 모든 문명을 파괴하고 만다.

하지만 예수님의 발은 불 시험을 통과한 주석이다. 교회는 온갖 허물에도 불구하고 결단코 사라지지 않을 것이다. 예수님은 중세의 종교 재판부터 최후의 교회 분열에 이르기까지, 우리의 모든 짐을 지실 수 있다. 요한은 이렇게 말하고 있다. "그리스도의 왕국 안에서 나는 여러분의 동료다. 외적인 박해도 내적인 압박도 나의 진정한 본향을 무너뜨리지는 못한다."

"그의 음성은 많은 물 소리와 같으며." 언젠가 나는 전국 풋볼대회 경기장에서 사이드라인에 서 있었던 적이 있다. 문자 그대로 경기장에서 일 미터밖에 안 떨어진 위치였다. 관중 육만 명이 소리를 질러대는데, 그 함성이 어찌나 시끄럽던지 내 친구 귀에다 대고 최대한 힘껏 소리를 질러야 겨우 내 말이 들릴 지경이었다. 흥분의 도가니이긴 했지만 별로 유쾌하지는 않았다.

그런가 하면 나이아가라 폭포 아래쪽에 서 있었던 적도 있다. 세찬 물 소리에 귀가 멍멍하면서도 동시에 마음이 진정되었다. 물 소리는 다른 모든 소리를 차단시켜 마음을 고요하게 해주었다. 요한이 말했듯이,

"그분의 음성밖에 안 들리고, 내 영혼은 편히 안식한다."

"그의 오른손에 일곱 별이 있고." 예수님이 들고 있는 별은 각 교회에 배정된 천사들을 상징한다. 그리고 각 교회는 예수님이 붙들고 있다. 별은 만사를 운행하지는 않는다. 그건 예수님 몫이다. 요한은 이렇게 우리를 안심시킨다. "예수님이 다 주장하신다. 그 무엇이 내 영혼을 해치려 들지라도 나는 안전해. 그들이 내 육신은 죽일 수 있지만, 내 안에는 여전히 주님의 진리가 거하고 있어. 나는 든든해."

"그의 입에서 좌우에 날선 검이 나오고." 여기서 언급된 검은 펜싱 선수들이 쓰는 긴 칼이 아니다. 살짝 구부러진 단도로 가까이 있는 사람을 찌를 수 있는 칼을 말한다.

예수님은 마치 의사처럼 우리에게 가까이, 그리고 개인적으로 접근하신다. 우리에게 무엇이 잘못되었는지, 그분의 눈은 가장 정밀한 MRI 기계보다도 더 정확히 보신다. 그리고 모든 의사들이 부러워할 만큼 정확하게 그것을 도려내신다. 요한은 말한다. "나는 잘못된 게 얼마나 많은지! 그래도 예수님은 그게 무엇이든 잘라내실 것이다. 죽을 것처럼 아프겠지. 마취제도 사용하지 않으시니까. 하지만 그래야 내가 온전해진다."

"그 얼굴은 해가 힘있게 비치는 것 같더라." 여기서 요한은 다시 한 번 구약의 말씀을 기억했다. "여호와는 네게 복을 주시고 너를 지키시기를 원하며 여호와는 그의 얼굴을 네게 비추사 은혜 베푸시기를 원하며 여호와는 그 얼굴을 네게로 향하여 드사 평강 주시기를 원하노라"(민 6:24-26). 유대인에게 이보다 더 큰 복은 없다. 요한은 너무 흥분해서 전율했을 것이다. "그분이 나를 보고 계신다. 그 따스함이 느껴져. 모든 게

다 좋아. 내 마음은 평안해."

그러나 그는 그리스도의 발 앞에 죽은 자처럼 엎드러진다. 우리가 오늘, 지금 이 순간, 예수님의 진정한 모습을 보게 된다면, "아참, 그런데요, 주님. 제 딸 결혼식 때 날씨 좀 화창하게 해주실 수 없나요?"라고 가볍게 기도하지 못한다. 또는 당연한 권리이기라도 하듯 열렬하게 "예수님, 전 결혼 생활이 너무 힘들어요. 제발 상황을 변화시켜 주셔서 제가 좀 편해지게 해주세요"라고는 기도할 수 없다.

대신 우리는 유구무언이 된다. 하나님이 말씀하시기까지 감히 입도 뻥긋할 수 없다.

그 때 부활하신 그리스도가 오른손을 요한의 어깨에 얹으며 말씀하셨다. "두려워 말라. 나는 살아 있다. 그리고 내가 살아 있으므로 너도 살아 있단다. 내가 큰 능력으로 내 일을 다 이룰 때까지 너는 하나님 나라가 임하도록 힘써라."

하나님을 아는 기쁨

요한이 부활하신 주님과 대면하고 난 뒤, 그는 어느 때보다도 확실히 요한다워졌을 거라고 나는 생각했다. 왜냐고? 파파를 알면 당신에게도 그런 일이 일어나기에 그렇다. 하나님의 진정한 모습을 알 때, 당신은 더욱 당신다워진다.

하나님은 더 이상 시계공이나 가벼운 친구나 폭군이 아니다. 이제 우리는 초월하시는 하나님, 우리보다 훨씬 높이 계셔서, 우리는 그저 입을 다문 채 아무 말도 요구도 못하고 그 앞에 엎드릴 수밖에 없는 하나님을 본다. 동시에 우리는 내재하시는 하나님, 우리와 충만히 함께하셔서 우리로 하여금 두려움 없이 존엄하고 안전하고 진실하게 서게 하시는 하나님을 본다. 그리고 그 때, 우리는 다윗 왕처럼 파파와 예수님과 성령님과 함께 흥겨운 춤사위를 한 판 벌인다.

부탁하건대, 하나님에 대한 당신의 경험을 주의 깊게 살펴보기 바란다. 그리고 매번 기도할 때마다 그 경험을 의도적으로, 의식적으로 요한계시록 1장에 나오는 이미지에 맞추어 바꾸어 가기 바란다. 그것이 파파 기도를 배우는 두 번째 단계다.

우리는 먼저 꾸밈없이 자신을 하나님께 내어놓는 것이 무슨 의미인지 살펴보았다. 그리고 하나님을 주시하면서, 우리가 기도하는 대상이 누구인지 분명하고 좀더 정확한 그림을 그리는 것에 대해 생각해 보았다.

이제 세 번째 단계로서, 우리의 있는 모습 그대로(내어놓기) 실제 모습대로의 하나님께(예의주시하기) 나아가려면, 그리고 우리 관계를 가로막고 있는 것이 무엇이든 그것을 쏟아놓으려면 어떻게 해야 하는지를 살펴보기로 하자.

P: 하나님과의 관계를
　　가로막는 것은 무엇이든
　　쏟아놓으라

제16장
두려울 때 당신은
누구를 찾는가?

　　　　　　　　내가 지금부터 하게 될 말은 초콜릿처럼 영양가는 없이 달콤하기만 한 한 무더기의 말이 되거나, 아니면 사람들에게 가장 걸림돌이 되고 가치를 인정받지 못하는 성경의 진리가 되거나, 둘 중 하나일 것이다.

　그 말은 바로, 당신과 내 영혼의 중심, 한가운데는 하나님의 영광이 머무르고 있다는 말이다. 말 그대로 우리를 압도하며, 실재이신 하나님의 임재 말이다. 그리고 우리가 그 중심으로부터 살아갈 때, 자기도 모르는 사이에 우리의 생각과 감정과 행동을 지배하던 자아 추구와 자아 섬김의 에너지는 사랑의 에너지로 기적같이 대체된다.

　이 말이 사실이라면, 우리는 대체로 그 중심으로부터 살지 않고 있음을 인정할 수밖에 없다. 무언가가 그렇게 사는 걸 가로막고 있다. 뭔가 두꺼운 껍질이 그 중심을 둘러싸 우리의 접근을 막고 있어서, 우리는 그저 비참하고 자아 강박적인 에너지의 통제를 받을 수밖에 없다. 그리고 그 에너지를 필수 사항으로, 심지어는 기독교적인 것으로 생각한다.

이미 우리 안에 있는 이 거룩한 장소, 하나님과 연합할 수 있는 '중심의 지성소'로 들어가는 것이야말로 내가 그 무엇보다도 가장 원하는 것이다. 다윗은 이 지성소를 알고 있었고, 우리가 그 곳에 있을 때 무슨 일이 일어나는지도 알고 있었다. "여호와의 친밀하심이 그를 경외하는 자들에게 있음이여, 그의 언약을 그들에게 보이시리로다"라고 그는 시편 25:14에서 말했다.

나는 그런 대화에 동참하길 원한다. 나는 파파와 함께 털썩 주저앉아서, 아니면 팔로 내 어깨를 감싸 주시는 파파와 함께 산책을 하면서 그분이 들려주시는 은밀한 생각들을 듣고, 그분의 가장 깊은 감정을 나누고, 그분이 하시는 일에 나도 끼고, 그분이 나를 통해 하고자 하시는 일을 하고 싶다.

당신도 나처럼 이 말이 좋게 들리는가? 내 육신의 아버지는 그렇게 못하셨지만, 하나님이 표현하시는 나를 향한 사랑의 언어를 듣고 싶다. 그리고 내 말도 하나님 귀에 들리고, 지금 내가 겪고 있는 일들을 하나님도 다 알고 계시다는 사실을 알기 원한다. 나는 그분의 생명, 그분의 실체를 느끼기 원하며, 그것이 내 안에서 용솟음치고 내 안에서 흘러나가기를 원한다. 그리고 내가 하나님 눈에 보이지 않거나 영향력 없는 존재가 아니라는 걸 알고 싶다. 하나님은 나를 완전히 보고 계시지만, 그럼에도 불구하고 나를 좋아하신다는 것, 그것도 온전히 좋아하신다는 것을 알고 싶다. 내가 감당할 준비가 된 사명, 아주 중요한 사명을 위해 하나님의 보냄을 받았다는 사실을 알고 싶다. 나는 하나님을 발견함으로써 나 자신을 발견하기 원한다. 그리스도 안에서 진정한 나 자신이 되고 싶다. 그것을 맛보고 싶을 정도로 간절히 원한다.

그 일은 가능하다. 그 일은 나에게도 열려 있다. 내가 가장 원하는 것을 나는 얻을 수 있다. 이유는 단 한 가지, 하나님이 내 안에 계시기 때문이다.

파파의 영이 내 마음으로 이사를 오셔서 집을 삼으셨다. 그리고 예수님이 나를 사랑하신다는 것, 파파가 나 때문에 기뻐 노래 부르신다는 것을 그 영이 매순간마다 내게 속삭이신다. 그 영은 내가 하는 말을 듣고, 그 말이 파파에게 올려드릴 만한 말이 되도록 정결하게 씻어 주신다.

그분은 나의 가장 끔찍한 공상과 황당한 실패를 보시지만, 그래도 내가 언제든 파파께 나아가기만 하면 파파는 나를 환영하신다는 사실을 일깨워 주신다. 그리고 그분은 하나님 나라를 앞당기는 일에 있어서 역사상 그 누구도 부탁받지 못한 방식으로 내가 부탁을 받은, 그렇게 할 수 있도록 준비된 대단한 사람이라고 매일 내게 말씀해 주신다. 내 안에 계신 성령은 파파의 음성을 내 마음에 전달해 주셔서 내가 그 음성을 듣게 하신다.

하지만 우리들 대부분은 늘 그 음성을 듣지는 못한다. 때로는 전혀 못 듣는다. 왜 그럴까?

관계의 죄를 쏟아놓으라

우리가 마음속에 있는 하나님의 영의 음성을 듣지 못하는 이유는, 뭔가가 그 길을 막고 있기 때문이다. 우리의 귀에는 귀지가 잔뜩 끼어 있는데, 이것은 파파 기도를 드림으로써 씻어낼 수 있다.

우리가 우리 안에 있는 모든 것을 하나님께 쏟아내고(내어놓기), 우리가 기도하면서 말을 거는 상대가 어떤 분인지를 분명히 알면(예의주시하기), 두 가지 일이 일어날 것이다. 우리가 하나님께 가까이 나아가기를 얼마나 간절히 원하는지를 좀더 의식하게 되고, 동시에 그것을 얼마나 완고하고 어리석게 거부하는지를 깨닫게 될 것이다.

세 번째로 일어날 일은, 우리 자신의 무력함을 깨닫고 겸손해지는 것이다. 우리가 원하는 대로 하나님과의 관계를 만들어 갈 능력이 우리에게는 전혀 없다는 사실, 진정으로 하나님을 체험하는 일은 주어지는 것이지 성취하는 게 아니라는 사실을 깨닫게 될 것이다. 그리고 이 관계를 가능케 하려면 우리가 해야 할 일은 우리 자신과 파파 사이에 우리가 만들어 놓은 방해물들을 기꺼이 인정하고 고백하는 것임을 알게 될 것이다.

여기에 우리가 허둥대다가 잘 빠지는 자기 기만의 문제가 도사리고 있다. 우리는 자신의 가장 해로운 결점은 보지 못한다. 다른 사람들의 잘못은 기가 막히게 잘 보면서(특히 배우자와 자녀와 친구와 목사님들에 대해서는), 우리의 잘못은 정말 못 본다. 그리고 보고 싶어하지도 않는다.

잘못된 게 별로 없어서 그런 것도 아니다. 우리는 쉽게 이렇게 말한다. "그래, 나도 실수는 하지. 성인군자도 아닌데. 하지만…." 그렇게 얼버무리고는 남의 결점을 신나게 지적해 댄다.

우리는 뭔가 잘못되었다. 그것도 심각하게. 그리고 우리에게 가장 잘못된 것, 우리가 가장 보지 못하는 것은 바로 우리가 관계 맺는 방식 속에 나타난다. 실례를 들어 보기로 하자.

나는 헌신된 그리스도인 부부와 대화를 나누고 있었다. 그 부부는 신실하고 온유하고 사랑스러우며, 삼십 여 년 간 견실한 관계를 유지해 온 부부였다. 둘다 상대방의 사랑을 느끼고 있다고 말했고, 교회에서도 열심히 활동했으며, 자녀와 손주들과도 잘 지냈고, 당시는 주일학교에서 결혼에 관한 강좌를 함께 가르치고 있었다.

문제가 있다면 딱 하나였는데, 그것 때문에 나와 대화를 하던 중이었다. 부인인 게일은 걱정을 달고 사는 사람이었다. 남의 눈에는 안 보이지만 속을 들여다보면, 자기가 정말 좋은 엄마인지, 저녁 식사에 초대받은 손님들이 즐거운 시간을 보냈는지, 주일학교 수업은 잘 했는지 온통 걱정투성이였다.

그녀와 두 번 대화를 나눈 뒤에 나는 남편도 대화에 합류하도록 했다. 왜냐하면 뭔가가 잘못된 경우, 대체로는 늘 가장 기본적인 관계에서 뭔가 잘못되어 있기 때문이라고 나는 믿기 때문이다.

나는 그와의 많은 대화 끝에, 그의 붉은 동그라미 지점이 어디인지 물어 보았다. 탐은 성장세에 있는 자기네 큰 교회에서 행정 목사직을 맡게 될지도 모른다는 생각에 신이 나서 열심히 이야기했다. 20년 이상을 보험 회사에 다니면서 지쳐 버린 것이었다.

탐이 잠깐 한숨 돌리고 있는데, 게일이 이렇게 중얼거렸다. "저도 그건 좋다고 생각해요. 수입은 줄고 일하는 시간은 길어지겠지만…그런 점을 제가 두려워하는 것도 같지만, 그래도 남편이 너무나 좋아하니까요."

게일이 그렇게 말하는 동안, 탐의 고개가 그녀 쪽으로 살짝 기울어졌다. 그러더니 게일의 말이 끝나기가 무섭게 탐이 다시 내게 말했다. "약간의 좌충우돌이 있으리라는 건 저도 압니다. 하지만 그 일에 대해 기도하면 할수록 그게 하나님 뜻이라는 확신이 더 듭니다. 사실 오래 전부터 선교에 대한 열망이 있었고…."

탐이 말하는 사이에 게일을 보니 시무룩한 얼굴로 눈을 내리깔고는 손가락만 만지작거리고 있었다. 탐의 표정에서 느껴지는 활기가 그녀의 얼굴에는 전혀 없었다.

그래서 나는 탐이 말하는 중간에 끼어들어 이렇게 물었다. "게일, 지금 마음에 어떤 생각이 드세요?"

"글쎄요. 전 잘 모르겠어요. 그 일이 남편한테 큰 의미가 있다는 것도 알겠고, 저도 동조하는 마음이긴 해요. 하지만…."

탐이 끼어들었다. "저도 집사람의 마음을 정말 고맙게 생각합니다. 이 사람이 사역할 기회도 좀더 많아질 거라 생각하고요. 어쩌면 저랑 함께 사역할 수도 있겠죠. 정말 흥분됩니다. 저는 다만 사람들이 예수님을 알고 예수님 때문에 자유케 되기를 바랄 뿐입니다."

내가 부인에게 물었다. "게일, 지금 마치 남편한테 제지당하는 느낌이 들지 않으세요?"

다시 말하지만, 이 부부는 좋은 사람들이다. 두 사람의 결혼 생활은 내가 보아 온 결혼 생활 중에서 상위 20퍼센트 안에 든다고 본다.

그런데 게일이 나를 쳐다보았다. 그녀의 눈에 공포심이 가득한 것 같았다. 탐의 표정은 마치 부엌에서 뭘 집으려고 몸을 돌리다가, 옆에 일곱 살 난 딸아이가 서 있는 걸 미처 모르고 부딪힌 것 같은 표정이었다.

탐이 좀더 부드럽고 조용하고 온화하게 말했다. "여보, 내가 그런 적이 많았죠? 그렇죠?"

그녀가 울기 시작했다.

그 후 한 시간 동안 우리는 탐의 외로움에 대해서, 그가 얼마나 자신을 보잘것없는 존재로 느끼는지에 대해서 이야기했다. 그는 직장에서 고객의 필요를 파악하고 그에 맞게 효율적인 비용으로 보험 계획을 짜 줄 줄 아는 사람이었다. 교회에서는 사람들을 가르치고 평신도 상담가 훈련도 받았으며, 많은 사람들의 이야기를 들어 주고 그러면 그들은 그가 시간을 내준 데 대해 고마워하는 사람이었다.

"하지만 아무도 저를 몰라요. 우리 아이들도 저를 모르죠. 저는 그저 언제나 그 자리에 있는, 재미있고 사랑스런 사람이라고 생각해요. 그리고 집사람에 대해서는, 글쎄요, 집사람은 저를 안다고 느껴져요. 하지만 제가 집사람을 정말 제대로 알려고 노력했는지는 잘 모르겠어요. 집사람한테 고맙고, 그녀를 사랑하고, 둘이 함께 멋진 시간을 보내기도 하지만, 집사람을 진정으로 알지는 못해요. 어쩌면 집사람의 할 일은 나를 알아주고, 최소한 나를 받아 주고 내가 무엇을 하든 그걸 지지해 주는 거라고 생각했나 봐요."

게일이 따스하게 남편의 팔짱을 끼며 말했다. "난 오랫동안 차단된 느낌으로 살았어요. 내가 다 컸다고 생각했나 봐요. 하지만 난 당신에게 짐이 되고 싶지 않았어요. 당신이 내 말을 들어 주지 않을까 봐 두려웠어요."

탐은 눈물이 그렁그렁해져서 나를 보며 이렇게 말했다. "제가 집사람을 힘들게 했네요. 왜 전에는 그걸 몰랐을까요? 몇 분 전만 해도 이 사람을 은근히 제지했어요. 이 사람이 꼭 해야 할 말을 저는 듣고 싶어하지 않았어요."

그게 바로 질문의 핵심이다. 왜 전에는 그걸 몰랐을까?

관계의 죄는 두려움에서 시작된다

마음이 편치 않을 사실 한 가지를 밝혀야겠다. 지금 현재, 우리는 모두 눈에 보이지 않는 관계상의 죄를 지으며 살고 있다는 사실이다. 사랑하는 사람에게 상처를 주면서 그 사실조차 모르고 있다. 배우자의 마음을 어루만져 주고 있다고 생각하지만 사실은 그렇지 않다. 친구와의 우정도 깊은 줄 알고 있지만, 사실은 서로 다른 행성에서 살고 있다.

왜 그런가? 무슨 일인가? 좋은 대화와 병행해서 파파 기도를 함으로써 우리가 깨달을 수 있는 것은 무엇인가?

그것은 두려움으로 시작된다. 우리는 어린 시절부터 두려움을 느낀다. 잘 때는 귀신이 우리를 덮치지 못하도록 이불을 머리끝까지 바짝 끌어당긴다. 망태 할아버지라는 말만 들리면 당장 울음을 뚝 그친다.

하지만 우리의 진짜 두려움은 훨씬 더 깊다. 우리는 자격 미달이 될까 봐, 아무도 우리를 좋아하지 않을까 봐, 외로울까 봐 끔찍이 두려워한다. 초등학교 2학년 때 집으로 돌아오다 길을 잃었을 때, 아버지가 화를 내실 때, 엄마가 늦도록 집에 안 돌아오실 때, 삼촌이 당신의 신체 중 만져서는 안 될 곳을 만질 때, 당신은 두려워했다. '나를 보살펴 주는 사람이 있는가? 내가 필요로 할 때 그 자리에 있어 줄 사람이 있는가? 내가 누군지 알고 그런 나를 좋아해 줄 사람이 있는가? 그들은 나를 보호해 줄 만큼 확실히 강한가? 나는 혼자인가?'

하나님을 자연스럽게 신뢰하는 어린이는 한 명도 없다. 신뢰는 초자연적인 행동이요 성령의 역사다.

우리가 제대로 깨닫지 못한 어마어마한 진리가 있는데, 지금 현재 우리 마음의 중심에 성령이 계시다는 사실이다. 지금 현재 예수님은 파파의 오른편에 앉아 우리를 위해 기도하신다. 그리고 지금 현재 하나님은 하늘의 보좌 위에서 우리를 내려다보시며 우리를 사랑하시고 우리의 유익을 위해 모든 것을 준비하신다.

우리는 이 진리를 정말로 믿지 않는다. 완전히 믿지는 않는다. 우리는 아직도 자기 혼자 힘으로 사는 때가 너무나 많다. 귀신과 망태 할아버지에게서 스스로를 지키고, 무심한 남편과 냉정한 아내와 뾰로통한 자녀와 불성실한 친구에게서 스스로를 지키려 한다.

그게 바로 관계의 죄다. 하나님이 우리더러 두려워할 필요가 없는 대상이라고 말씀하신 그 대상으로부터 우리 스스로를 보호하는 것이다. 우리는 공포심을 가라앉히고, 스스로 살아 있고 환영받으며 행복하다고 느낄 수 있는 길을 찾는 데 모든 창조적 에너지를 쏟아붓는다.

방치되어 자란 아이들은 취미를 찾아다니고, 어른이 되어서는 그게 직업이 된다. 성공하면 기분이 좋은 법이다. 회의실이나 진료실에 들어갈 때, 남들이 고개를 돌려 쳐다본다.

사랑받고 자란 아이들은 어떻게 하면 늘 부모님의 사랑을 받을 수 있는지를 파악해서 자기들의 미덕을 열심히 꺼내 보이거나, 아니면 부모님의 사랑을 믿지 않고 다른 데서 위로를 찾는다. 그런 아이들은 어른이 되면 이전 배우자한테 실망하게 될 때 새 배우자를 찾아나서든가 아니면 목사나 선교사 혹은 모든 사람들이 밝히 볼 수 있는 장점들을 전시하는 좋은 사람이 된다.

방법은 수천 가지라도 우리가 하는 짓이 다 그렇다. 우리는 두려움을 잠재울 방법을 찾고, 남들이 원하는 사람 또는 남들이 거부할 이유를 찾지 못하는 사람 행세를 할 수 있는 방법을 찾는다.

그리고 그런 행동은 너무나 당연하고 정당하고 옳아 보인다. 그리고 너무나 교묘하다. 그래서 우리는 그것을 보지 못한다. 우리라는 존재가 그렇지 않은가. 그러니 괜찮다. '잘못된 건 그 남자다. 그 여자다. 내가 아니다.' 우리가 관계를 맺는 방식은 행복까지는 아니라 해도 최소한 안전은 보장해 준다.

그래서 공포심은 더 밑으로 파고든다. 아무도 우리를 보아 주거나 원하지 않을 거라는 두려움, 우리의 인생에 진정한 의미가 없다는 두려움이, 우리를 어느 정도 기분 좋게 해주는 관계의 방식 저변에 숨어 있다.

우리가 아직은 우리 아버지의 목소리를 발견하지 못했기 때문에, 우리의 가장 깊은 공포심을 다독여 줄 그 목소리를 발견하지 못했기 때문에, 여전히 우리의 공포심이 우리를 휘몰아간다. 우리는 자신에게 강박적으로 매이면서도 그것을 보지 못한다. 자신의 가장 나쁜 결점이 눈에 들어오지 않는다. 삶 속에서 저지르는 관계의 죄를 깨닫지 못한다.

탐은 자신이 범한 관계의 죄를 보지 못했다. 성령께서 좋은 대화를 통해 그의 눈을 열어 주시기까지는 말이다.

때로 하나님은 우리를 새로운 차원의 쏟아놓기로 이끌기 위해 분별력 있고 사랑 많은 공동체를 사용하기도 하시지만, 늘 사용하시는 건 바로 기도다. 정말 깊이 있게 쏟아놓으려면, 모든 것을 보시고 모든 것을 사랑하시는 파파와의 대화인 관계형 기도가 필수다. 하나님의 지혜와 사랑 없이는 우리가 계속 범하는 관계상의 죄를 결코 볼 수 없다.

어떻게 하면 우리는 자신의 죄를 발견하고 회개케 하는 자유에 눈을 뜨고, 그리하여 이미 우리 안에 있는 하나님의 생명이 흘러나와 다른 사람들을 더 잘 사랑할 수 있도록, 관계적으로 기도할 수 있겠는가?

계속 읽어 보자.

제17장
자신을 거룩함에
내던지라

       쏟아놓는 기도를 하라고? 그게 무슨 뜻인가? 그건 어떻게 하는 것인가?
 우리가 가장 시급히 쏟아놓아야 할 것들이 실상은 가장 보이지 않는 것이라는 점을 인정한다면, 그리고 우리에게 가장 잘못된 점들이 사실은 우리가 관계 맺는 방식 속에서는 가장 그럴듯하게 보인다는 점을 인정한다면, 쏟아놓는 기도는 이미 시작된 것이다. 깊이 쏟아놓는 기도는 관계의 죄와 관련되어 있다. 그리고 가장 깊이 쏟아놓는 기도는 언제나 우리가 하나님을 대하는 방식의 중심에 자리잡고 있다.
 쏟아놓는 기도, 즉 우리가 관계 맺는 방식에 어떤 문제가 있는지를 알려면, 먼저 무엇이 잘못되었는지를 알려고 하는 순수하고도 열린 마음이 있어야 한다. 그리고 잘못된 점이 무엇이든 간에 그 저변에는 거룩한 욕구, 하나님을 사랑하고 다른 사람을 사랑하고픈 갈망이 있다는 확신이 있어야 계속 발견해 나갈 수 있다.
 하나님께 나아와 죄를 쏟아내고 거룩한 것을 분출시킬 수 있는 방법을 한 가지 제안하겠다. 다음 두 가지 질문을 해 보라. 첫째, 내가 관계 맺는 방식에서 잘못된 점은 무엇인가? 둘째, 이 관계에서 내가 가장 원하는 것은 무엇인가?

하나님께 그 두 가지를 질문해 보라. 그것에 대해 파파와 이야기를 나누어 보라. 하나님과의 관계를 방해하는 것은 무엇이든 깨끗이 제거하고 싶기 때문에, 그 질문에 대한 하나님의 답변을 정말로 듣고 싶다고 말씀드리라.

탐은 자신이 가치 있고 중요한 사람이라는 느낌을 너무도 갈망한 나머지 아내를 제대로 사랑할 수 없었다는 사실을, 하나님은 이미 나보다 먼저 아셨다. 그리고 탐은 늘 이렇게 기도하고 있었다. "주님, 제가 당신께 더 가까이 나아가고 당신을 더 잘 섬길 수 있도록, 제가 꼭 알아야 할 게 있다면 알려 주십시오." 그의 질문은 내가 제안한 두 가지 질문은 아니지만 거의 근접한 질문이었다. 그리고 하나님은 나를 선택하셔서(고전 1:27은 하나님이 '미련한 것'을 택하신다고 말한다) 나를 통해 답변하셨다.

당신이 파파의 음성 듣기를 갈망한다면, 당신이 하나님과 가까이 동행하기를 원한다면, 당신이 그분을 마음껏 누림으로써 다른 사람들과 관계 맺는 방식을 통해 하나님이 어떤 분이신지를 드러내고 싶은 뜨거운 열망이 있다면, 바야흐로 당신 자신을 거룩함에 내던질 때가 된 것이다.

'자신을 거룩함에 내던진다'는 건 무슨 의미인가?

나도 이 표현은 처음 사용하기 때문에, 개념 정의가 필요하리라 본다. 사실은 무척 단순하다. 우리가 기도를 통해 하나님께 나아가서, 다른 사람이 우리와의 관계에서 뭘 잘못했는지 인정하길 바라기보다는 우리가 그 관계에서 뭘 잘못했는지 깨닫기 원할 때, 그것이 바로 우리 자신을 거룩함에 내던지는 것이다.

그리고 거기에는 하나님과의 관계도 포함된다. 우리 삶 속에서 하나님께 기대했던 것들 때문에 우리는 몹시 화가 나서, 말로 표현은 안 하지만 사실상 하나님한테 스스로 잘못을 고백하고 회개하라고 요구할 때가 있다.

하지만 그뿐이 아니다. 우리가 하나님께 나아가면서, 우리 잘못을 깨닫기 원할 뿐만 아니라, 우리가 다른 사람들과 관계 맺는 방식을 통해서 하나님이 그들과 어떻게 관계를 맺으시는지를 경험하게 해줄 수 있는 특권을 주장할 때, 우리는 자신을 거룩함에 내던지는 것이다.

여기서 잠시 숨을 고르고, 내가 말하는 내용을 뒷받침하는 성경적 근거를 살펴보도록 하자. 파파는 우리더러 거룩함에 자신을 내던지라고 말씀하셨다. 베드로를 통해서 하나님은 이렇게 말씀하셨다. "오직 너희를 부르신 거룩한 자처럼 너희도 모든 행실에 거룩한 자가 되라"(벧전 1:15). 그런 다음 베드로는 구약에 대한 지식을 활용해 이렇게 말한다. "기록하였으되, 내가 거룩하니 너희도 거룩할지어다 하셨느니라"(1:16). 이 구절은 레위기 11:44을 인용한 것이다. 그 다음 구절에서도 이 말씀이 반복된다.

하지만 이 말씀들은 무슨 의미인가? 하나님은 무슨 말씀을 하시는 건가? 우리가 하나님처럼 선한 존재가 될 때까지 부단히 노력하라고 명령하시는 건가? 그렇다면 아예 지금 관두는 게 낫다. 포기해 버리자. 거룩해지려고 아무리 열심히 노력한다 해도 절대로 그 기준에 도달할 수 없을 테니까.

물론 하나님은 아신다. 우리 중 누구도 완벽한 관계를 맺을 수는 없으며, 가장 위대한 성인들도 죽을 때까지 결점이 있었다는 걸 하나님은 잘 아신다. 하나님의 열정적인 추종자들도 앞으로 살 날이 하루가 남았든 십 년이 남았든 간에, 영적 여정에서는 그들이 온 길보다 갈 길이 더 멀다는 걸 잘 아신다.[1]

그렇다면 하나님이 우리에게 "거룩하라, 완벽하라, 나처럼 선한 자가 되라"고 하신 말씀의 의미는 무엇인가? 우리는 거룩하지 않은 것에 대해 이미 용서받은 자들이다. 하지만 이제 어떻게 하면 거룩해지겠는가? **하나님은 우리에게 거룩한 열망을 주시기 전에는 거룩한 행동을 명령하지 않으신다는 사실을 깨닫는 게 핵심이다.** 베드로가 레위기에서 인용한 구절을 좀더 자세히 살펴보면 이 점이 더욱 분명해진다. 레위기 11:44-45에 나오는 거룩하라는 명령 앞에 어떤 말씀이 있는지 살펴보자.

"**나는 여호와 너희의 하나님이라.** 내가 거룩하니 너희도 몸을 구별하여 거룩하게 하고"(저자 강조). 이것은 44절이다.

이제 45절을 보자. "**나는 너희의 하나님이 되려고 너희를 애굽 땅에서 인도하여 낸 여호와라.** 내가 거룩하니 너희도 거룩할지어다"(저자 강조)

이 두 구절을 하나로 합쳐 보면—너희의 하나님이 되려고 너희를 애굽 땅에서 인도하여 낸 여호와께 너희도 몸을 구별하여 거룩하게 하고—그 메시지가 분명해진다. 이 말씀은 우리 자신을 구별하여 최우선적인 관계에 드리라는 말씀이다. 아무에게도 우리 자신에게도 의존하지 말고, 오직 하나님께만 의존하라는 것이다. 우리의 시선을 정말 거룩해지는 일, 우리가 도저히 도달할 수 없음을 알고 있는 그 목표에만 두라는 말씀이다. 자신의 생명을 나누어 주기 원하시는 그리고 그것을 가능케 하시는 거룩하신 하나님께 우리 자신을 넘겨드리라는 말씀이다. 우리 자신을 거룩함에 내던지고, 하나님이 관계 맺으시는 방법을 공유하되, 획기적인 타인 중심으로, 엄청난 희생을 감수하면서, 겸손한 사랑 안에서 그렇게 하라는 말씀이다.

관계의 죄를 인식하라

하지만 죄란 관계적인 것이라는 사실을 분명히 이해하지 못하는 한, 우리는 하나님의 사랑의 모범에 근접조차 못할 것이다. 물론 우리는 은행을 털거나 거짓말을 하거나 의도적으로 야비하게 굴거나 간음을 하거나 약속을 어기지는 않을 것이다. 신실하게 교회에 출석하고 성경 공부도 하고 환우들도 심방하고 가난한 나라로 선교 여행도 가고 십의 이까지 헌금할 것이다. 대부분의 사람들이 보기에, 특히 우리 자신이 보기에, 우리는 정말로 선한 사람처럼 보이겠지만, 그래도 우리는 계속 죄를 짓고 있다.

'관계의 죄'라는 범주는 간음처럼 분명한 경우를 제외하고는 그리 많이들 생각하지 않기 때문에, 자신 속에서도 절대로 분명히 보지 못한다. 다시 한 번 이 단어를 정의해 보겠다. **관계의 죄란 자신의 유익을 위해 뭔가 얻어내는 것을 최우선 목적으로 삼고 행하는 모든 행동을 말한다.** 여기에는 사업상의 협상을 매듭짓는 것, 칭찬을 얻어내는 것, 자신을 좀더 즐겁게 하는 것, 다른 사람의 우정이나 애정을 얻어냄으로써 외로움의 공포를 떨쳐 버리는 것 등이 포함된다. 우리의 유익을 마음 중심에 두고 이런 행동들을 할 수 있다. 그러나 성경은 모든 것을 하나님의 영광을 위해 하라고 말씀하신다.

그 말의 의미는, 우리가 행하는 모든 것 뒤에 숨어 있는 최우선적인 생각은, 우리의 가장 깊은 필요와 갈망을 담아 하나님을 신뢰해야 한다는 것, 우리의 달걀을 모두 하나님의 바구니에 담음으로써 그분을 기쁘시게 해야 한다는 것, 우리가 소중히 여기는 모든 것들에 대한 희망을 그분의 성품과 그분이 하고 계시는 일 그리고 앞으로 하실 일들에 온통 집중시켜야 한다는 것이다.

우리와 하나님 사이의 관계를 가장 성공적으로 가로막는 것이 바로 관계의 죄다. 하나님이 왜 그렇게 멀리 계시는 것처럼 느껴지는지 의아한가? 왜 우리 마음은 하나님으로 만족하지 못하는가? 왜 우리가 하나님께 드리는 찬미의 대부분은 그분이 우리에게 주시는 친밀감 때문이 아니라 우리가 받은 온갖 축복들 때문인가?

이런 것이 관계의 죄다. 우리는 파파 기도를 드려야 한다. 우선은 우리 자신을 하나님께 내어놓고, 다음으로 하나님이 어떤 분이신지 예의주시하고, 그런 다음 하나님께 두 가지 질문을 하기 위해서이다. "파파, 제가 당신과 맺는 관계에서, 그리고 배우자나 친구들과 맺는 관계에서 잘못하고 있는 게 무엇인지 정말 알고 싶어요. 제게 가르쳐 주시겠어요? 그리고 파파, 제 마음 깊은 곳에는 당신이 저를 대해 주시는 것처럼 다른 사람들을 대하고 싶은 열망, 거룩한 열망이 있다는 걸 알고 있어요. 그 열망이 흘러넘칠 수 있도록 해주시겠어요?"

기도의 세 가지 실례

이제 관계의 죄를 깨닫는 사람과 깨닫지 못하는 사람의 기도가 어떻게 다른지를 비교해 봄으로써 쏟아놓는 기도에 대한 논의를 마무리하려 한다. 관계상의 죄를 분명한 죄의 범주로 보지 않는 사람들은 도둑질이나 강간이나 살인과 같은 분명한 죄들은 피하겠지만, 관계 면에서는 자신의 유익만을 보호하는 교묘한 죄에 자기도 모르게 빠져든다. 그러면서 자기는 아무런 잘못이 없다고 생각할 것이다.

다음의 세 가지 실례가 요점을 잘 보여 줄 것이다. 상처받은 아내, 고민에 휩싸인 남편, 그리고 우울한 사람의 경우다. 각 사람은 자신의 갈등을 솔직하게 드러내고 있다. 그건 좋은 거다.

하지만 그 다음 왼쪽 칸을 보면, 각 사람이 거룩한 하나님께 예의주시하고 그분의 임재 안에서 자신을 쏟아놓지 않을 때 어떤 상태인지 예시되어 있다. 결국 그들은 자아에 몰두된 간청형 기도만 쏟아놓는다.

오른쪽 칸에는, 자기가 거룩한 하나님께 말하고 있음을 알고 결과적으로 관계의 죄를 직면하는 경우를 제시했다. 그들은 자기에게 무엇이 잘못되었는지를 알고자 한다. 그리고 사람들을 좀더 잘 사랑하고 싶어 한다. 오른쪽 칸에 실린 기도는 본질상 관계적이라는 점, 그리고 왼쪽 칸에 있는 기도처럼 서둘러 간청 기도로 넘어가지 않는다는 점을 주목하라.

거룩함에 자신을 내던지지 않음	거룩함에 자신을 내던짐
따라서 관계의 죄를 의식하지 못함	따라서 관계의 죄를 의식함

상처받은 아내

하나님, 남편한테 어떻게 해야 할지 모르겠어요.
그이는 제 말을 듣지도 않고 저한테 관심도 없는 것 같아요.
그이는 제가 존중받는다고 느껴지게 행동하는 적이 거의 없어요.
저의 정체성 자체를 상실한 것 같아요.
제 자신이 미워요. 여성으로서 저의 가치를 전혀 느낄 수가 없어요.

하나님, 제발 남편을 변화시켜 주시든가, 아니면 제가 그와 살아갈 방법을 가르쳐 주세요. 남편과 함께 있을 때, 어떻게 하면 제 목소리를 낼 수 있는지 가르쳐 주세요. 하나님, 당신이 저와 함께하신다는 것을 알고 당신의 사랑을 느끼게 해주세요. 상처받았다거나 외롭다는 느낌이 안 들게 해주세요. 하나님, 어떻게 하면 제 자신을 잃지 않으면서 남편과 함께 살아갈 수 있는지 방법을 가르쳐 주세요.	오 하나님, 이제 알겠어요. 내 기분의 좋고 나쁨 외에는 아무것도 보이는 게 없었다는 사실을 알겠어요. 남편과 관계를 맺을 때도 당신의 성품을 그에게 드러내야겠다는 생각은 전혀 하지 않았어요. 그게 어떤 건지조차 제대로 모르는 것 같아요. 남편에게 당신을 드러내고 싶다는 마음이 들 만큼 당신을 제대로 알지 못해요. 저를 불쌍히 여기소서!

> 고민에 휩싸인 아버지

하나님, 아들 녀석이 2년 동안 불법 마약을 복용하고 있습니다.
그애가 인생을 망칠까 봐 너무 두렵습니다.
녀석한테 안 해 본 게 없습니다.
치열하게 사랑도 했고, 상담도 받았고, 좀 물러서 보기도 했습니다.
저는 아버지로서 완전히 실패했다는 느낌이 듭니다.

하나님, 제 아들이 뭐가 잘못되었는지 가르쳐 주셔서, 제가 할 일을 알려 주옵소서. 뭐든지 하겠습니다. 정말 이럴 수가 있습니까! 어떤 아버지들은 자식들과 함께 보내는 시간도 거의 없고 영적인 자극도 전혀 안 주는데도 자식들은 그리스도인으로 든든하게 성장하고 있으니, 어쩌면 이럴 수가 있단 말입니까? 하지만 저는 당신에게 저희 가족을 향한 선한 계획이 있음을 믿습니다. 다만, 어떻게 하면 제 아들의 마음을 움직일 수 있을지, 그걸 좀 가르쳐 주십시오.

오 하나님, 제 자신을 당신께 내어놓는 이 시간, 저한테 뭐가 문제인지를 알겠습니다. 제 아들이 제대로 돌아오기 전에는, 제 자신을 진정한 남자로 용납하지 못할 것 같아서 너무나 두렵습니다. 그저 온통 저에 대한 생각뿐이었음을 알겠습니다. 그게 잘못이라는 것도요. 그 공포심이 저를 휘두르는 한, 저는 아무도 사랑하는 게 아닙니다. 제 아들도 아내도 당신도 사랑하는 게 아니지요. 하나님, 제 삶은 당신의 영광을 구하는 삶이 아니라, 가족을 누리는 삶이었습니다. 저는 제 꿈에 사로잡혀, 그 꿈을 성취해 달라고 당신께 요구하는 삶을 살았습니다. 저를 불쌍히 여기소서!

> 우울증에 빠진 사람

하나님, 제가 어두운 동굴로 깊이 빠져들고 있습니다.
매일 몇 시간씩 울곤 합니다.
기분이 좋다든가 즐겁다는 느낌을 한 번도 못 느꼈습니다.
제가 정말 부정적이라는 것, 친구들도 우울해지는 제 모습에
지쳤다는 걸 저도 압니다.
하지만 기분이 너무 울적한 걸 어쩝니까.

하나님, 제발 제 상처를 치유해 주세요. 저한테 정말로 뭔가가 일어나야 할 것 같은데, 그게 뭔지는 저도 모르겠습니다. 지금 너무 많은 일들이 잘못돼 가고 있습니다. 신경통도 심해지고, 친구들도 전화 한 통 없습니다. 직장 다니기도 싫습니다. 하나님, 제발 좋은 치료사나 목사님, 또는 좋은 약을 처방해 줄 의사를 만나게 해주세요. 언제까지 이렇게 살아야 할지 정말 모르겠습니다. 제 기분이 좀 나아지게 도와주세요.

오 하나님, 저를 보면 아무도 당신께 나아가지 않을 거라는 걸 저도 알겠어요. 제가 사는 모습을 보면, 당신은 저의 만사가 잘 될 때만 찬양받을 가치가 있는 분이고, 일이 잘못되어 갈 때 찬양을 드리는 이유는 오로지 앞으로 좀더 나아지지 않을까 하는 희망 때문이라는 걸 온 세상에 보여 주는 형국이니 말이예요. 물론 잘못된 일들이 나아지길 바라고 제 인생이 잘 나가면 기분은 훨씬 좋겠지요. 하지만 문제는, 이 모든 것 속에서 제가 당신과 관계를 맺지 않고 있다는 사실입니다. 당신을 이용만 할 뿐이지요. 저를 불쌍히 여기소서!

위의 세 가지 예는 나 자신의 삶과 내가 상담했던 사람들의 삶에서 가져온 것이다. 상당히 인상적이다. 쏟아놓는 기도는 우리가 본향에 갈 때까지 계속될 것이다.

당신이 파파께 자신을 쏟아놓을 때, 자신을 거룩함에 내던질 때, 하나님이 관계 맺으시는 거룩한 방법에 당신이 얼마나 못 미치는지를 더 생각하게 될 것이며, 당신이 얼마나 기분이 나쁜지 남이 얼마나 당신한테 잘못했는지 당신의 인생이 얼마나 힘들어질지는 덜 생각하게 된다. 자기의 잘못에 집중한다고 해서 당신 자신이 미워지지는 않는다. 당신의 파파와 관계를 맺고 있을 때는 그렇게 되지 않는다. 당신이 지은 죄를 미워할 뿐이지, 당신 자신을 미워하는 건 아니다.

그리고 자신의 잘못에 집중한다고 해서 낙심하거나 부담감에 눌리시도 않는다. 마음은 아프지만 절망은 없다. 쏟아놓기는 거룩함에 이르는 길, 하나님의 임재 즉 파파의 품으로 이끄는 은혜로 포장된 도로에 불을 밝혀 준다는 것을 알기 때문이다. 내어놓기에서 예의주시하기를 거쳐 쏟아놓기로 가는 리듬을 타고 이제 당신은 하나님께 나아가게 된다. 당신이 늘 바라 마지않던 아버지와의 관계를 누리기 위해 하나님께 똑바로 걸어가는 것이다.

A: 하나님을 당신의
　'1순위'로 여기고
　나아가라

제18장
하나님의 음성 듣기

자 이제 준비가 끝났다. 지금까지 말한 것은 모두가 서곡이요 준비에 불과하다. 이제 우리는 하나님께 나아갈 준비가 되었다. 앞에서 말한 세 단계—내어놓기, 예의주시하기, 쏟아놓기—를 통해 우리는 자유롭게 아버지의 임재 안으로 담대히 들어가고, 하늘 아버지를 최고의 선으로 경험하기 원한다고 말씀드릴 수 있게 된다. 우리의 삶에서 그 무엇과도 비교할 수 없는 '1순위'가 되사 그 듬직한 선하심으로 다른 모든 좋은 것들을 '2순위'로 전락시켜 버리시는 그 하나님을 말이다. 하나님께 나아가기는 새로운 기도 패러다임의 완결판이다. 그 패러다임의 가장 중요한 목적은 하나님을 좀더 아는 것이다.

하지만 주의할 점이 있다. '하나님을 안다'는 말에 대해 우리가 개념을 공유해야 한다는 점이다. 여기서 까다로운 질문을 하나 하겠다. 당신은 하나님을 아는가? 좀더 까다로운 질문을 하나 더 하겠다. 하나님을 안다는 것, 정말로 하나님을 안다는 것은 무슨 의미인가?

기독교 문화권에서 우리가 자주 듣는 몇 가지 표현을 살펴보면, 하나님을 안다, 하나님과 인격적인 관계를 맺는다, 하나님을 누린다, 하나님을 사랑한다는 표현들이 있다. 사람들이 이런 말을 할 때 무슨 의미로 하는 것일까? "저는 하나님을 알게 된 것을 너무나 감사해요. 하나님을 몰랐더라면 어떻게 살았을까 싶어요." "전 과거에 매우 종교적인 사람이었지만, 이제는 하나님과 인격적인 관계를 맺고 산답니다." "저는 하나님과 함께하는 시간을 정말 누립니다. 하나님을 만나기 전에는 꿈도 못 꾸었던 일이죠." "저는 하나님을 너무나 사랑합니다. 그분은 저의 모든 것입니다." 이런 말들은 그저 말 잔치일 뿐인가, 아니면 뭔가 실재하는 것을 가리키고 있는가?

하나님과 관계 맺기

어젯 밤에 집사람과 나는 존과 필리스 부부, 그리고 훌륭하게 자란 그들의 두 자녀와 함께 유쾌한 시간을 보냈다. 존을 알고 지낸 지는 30년이 넘었다. 하나님을 안 지는 52년이 되었고. 여기서 내가 사용한 '안다'라는 단어는 같은 의미일까?

우리는 존의 가족과 관계를 맺고 지냈고, 그들을 좋아했다. 나는 특히 필리스 부인이 후식으로 내온 초콜릿 파이를 아주 맛있게 먹었다.

나는 하나님과 관계를 맺고 있는가? 나는 하나님을 누리는가? 내가 하나님과 관계를 맺고 있고 하나님을 누린다고 말하는 것과, 친구와 관계를 맺고 있고 친구를 누린다고 할 때, 이 두 단어의 의미는 서로 다른가? 좀더 깊이 나아가서, 하나님을 누리는 것과 초콜릿 파이를 좋아하는 것 사이에 비슷한 점이 있다고 생각하는가?

엉뚱한 질문이 아니다. 내가 하나님보다 파이를 통해 더 많은 기쁨을 얻는다면, 건강에 해로운 중독이 불가피해진다. 무엇이든 나에게 가장 큰 기쁨을 주는 것은 거부하기 힘들다. 우리는 그렇게 지음받았다. 우리는 기쁨을 누리도록 만들어졌다. 나에게 기쁨을 주는 것이 아무것도 없을 때, 나는 절망하게 된다. 나에게 기쁨을 가져다주는 게 있을 때, 나는 그것을 좇게 된다. 그러므로 진정한 기쁨의 근원이 무엇인지를 아는 건 중요하다. 깊고 지속적인 기쁨, 몇 년이 지나도 부작용이 없는 기쁨 말이다.

사랑은 어떤가? 아내를 사랑한다고 말할 때, 나는 내가 하는 말이 무슨 의미인지 꽤 잘 알고 있다. 하지만 내가 하나님을 사랑한다고 말할 때, 그 사랑이 아내 사랑과 같은 의미일까 다른 의미일까? 만일 다른 의미라면, 내가 아내를 사랑한다고 말할 때의 그 사랑보다 더한 걸까 덜한 걸까? 그것만큼 좋은 걸까 아니면 그것보다 더 좋은 걸까? 과연 무슨 의미일까?

아내는 말 그대로, 물리적으로 내 두 눈으로 볼 수 있다. 그녀의 목소리도 들을 수 있다. 내가 말할 때 아내가 내 말을 듣고 있다는 것은, 아내의 얼굴 표정과 고개를 끄덕이는 모습, 그리고 내 말에 응수하는 아내의 목소리로 알 수 있다(아내가 내 목소리를 들어 주면 나는 기분이 좋다).

나는 아내를 만질 수 있다. 아내도 나를 만진다. 여기서 확실한 진리는, 아내에 대한 내 사랑은 눈으로 보고 귀로 듣고 손으로 느낄 수 있는 방식으로 경험한다는 것이다.

하지만 하나님은 다르다. 나는 하나님을 본 적이 없다. 하나님에 관해서는 많은 책을 읽었지만 사진으로라도 그분을 본 적은 한 번도 없고, 비슷한 형상조차 모른다. 물리적으로 한 번도 하나님을 만져 본 적이 없고, 그분도 물리적으로 한 번도 나를 만지신 적이 없다. 귀에 들리는 소리로 하나님의 음성을 들은 적도 없다(물론 그에 근접한 음성을 들은 적은 있고, 내가 신뢰하는 몇몇 사람들도 그런 경험은 있다고들 한다). 그럼에도 불구하고 내가 말할 때 하나님이 들으신다는 사실을 나는 확신한다. 바로 나타나는 증거는 없지만 말이다.

하나님을 향한 우리의 사랑을 측정하는 한 가지 잣대는 하나님께 순종하느냐 여부다. 하지만 사람들에 대해서는 그들에게 순종함으로써 사랑을 표현하지는 않는다. 그들이 원하는 것을 해줄 수는 있지만(예를 들면, 나는 아내와 함께 춤을 배우고 있다), 그렇다고 그걸 순종이라고 생각하지는 않는다. 나는 궁금한 게 있다. 하나님을 향한 내 사랑은 마치 내 뒤에 경찰차가 따라오는 걸 알고 제한 속도를 준수하며 운전하는 식의 사랑이 아닐까 하는 것이다. 그건 생각하기도 싫다.

결론적으로 말하자면, 하나님에 대한 사랑은 아내나 자녀나 친구에 대한 사랑과는 뭔가 다르다고 말할 수밖에 없을 것 같다. 내 오감으로 사람을 사랑하는 것과 하나님을 사랑하는 것은 다르다. 하나님을 사랑하는 건 실감이 안 난다. 눈에 보이지도 않는 대상과 관계를 맺는다는 것은 때로 전혀 현실감이 없다.

하지만 그건 현실이다. 하나님을 아는 것, 하나님과 관계를 맺는 것, 하나님을 누리는 것, 그리고 하나님을 사랑하는 것은 현실이다. 그 누구와 관계 맺는 것보다 더 현실이다. 파파 기도를 하면, 특히 하나님께 나아가는 기도를 하면 그 사실을 믿게 된다. 그런 기도는 나와 하나님의 관계를 실감나게 경험하는 데 도움이 된다. 어떻게 그렇게 될까?

하나님의 음성 듣기

파파 기도를 배우노라면, 당신은 아버지의 음성을 발견하게 될 것이다. 물론 파파 기도를 하다 보면 언젠가는 성량이 풍부한 찰튼 헤스톤 스타일의 바리톤 목소리가 들려올 것이며, 당신은 그게 아버지의 목소리임을 알게 될 거라는 장담이 아니다. 그럴 수도 있겠지만, 꼭 그럴 거라고 장담할 수는 없다. 최소한 그런 유의 장담은 할 수 없다.

그러나 파파가 당신에게 말씀하시리라는 것은 장담한다. 그분은 자신의 자녀와 좋은 대화 나누는 걸 좋아하신다. 하지만 우리가 잘 생각해야 할 점은, 하나님이 우리에게 어떻게 말씀하시며 또 우리는 하나님께 어떻게 말씀드리는가 하는 점이다.

마크와 신디 부부는 직장을 잃었다. 목사로 16년 간 봉직했던 마크는 4개월 전, 교회 장로들로부터 선임 목사직을 사임해 달라는 요청을 받았다. "우리 교회가 어디를 향해 가야 할지 좀더 분명한 비전을 가진 목회자를 원합니다. 목사님은 지금까지 측정 가능한 목표들과 시행 가능한 전략들로 우리 교회를 이끌어 오셨습니다. 그런데 뭔가 변했습니다. 우린 그게 싫습니다. 요즘 목사님은 온통 하나님을 안다, 하나님의 음성을 듣는다, 하나님을 좀더 누린다, 그런 것들만 말씀하시는데 그게 너무

막연합니다. 우리는 뭔가 눈에 보이는 것을 향해 나아가게 해줄 계획을 원합니다. 그래서 새 목회자가 필요합니다."

마크 목사 부부는 기가 막혔다. "도대체 교회는 뭘 하는 곳입니까?"라고 그들은 질문했다. "뭔가 일을 벌이는 곳인가요, 하나님을 좀더 알아가는 곳인가요?" 지난 몇 달 동안 그들은 하나님을 기다렸다. 나한테 그렇게 말했다.

"무얼 위해서요?" 내가 물었다.

"하나님의 말씀을 들으려고요."

정말 하나님의 말씀이 들릴까? 들린다면 그들은 그걸 어떻게 알까? 하나님은 무엇이라고 말씀하실까? 그들에게 하나님의 말씀은 어떤 식으로 들려올까?

내담자 중에 엘렌이라는 외로운 사람이 있었는데, 그녀는 내가 심리치료사로 일할 때 나를 찾아온 적이 있다. 그녀는 내게 말하기를, 텔레비전 설교가의 설교 속에서 하나님이 자기한테 암호로 메시지를 전달하시는 걸 들었다고 했다. 그 설교가가 사는 도시로 이사 가서 그의 가족과 함께 살면서 그의 사역에 동참하라고 말씀하셨다는 것이다. 그녀는 하나님의 말씀을 받았다는 데 대해 추호의 의심도 없었다. 나는 그녀가 정신병자라는 사실에 대해 추호의 의심도 없었지만.

하나님의 음성을 들었다고 주장하는 사람은 모두 다 뇌 속의 화학 물질이 불균형을 이룬, 약간 정신 나간 사람들인가? 아니면 우리 파파는 정말로 말씀하시고, 우리는 정말 그분의 음성을 들을 수 있는 것인가? 현실적으로 우리에게 정신병자라는 꼬리표가 붙을 위험 없이도 우리가 하나님을 알고 하나님과 관계를 맺고 하나님을 누리고 하나님을 사랑한다고 말할 수 있는 방식으로 하나님은 우리와 의사소통하시는 분이신가?

나는 그렇다고 단언한다(이 시점에서는 이 대답이 그리 의외로 여겨지지도 않겠지만 말이다). 의외일 수도 있는 사실이 하나 있다면, 나의 강력하고 확실한 긍정은 조건적이라는 점이다. 더 의외의 사실은 아마 그 조건의 내용일 것이다. 우리 안의 텅 비고 황량한 공간, 충만하게 채워지기를 간절히 갈망하는 공간을 발견하기까지는, 우리는 파파의 음성을 들은 게 아니라고 나는 확신한다. 우리 삶에서 합당하게 누리는 그 모든 행복과 즐거움을 가르고 나아가기 전에는, 이 세상에 사는 동안 겪는 모든 슬픔과 쓰라림의 저변을 들여다보기 전에는, 끔찍하고 고통스러운 우리 마음의 가장 깊은 공간으로 들어가기 전에는, 우리는 우리 아버지의 그 아름다운 목소리를 발견하지 못할 것이다. 최소한 우리가 원하는 만큼 그렇게 분명하게 발견하지는 못할 것이다.

내가 왜 그렇게 확신하는지를 말하겠다. 이미 말했듯이, 자연만 진공 상태를 혐오하는 게 아니다. 하나님도 혐오하신다. 하지만 하나님이 혐오하시는 진공 상태는 영적인 것이다. 하나님은 강바닥이 메마른 걸 보시고도 그걸 물로 채우지 않으실 수 있다. 하지만 텅빈 마음을 보고도 그냥 지나치지는 못하신다. 그분의 사랑이 그걸 허용하지 않는다.

빈 마음으로 하나님께 나아가기

그러므로 하나님을 경험하는 핵심은 빈 마음으로 그분께 나아가는 것이다. 이 말은 그 텅빈 공간을 꽉 채워 보려고 우리가 쑤셔 넣은 것들을 모두 제거해야 한다는 뜻이다. 훌륭한 자녀와 아름다운 석양과 신나는 휴가를 즐기는 것도 좋다. 능력 있는 사역과 친밀한 결혼 생활과 의미 있는 직업 속에서 기쁨을 누리는 것은 정당하다.

하지만 그 온갖 좋은 것들이(내가 '2순위'라고 말한 것들이) 우리 마음의 중심을 차지한다면, 우리가 그것들을 이용해 하나님이 그분을 위해 마련해 놓으신 그 텅 빈 공간을 채운다면, 우리는 하나님의 음성을 듣지 못할 것이다. 하나님을 알고 하나님을 사랑한다는 우리의 주장은 깊이가 없을 것이다. 우리는 하나님과의 관계가 깊고 실감난다고 확신하고 싶겠지만, 조용한 순간에 그리고 어려움이 닥치는 시기가 되면 그렇지 않다는 걸 알게 될 것이다.

다시 말하지만, 우리 마음의 중심에 하나님 외에는 다 치워 버리고 그 빈 자리를 편안하게 인정하면서, 하나님이 그 자리를 채워 주시지 않으면 충만함을 누릴 소망이 없음을 고백하며 하나님께 나아가야 한다. 그게 핵심이다. 그게 바로 하나님께 나아간다는 의미다.

이 일은 쉽지 않은 데, 두 가지 이유 때문에 그렇다. 첫째는, 우리의 교만이 그렇게 하는 걸 방해한다. 나를 채우기 위해 누군가 다른 존재가 필요하다는 사실은 이상하게도 우리를 기분 나쁘게 만든다. 이는 우리의 개인주의에 역행한다. 그리고 둘째로, 그 일은 우리를 무척 두렵게 만든다. 모조품이 주는 충만감도 느낌이 상당히 좋다. 그런데 정말로 얻게 될지 확실치도 않은 것을 위해, 왜 이미 얻은 것을 굳이 포기해야 한단 말인가? 그게 두렵다. 믿음이 요구된다. 눈에 보이는 것, 스스로 운영하는 것, 볼 수 있는 것들을 '1순위'로 여기고 적당히 통제하며 그것에 의존해서 사는 것이 더 쉽다.

하지만 그런 것들은 절대로 우리를 채워 주지 못한다. 완전하게 채워 주지는 못한다. 마치 채워 줄 것처럼 보이지만, 그건 가짜 충만감이다. 당신이 자상한 배우자나 반듯한 자녀나 사업 성공 그 이상을 갈망한다면, 하나님과의 관계만이 당신에게 진정한 충만감을 줄 수 있는 유일한 소망임을 깨닫는다면, 그 때 비로소 당신은 관계형 기도를 경험할 준비가 된 것이다.

그건 이렇게 작용한다. 먼저 있는 모습 그대로의 자신을 하나님께 내어놓고, 당신이 자연스럽게 그리는 하나님의 모습을 예의주시하면서 잘못된 이미지를 성경이 계시하시는 하나님의 모습에 맞게 교정하고, 당신과 하나님 사이를 가로막는 장애물이 무엇이든 그것을 쏟아놓는다면, 당신은 하나님께 빈 마음으로 나아가게 될 것이다. 파파 기도의 첫 번째 세 단계는, 당신이 파파를 제대로 알지 못하면 얼마나 공허한 존재인지를 발견하게 해줌으로써, 이 마지막 단계에 이를 수 있도록 준비시켜 준다.

관계형 기도 속에서 솔직하고 지속적이고 무자비할 정도로 자신을 내어놓고, 예의주시하고 쏟아놓으라. 그러면 그 과정을 통해 당신은 처절하리만큼 당신 안의 빈 자리를 거듭 경험하게 될 것을 보장한다. 그건 좋은 것이다. 그것이야말로 하나님과 진정한 관계를 쌓아 나갈 수 있는 기회다. 왜 그럴까? 하나님은 자신이 사랑하는 사람의 비참한 모습을 보면 마음이 아프시다. 그리고 우리가 하나님이야말로 우리가 갈망하는 충만이심을 믿고 하나님께 나아오는 걸 기뻐하신다.

우리의 빈 자리가 만들어 낸 기회를 하나님은 꽉 잡으실 것이다. 병에 걸려 죽어가는 딸 때문에 절망에 빠져 있던 아버지에게 딸을 고쳐 주신 예수님처럼, 파파는 당신의 빈 마음을 채워 주실 것이다. 이미 발견된 빈 자리는 새로운 기회다. 하나님을 안다는 게 뭔지, 근사한 배우자와 맺는 관계보다도 더 깊이 하나님과 관계를 맺는다는 게 뭔지, 초콜릿 파이나 좋은 친구보다 하나님을 더 누린다는 게 뭔지, 그리고 텅 비었으나 소망 가운데 이제 곧 충만히 채워질 우리 마음을 다해 그분을 사랑한다는 게 뭔지를 배울 수 있는 기회인 것이다.

파파 기도는 어떻게 작용하는가

우리는 파파 기도를 통해 하나님이 우리의 빈 마음을 채우실 기회를 만들어 낼 수 있다. 내어놓고 예의주시하고 쏟아놓음으로써, 그런 다음 우리 마음 안에서 발견한 빈 자리 그대로 하나님께 나아감으로써 그렇게 할 수 있다. 하나님은 그 빈 자리를 당신 자신으로 채우기를 갈망하시는 분이다. 아래에서 이 과정을 좀더 자세히 살펴보도록 하자.

자신을 꾸밈없이 하나님 앞에 내어놓으라
당신 자신을 하나님께 솔직하게 꾸준히 **내어놓으면**, 두 가지 일이 생길 것이다. 당신은 자신이 있고 싶은 자리에 있지 않다는 것, 당신이 원하는 모습이 아니라는 것을 깨닫게 될 것이다. 그 사실을 몹시 강하게 깨닫게 되어, 당신 힘으로는 당신이 있고 싶은 자리에 갈 수 없고 당신 스스로는 되고 싶은 모습을 이룰 수 없다는 사실이 끔찍하게 느껴지며 정신이 번쩍 들 것이다.

당신은 어떤 자리에 있기를 갈망하는가? 당신이 무척 사랑받고 소중히 여김을 받기 때문에 어떠한 거절이나 재난이나 실패도 당신을 무너뜨릴 수 없는 그런 안전한 관계 속에 있기를 갈망할 것이다. 당신이 속한 완벽한 사랑의 공동체에서 자신의 정체성을 발견하고 싶을 것이다.

당신은 어떤 사람이 되기를 사모하는가? 생기가 넘치는 온전한 사람, 어떤 상황에서든 심지어 당신에게 깊은 상처를 주는 사람조차 진심으로 사랑하고 참으로 선하며 강인한 사람이 되고 싶을 것이다.

당신이 자신의 붉은 동그라미를(자신의 현재 위치와 현재 모습을) 솔직하게 직면하면 할수록, 당신 안에 있는 거룩한 공간을 더욱더 의식하게 될 것이다. 내가 그 공간을 '거룩하다'고 한 이유는, 그 공간은 오직 하나님만이 채워 주실 수 있는 갈망으로 꽉 차 있기 때문이다. 가짜 만족감은 절대로 그 자리를 채워 줄 수 없다. 2차적인 기쁨은 채워 주지 못한다.

당신이 그 거룩한 공간을 느낄 때, 당신이 어디로 가고 싶어하는지도 알고 그 곳으로 데려다 줄 수도 있는 한 인도자를 갈망하고 있음을 느낄 것이다. 그리고 당신이 온유한 치유자를 갈망하고 있음을 깨닫게 될 것이다. 당신을 있는 모습 그대로 봐 주고, 그 흉한 모습에도 얼굴 찌푸리지 않고, 당신이 어떤 사람이 되고 싶어하는지 당신보다 더 잘 알고, 또 그런 사람으로 변화시켜 줄 능력이 있는 치유자 말이다.

    당신 자신을 하나님께 **내어놓으라**. 그러면 당신은 **인도자**와 **치유자**되시는 분을 바라는 당신의 갈망을 발견하게 될 것이다.

당신이 하나님을 어떻게 생각하는지 예의주시하라

    당신이 하나님을 어떻게 생각하는지 **예의주시하라**. 하나님에 대한 이미지가 얼마나 타락해 있고 자기 위주인지를 보고, 성경에는 참된 하나님의 모습이 어떻게 드러나는지 살펴보라(그렇게 해서 발견한 하나님의 모습이 당장은 끌리지 않더라도 말이다). 그러면 또 두 가지 일이 일어날 것이다. 당신의 마음속 깊은 곳으로부터, 당신의 거룩한 공간으로부터 당신은 절대절명의 두려움과 이루어지지 못한 희망의 빈 자리를 느끼게 될 것이다.

    이 하나님은 어떤 하나님이신가? 그분은 불순종하는 자들에게 무섭게 화를 내실 수도 있는 분이다. 그런 하나님께 가까이 가고 싶은 마음이 정말 있는지 의심스러울 수도 있다. 당신은 그분이 무섭다. 당신은 이내 그분을 잊어버리고 당신 인생을 살아갈지도 모른다.

    하지만 그럴 수는 없다. 당신은 그렇게 하기를 원치 않는다. 하나님이 정말 핵심이다. 그분이 진정한 현실이다. 그분은 모든 것이고 대장이시고, 좋으신 분이다. 당신은 그분과 가까워지고 싶다. 그런데 그게 가능할까? 하나님이 당신을 멸하지는 않으실까? 때로는 괴물처럼 느껴지는 이 무시무시한 하나님과 정말로 친밀해지고 이 우주에서 하나님이 가장 멋진 분이심을 발견할 가망이 있는 걸까?

하나님이 어떤 분이신지 계속 예의주시하다 보면, 당신의 거룩한 공간 속에 그런 갈망이 점점 더 생기는 것을 보게 될 것이다. 당신은 능력 있는 왕, 당신을 위협할 만큼 크셔서 그분밖에는 다른 누구도 겁나지 않는 그런 분을 고대했음을 깨닫게 될 것이다. 그리고 당신은 또한 친구를 원했다는 것, 높은 곳에 있어서 그와 함께하면 모든 두려움이 일소되는 친구, 당신을 보좌로 반겨 맞을 권세가 있으며 당신을 초대받은 손님이요 입양된 자녀요 왕의 상속자로 맞이해 주는 친구를 원했다는 걸 깨닫게 될 것이다.

당신이 하나님을 어떻게 생각하는지 **예의주시하라**. 그러면 당신은 **왕**과 **친구**를 갈망하고 있음을 깨닫게 될 것이다.

하나님과의 관계를 가로막는 것은 무엇이든 쏟아놓으라

하나님과 당신의 관계를 가로막는 것이 무엇이든 보이는 대로 **쏟아놓으라**. 당신이 매일 범하는 관계의 죄를 점검하라. 그러면 당신은 가슴이 아파오면서, 당신의 거룩한 공간 안에 치명적인 독소들이 한껏 흘러나오는 것을 깨닫게 될 것이다.

당신은 내면에서 에너지를 발견할 것이다. 자아에만 몰두하는 에너지, 자신의 안녕에 최우선 순위를 두고 하나님의 기쁨과 다른 사람의 행복에는 관심이 없는 자아의 소굴 같은 에너지 말이다. 그것은 음흉하고 교묘해서 언뜻 선해 보인다. 하지만 그것을 당신 안에서 볼 때, 당신은 배우자나 부모님이나 친구 안에 있는 그런 에너지보다 당신 안에 있는 에너지가 더 싫어지게 될 것이다.

당신은 자신의 선함이 바닥났음을, 철저히 자기 중심적임을, 그리고 자신에 대한 좋지 않은 생각을 떨쳐 버리려고 자신을 보호하는 데 온 힘을 쏟고 있음을 깨달을 것이다. 하지만 당신이 들어간 공간은 거룩한 자리다. 그 공간은 하나님이 그분을 위해 만드셨다.

그리고 그 공간으로부터 어떤 갈망이 솟구칠 것이다. 당신은 이제야 느끼지만, 사실 그 갈망은 늘 그 자리에 있었다. 당신은 아낌없이 주는 존재(donor)를 갈구하고 있다. 하나님께 사로잡혀서 흘러나오는 순수한 에너지를 가진 사람, 먼저 하나님의 사랑을 받고 하나님을 사랑함으로써 흘러나오는 사랑으로 자유롭게 사랑할 줄 아는 사람, 그 새로운 에너지를 당신에게 심어 주기 위해서 자기 목숨을 포기할 만큼 당신을 사랑하는 사람을 갈망하고 있다.

당신은 사랑하기를 원한다. 자아에만 몰두하는 구덩이에서 자유롭게 되기를 원한다. 그리고 당신에게는 아낌없이 주는 존재가 필요하다는 사실을 깨닫는다. 자신의 선을, 이미 그 공간에 있던 독소보다 더 강력한 선을 당신에게 쏟아부어 줄 수 있는 참으로 선한 인격(Person)이 필요하다는 사실을 깨닫는다.

쏟아놓는 기도를 하면, 당신은 생명을 주는 **존재**를 바라는 갈망이 있음을 발견하게 될 것이다.

당신의 공허를 직면하라. 그러면 당신의 갈망, 인간적인 갈망, 거룩한 갈망을 발견할 것이다. 당신의 모습 그대로 하나님께 내어놓고, 당신이 생각하는 하나님의 모습과 진정한 하나님의 모습을 예의주시하고, 하나님과의 관계를 방해하는 당신 안의 모든 것을 쏟아놓으라. 그러면 당신 안에서 오로지 하나님만이 채워 주실 수 있는 거룩한 공간을 발견할 것이다. 빈 자리를 경험할 것이다.

그리고 그런 빈 자리를 경험하는 중에 당신은 아래의 것들을 갈망하는 자신을 발견하게 될 것이다.

- 완벽한 사랑의 세계로 당신을 이끌어 줄 수 있는 인도자.
- 당신이 간절히 원하는 모습으로 당신을 변화시켜 줄 치유자.
- 그분밖에는 당신이 두려워할 자가 없을 정도로 능력 있는 왕. 그러면서도 당신이 바랄 수 있는 모든 것을 자신의 사랑으로 보장해 주는 왕.
- 가능하리라고는 꿈도 못 꾸었던 깊이 있는 친밀감으로 당신을 이끌어 주는 친구.
- 에너지의 원천만 빼면 모든 점에서 당신과 비슷하고 완벽하게 조화되는, 아낌 없이 주는 존재. 그의 에너지는 하나님께 사로잡힌 에너지고, 당신의 에너지는 자아에 사로잡힌 에너지라는 점만 다르다. 또한 그분이 사신 방식대로, 그리고 당신이 갈망하던 방식대로 살 수 있게 해주려고 최후의 희생까지 기꺼이 감수하시는 분.

자, 이제 당신이 나보다 앞서가는 것 같다. 우리는 갈망하는 모든 것을 파파와의 관계 속에서 얻을 수 있다. 그분은 성자와 성령과 더불어 그 모든 것을 우리에게 공급하신다.

우리 몫으로 남겨진 것은 단 하나, 빈 마음 그대로 하나님께 나아가는 것이다. 우리가 마땅히 누리도록 창조된 모든 것을 갈망하면서, 또한 그분이 자신을 주셔서 우리의 빈 자리를 채우시고 우리의 갈망을 만족시켜 주실 것을 확신하면서 말이다.

하나님께 나아가는 것이 어떤 것인지에 대해서는 다음 장에서 비유를 통해 설명하겠다.

제19장
하나님이
기뻐하시는 사람

눈으로는 볼 수 없는 다음 장면에 잠시 동안만 집중해 보라. 당신의 귀를 영의 세계에 곤두세우고, 당신과 하나님 사이에 오고가는 대화에 귀를 기울여 보라.

하나님: 네가 이제까지 나한테 요청했던 기록을 이렇게 보관하고 있다. 그 요청들 중에 어떤 건 들어주었고, 어떤 건 거절했다. 이제 이 목록을 보면서 나한테 더 요청하고 싶은 게 있으면 추가해 보렴.

당　신: 제가 요청하는 건 다 주실 건가요?

하나님: 그렇다.

당　신: 하지만 전엔 안 그러셨잖아요. 제가 요청한 것 중에 하나님이 안 주신 게 무척 많은데요.

하나님: 응답받지 못한 이유는 진정한 기도가 아니었기 때문이란다. 그 간청들은 네 마음에서 우러난 것이 아니었어.

당　신: 무슨 말씀이신지 모르겠어요.

하나님: 이제 곧 알게 될 거다. 자, 목록이나 완성하렴. 원하는 건 뭐든지 적어라.

좀 혼란스럽긴 하지만 그래도 신이 난 당신은 이제까지 하나님께 드렸던 수백 가지의 요청 사항을 주욱 읽어 내려간다. 크고작은 일들을 많이도 요청했다. 정말 중요한 사안도 있고, 그저 그렇게 되면 좋겠다는 정도의 사안도 있다. 예를 들면 휴일날 소풍 가는 데 좋은 날씨를 허락해 달라는 기도 제목 같은 것 말이다.

얼마나 많은 요청 사항이 응답되었는지를 보고 당신은 깜짝 놀란다. 그리고 감사드린다. 하지만 거절당한 요청도 여전히 많다. 어떤 경우는, 하나님이 그 요청을 들어주시지 않은 게 나중에 더 좋은 결과가 되었음을 깨닫기도 한다.

하지만 다 그런 건 아니다. 당신의 아들이 대마초를 피우다가 처음으로 적발되었을 때, 왜 그 아들의 마음이 그렇게 굳어 있었는지는 아직도 미지수다. 상황은 더 악화되기만 했다. 그 아들이 하나님을 만나고 가족에게 돌아오기를 매일 기도했는데도 말이다.

그 요청 사항은 이미 목록에 들어 있다. 열두 페이지를 빼곡히 채우고 있다. 하지만 당신이 무엇을 추가하든 하나님은 다 들어주겠다고 말씀하지 않으셨던가? 끈질기게 간청했던 과부의 이야기가 생각난다. 그래서 당신은 펜을 들고 종이들을 뒤로 넘겨 빈 종이를 펼친다. 그리고 열심히 적어 나간다.

제 아들이 그리스도인이 되고, 마약을 끊고, 대학 공부를 마치고, 멋진 그리스도인 자매와 결혼하고, 경건한 남편이자 아버지로 성숙하며, 괜찮은 직장에서 성공적인 직장 생활을 하고, 하나님 나라를 앞당기는 삶을 살기 바랍니다. 아멘!

당신의 심장이 쿵쿵 뛴다. 하나님은 뭐든지 요청하라고 말씀하셨다. 그래서 당신은 요청 사항을 좀더 적어 넣는다.

건강하고, 치매에 안 걸리고, 연금이 매년 20퍼센트씩 오르고, 친밀감 넘치는 결혼 생활을 하고, 친구들과 평생지기로 잘 지내고, 원기가 회복되고, 두통이 없기를 바랍니다.

당신의 상상력은 더욱 고조된다. 거칠 것이 없어진 당신의 갈망은 '잘 살고 싶은' 소망과 '영적인' 갈망 사이를 마구 오간다. 좀더 넓은 아파트, 정결한 생각만 하는 삶, 좀더 많은 돈, 좀더 깊은 평강, 짜릿한 성생활, 남들에게 영향력 끼치기 등등. 그러고 나서 하나님이 다시 말씀하신다.

하나님: 네 마음을 더 깊이 들여다보렴. 아직 드러내지 않은 갈망이 더 있는지 한 번 보려무나.

좀 엉뚱하다 싶긴 하지만, 그래도 생각나는 바람을 더 적어 나간다.

먹고 싶은 대로 먹어도 몸무게는 늘지 않기를, 운동은 가능한 한 적게 해도 체형은 보기 좋기를, 배우자가 좀더 다정해지고 비판을 덜 하며 당신이 한 모든 일에 고마워하기를.

지금까지 적은 것들을 읽노라니까, 당신 안에서 좀더 깊은 열망들이 솟구치는 게 느껴진다.

- 의미가 충만한 삶을 살고 싶다.
- 우리 교회가 참된 공동체가 되었으면 좋겠다.
- 가족을 좀더 사랑하고 싶다.
- 손자들에게 좋은 조부모가 되고 싶다.
- 탐욕스럽기보다는 자족할 줄 아는 사람이 되고 싶다.
- 기쁨과 소망과 사랑을 느끼고 싶다.

당신과 하나님과의 대화가 계속 이어진다.

당　신: 하나님, 다 적었습니다. 더 추가할 것이 생각나지 않네요.

하나님: 넌 아직도 네 마음을 발견하지 못했구나.

당　신: 무슨 말씀이세요?

하나님: 네가 원하는 건 뭐든지 주겠다고 하지 않았니? 이게 네가 원하는 거냐?

당　신: 예, 다 작성했어요. 제가 원하는 건 다 적은 걸요.

하나님: 그렇다면, 이 목록에 적힌 걸 다 주마. 하지만 한 가지 조건이 있다.

> 너는 다시는 내 목소리를 듣지 못할 것이다. 내 임재를 느낄 수 있는 감각을 너에게서 완전히 거두련다. 넌 다시는 나를 알지 못할 것이다.

그 즉시 당신은 그 종이를 갈기갈기 찢어버린다. 수천 가지의 요청 사항이 적힌 종이 수백 장이 조각조각 온 사방으로 흩어진다. 그 한가운데 당신이 털썩 무릎을 꿇는다.

당　신: 하나님, 이것들은 모두 2순위의 것들입니다. 전부 다요. 이제 알겠습니다. 그래요, 전 그것들을 바라긴 해요. 하지만 당신이 없다면 그것들은 아무 의미가 없습니다.
하나님: 이제야 네 마음을 발견했구나. 이제 너는 나를 만나되, 너를 사랑으로 인도하는 인도자로서, 네 이기심을 고치는 치유자로서, 모든 능력을 가진 너의 왕으로서, 가장 높은 자리에 있는 네 친구로서, 네게 생명을 주는 존재로 나를 만나게 될 것이다.

내가 원하는 것: 나의 1순위 목록	내가 원하기는 하지만, 두 번째로 원하는 것: 나의 2순위 목록
• 인도자 • 치유자 • 왕 • 친구 • 아낌 없이 주는 존재 = 파파	• 그 외의 모든 것

기도의 최고 핵심은 하나님을 1순위로 여기고 나아가는 것이다. 당신이 관계적으로 기도하는 법을 배워 가노라면, 2순위의 것들도 좀더 제대로 요청할 수 있을 것이며, 그 요청 기도 끝에 "하나님의 뜻이라면"이라고 끝맺는 말도 정말 그런 의미로 사용하게 될 것이다. 그리고 2순위에 있는 요청들도 하나님을 좀더 알고 싶어하는 가장 깊은 열망에서 우러나올 것이다.

4분짜리 파파 기도 배우기

263-265쪽에는 '4일 동안 배우는 파파 기도'의 개요가 나와 있는데, 당신이 파파 기도를 배우는 데 도움이 되리라 생각한다. 당신 혼자 그 안내서를 따라 해 보라. 혹은 더 좋은 방법은 배우자나 친구 또는 소그룹에서 함께 하는 것이다. 관계적으로 기도하는 법을 배우기 위해 파파 기도 모임을 구성해서 그 모임에서 해 봐도 좋을 것이다.

여기서는 그것보다도 더 간단하게 시작할 수 있는 방법을 제안하고자 한다. 그것을 '4분짜리 파파 기도'라고 부르기로 하겠다.

아침에 잠자리에서 일어나면 1분만 시간을 할애해서, 하루의 첫 시간에 떠오르는 생각이나 느낌을 하나님께 내어놓으라. 아무것도 구하지 말고, 다만 당신 안에 떠오르는 생각이나 느낌만 말씀드려라.

그 다음 1분 동안은 하나님을 예의주시하라. 당신은 누구한테 말하고 있다고 상상하고 있는가? 거룩한 자동판매기나 무심한 통치자는 아닌가? 그 다음에 성경에서 말하는 하나님의 진정한 성품 한 가지를 생각해 보라. 하나님은 거룩하시다, 자비로우시다, 신실하시다, 사랑이시다 등등.

그 다음 1분 동안은 이렇게 자문해 보라. "나는 어떤 점에서 하나님을 닮지 못했나?" 내가 관계 맺는 방식은 어떠한가? 서투르다, 자기 보호적이다, 방어적이다, 공격적이다, 이 가운데 어느 것인가? 어제는 얼마나 서투르게 관계를 맺었는가? 그것이 잘못임을 인정하고 자신을 쏟아놓으라.

4분째에는 하나님께 나아가라. 당신이 있는 붉은 동그라미 지점에서 하나님께 나아감으로써 당신이 얼마나 더 많은 것을 원하는지 의식하게 될 것이다. 당신을 떨게 하시는 동시에 가까이 나아가게 하시는 하나님은 어떤 분이신지를 의식하면서 하나님께 나아가라. 당신이 선한 사람이 되려면 아직도 갈 길이 멀다는 것을 인정하면서 하나님께 나아가라. 당신의 빈 마음과 갈망 속에서 하나님께 나아가라. 단순히 이렇게 말하는 것을 의미할 수도 있다. "하나님, 전 정말로 당신을 원해요. 다른 것들도 원하는 게 많지만, 그래도 당신을 가장 원해요."

4분짜리 파파 기도는 단지 시작에 불과하다. 하지만 좋은 시작이 될 것이다. 이것을 매일 해 보라. '4일 동안 배우는 파파 기도'는 좀더 많은 것을 가르쳐 줄 것이다. 당신은 유치원생으로 출발해서, 나와 함께 관계형 기도 학교의 1학년생으로 올라가는 것이다. 그리고 나중에는 좀더 높은 학년으로 올라가게 될 것이다.

하나님을 당신의 1순위로 여기고 나아가라

이제 약속을 해도 될 것 같다. 하나님으로부터 온 약속이니까. 당신이 하나님을 1순위로 여기고 나아가면, 하늘의 충만한 능력이 당신에게 임하여 당신을 하나님과의 좀더 깊은 관계로 인도할 것이다. 이것은 파파의 아들이신 예수님의 약속이다. 예수님의 말씀을 들어 보자. "너희가 기도할 때에 무엇이든지 믿고 구하는 것은 다 받으리라"(마 21:22).

이 말씀은 우리가 2순위 소원 목록에 있는 걸 모두 얻을 수 있게 배려해 주시겠다는 말씀인가? 그건 아니라고 생각한다. 이 구절의 맥락을 보라. 예수님은 무화과나무를 저주하신 후 바로 이 말씀을 하셨다. 마태복음에 나오는 이 이야기 전체를 살펴보자.

> 이른 아침에 성으로 들어오실 때에 시장하신지라. 길가에서 한 무화과나무를 보시고 그리고 가사 잎사귀밖에 아무것도 찾지 못하시고 나무에게 이르시되 이제부터 영원토록 네가 열매가 맺지 못하리라 하시니 무화과나무가 곧 마른지라.
>
> 제자들이 보고 이상히 여겨 이르되 무화과나무가 어찌하여 곧 말랐나이까.
>
> 예수께서 대답하여 이르시되 내가 진실로 너희에게 이르노니 만일 너희가 믿음이 있고 의심하지 아니하면 이 무화과나무에게 된 이런 일만 할 뿐 아니라 이 산더러 들려 바다에 던져지라 하여도 될 것이요. 너희가 기도할 때에 무엇이든지 믿고 구하는 것은 다 받으리라 하시니라(마 21:18-22).

무슨 일이 있었는지 자세히 살펴보라. 예수님은 배가 고프셨다. 때는 아침이었고, 예수님과 제자들은 먼 길을 떠나는 참이었으므로, 예수님은 아침 식사를 하고 싶으셨다. 그 때 마침 무화과나무가 눈에 띄었고, 그 나무는 이른 시기에 이미 '잎이 무성'했다. 때는 봄이었고, 무화과나무는 대체로 6월이 지나야 새순이 돋는다. 일찍 잎이 났으니 열매도 일찍 열릴지 모를 일이었다. 그래서 예수님은 열매가 있나 살피러 가셨다.

잎사귀들을 들춰 보았으나 열매가 보이지 않자, 예수님은 벌컥 화를 내시며 "다시는 열매를 맺지 못하리라!"고 말씀하셨다. 왜 그러셨을까? 마치 "이제 과자는 그만"이라는 엄마 말씀에 화를 내는 버릇없는 아이처럼, 별 일도 아닌데 성을 내신 걸까? 물론 아니다. 잎사귀, 즉 생명의 증거는 있으나 열매, 즉 누릴 만한 생명은 없는 것을 보자, 예수님은 하나님 아버지의 고통스런 마음을 느끼신 게 아닐까 생각된다.

호세아서에 보면 하나님이 그분의 자녀들의 어린 시절을 회상하는 장면이 나온다. "옛적에 내가 이스라엘을 만나기를 광야에서 포도를 만남같이 하였으며 너희 조상들을 보기를 **무화과나무에서 처음 맺힌 첫 열매**를 봄같이 하였거늘"(호 9:10, 저자 강조).

예수님이 어떤 생각을 하고 계셨는지 나의 생각을 한 번 들어 보라. "우리 아버지는 자신을 위해 인간을 지으셨다. 그분은 당신의 자녀들이 갈망하는 충만함을 받으러 아버지께 나아올 때 너무도 기뻐하신다. 하지만 사람들은 무화과나무가 되어 버린 것 같다. 잎사귀는 무성한데 열매는 없는…종교 활동도 많고, 유명한 목사의 설교를 들으러 큰 교회 건물에 몰려드는 사람도 많고, 결국은 분열되면서 교회를 제대로 운영해야 한다는 염려의 소리도 많지만, 하나님께 나아오는 것밖에 원하는 게 없는 사람은 아주 소수다."

"난 그걸 용인할 수 없다! 인간과 내 아버지 사이에 우뚝 버티고 있는 마음의 산들을 모두 없애 버릴 것이다. 내 생명을 그들의 마음속에 넣어 주어서, 내가 아버지를 기쁘시게 하듯이 그들도 아버지를 기쁘시게 하도록 할 것이다. 생명의 실체 없이는 생명의 모양도 없을 것이다. 열매가 없으면 잎사귀도 없을 것이다."

그리고 나서 예수님은 우리에게 말씀하신다. "친구여, 당신이 내 아버지께 가까이 가기 원한다면 내가 데려다 주겠다. 내 아버지가 기뻐하실 잘 익은 무화과 열매가 되기 위해서라면 무엇이든 내게 요청하라. 그러면 그걸 얻게 해주겠다. 그대가 자신의 마음을 발견하면, 그것이야말로 아버지가 가장 원하는 것이며 친구도 그것을 가장 원한다는 걸 깨닫게 될 것이다."

우리의 파파가 기뻐하시는 사람이 되는 것보다 더 큰 기쁨은 우리에게 없다. 그러므로 파파 기도를 배우자. 하나님을 우리의 1순위로 여기며 관계 맺는 법을 배우자. 그리고 우리의 2순위 요청 사항을 하나님이 어떻게 처리하시든 상관없이 하나님을 신뢰하는 삶을 배우자.

제20장
파파 기도를
생활 방식으로

하나님이 주시고자 하는 것을 우리도 원할 정도로 성숙해지면, 믿을 수 없는 일이 일어난다. 그 일은 우리의 환경에서는 가끔, 우리의 내면에서는 항상 일어난다. 즉, 하나님은 우리의 환경을 우리가 좋아하는 쪽으로 변화시키는 데 그분의 능력을 **사용하실 수도 있고**(may), 또 우리의 마음을 하나님이 좋아하는 쪽으로 변화시키는 데 그분의 능력을 **사용하실**(will) 것이라는 사실이다.

우리 마음 깊이 원하는 것이 바로 그것이다. 하나님은 이 세상이 줄 수 있는 어떤 복보다도 하나님께 가까이 나아가는 것이 우리에게 더 유익함을 가르치신다. 하지만 우리 마음에는 그 길을 방해하는 몇 가지 장애물이 있다. 그 장애물을 빙 돌아서 하나님께로 갈 수는 없다. 치워서 바다에 던져 버려야 한다.

이것이 바로 하나님의 약속, 즉 길을 평탄케 해주시겠다는 약속이다. 하나님은 자아 몰두라는 산과, 2순위의 것들에 집착하는 봉우리들, 다른 이들로 인한 상처라는 울퉁불퉁한 절벽을 치워 주실 것이다. 그 모든 것을 바다에 던져 넣으실 것이다. 우리가 하나님께 요청하기만 하면, 우리가 그것을 원하기만 하면, 하나님은 그렇게 해주실 것이다.

그리고 나서 우리가 그 평탄한 길을 걸어 하나님의 임재 속으로 들어갈 때, 하나님은 우리가 그 자리에 이르게 하시고 열매를 맺게 해주실 것이다. 파파가 누릴 열매는 없이 잎사귀만 무성한 일은 더 이상 없을 것이다. 이것은 보장되어 있다. 우리가 하나님께 요청하기만 하면, 우리가 그것을 원하기만 하면, 하나님은 그렇게 해주실 것이다.

파파 기도를 하면 어떤 일이 일어나는가?

당신이 관계를 맺으며 기도하는 법을 배우면, 하나님이 준비하신 것을 받으려고 파파께 나아가면, 당신 안에 무슨 일이 일어나는지—또는 장차 일어날지—한번 살펴보도록 하자.

당신은 자신 안에 일어나고 있는 일들—당신의 생각과 동기와 정서적인 반응들—을 좀더 솔직히 보게 된다.

하나님과 나누는 게 많아지기 때문에 사람에 대한 불평이 줄어든다. 마음을 하나님께 쏟아놓다 보면 가족과 친구들에게 감정을 쏟는 일도 적어진다.

경건한 척하는 태도도 줄어든다. 영적인 척, 만사가 잘 돌아가는 척하는 태도가 없어진다. 자신의 은밀한 죄를 고백하는 데 저항감을 덜 느끼고, 그 죄를 낳고자 하는 열망은 더 생긴다. 그리고 그 죄를 다시 지으려는 상황에서 그것에 대해 파파와 이야기를 하게 된다.

누가 주로 당신을 속 터지게 만드는지, 배우자와 맘에 안 드는 자식 앞에서 당신이 얼마나 속상한지를 인정하게 된다. 때로 당신이 교회에서 느끼는 외로움과 환멸, 가끔은 전혀 빛이 들지 않는 어두운 터널로 빠져 들어가는 것만 같은 느낌도 언어로 표현하게 된다.

이게 그리스도인의 삶이 맞는가? 영적인 여정이라고 할 수 있는가? 늘 확신이 서는 건 아니다. 하지만 크고작은 일에 좀더 감사할 줄 아는 마음을 발견한다. 예를 들면 커피숍에서 혼자 누리는 한 시간의 여유에 대해서는 물론, 언젠가는 이 모든 수고와 고생이 끝나고 천국에 이르리라는 약속에 대해 감사하게 된다. 그리고 그런 것들도 하나님께 말씀드리는 당신이 될 것이다.

당신의 붉은 동그라미 지점을 파파께 **내어놓으며** 사는 것이다.

당신은 하나님이 어떤 분이신지 조금씩 더(어쩌면 많이씩 더) 경이로움을 느끼게 된다. 당신을 활활 태우는 불꽃 같은 눈을 가진 예수님, 당신이 세워 놓은 자기 방어라는 벽을 모두 허무시는 예수님, 메스 모양으로 생긴 칼이 날카로운 혀처럼 입에서 나와 거스르는 것은 무엇이든 잘라내시는 예수님, 사람들이 자신의 인생에 열매가 있는 줄로 착각하게 만드는 영적으로 무성한 잎사귀들을 다 말려 버리시는 예수님 안에서, 하나님을 좀더 명확히 보게 된다.

그리고 하나님을 마치 당신이 원하는 대로 놀아 주는 맹목적인 할아버지로, 또는 당신의 인생이 어떻게 돌아가는지에는 전혀 관심도 없는 높고 위대한 군주로 생각했던 적이 얼마나 많았는지를 깨닫는다. 그렇게 당신이 하나님을 얼마나 잘못 생각했는지를 깨달으면, 약간 불편하고 당황스런 마음이 된다.

하지만 그런 자신을 부끄러워하기보다는 하나님에 대한 경이로움을 더욱더 느끼게 된다. 하나님에 대해 어리둥절하면서도, 위협적인 능력과 자비로운 따스함이 묘하게 섞인 그 하나님께 이상하게 마음이 끌리고, 두려울 정도로 거룩하면서도 여전히 반가이 품으시는 은혜와, 지나치다 싶게 민감하면서도 실상은 끝없는 사랑을 베푸시는 하나님을 발견하게 될 것이다.

그래서 그 발 앞에 엎드려야 할지 아니면 춤을 춰야 할지 분간이 안 되기도 한다. 하지만 확실한 것은, 기도가 지루하거나 가볍지 않고 예배 또한 시시해 보이지 않는다.

당신은 파파가 정말로 어떤 분이신지 **예의주시하고** 있는 것이다.

당신은 자신이 정말 얼마나 자아에 몰두하고 있는지를 새롭게 깨닫고 고통스러울 만큼 더욱 겸손해진다.

전에는 당연한 고민이라고 생각했던 것이 이제는 자기 중심성이라는 냄새가 난다는 걸 알게 된다. 당신은 하나님께 몰두해 사는 삶에 스스로 얼마나 못 미치는지를 더욱 민감하게 깨닫게 된다. 배우자가 당신에게 귀찮은 일을 시킬 때, 전처럼 왜 저 사람은 저렇게 요구가 많을까라고 생각하기보다는 자신의 악취 나는 자아 몰두성(self-obession)을 인식한다.

당신의 영혼을 갈기갈기 찢어 놓을 정도로 힘들게 했던 인생의 여러 사건들 때문에 하나님과 씨름했던 일, 하나님이 이루어 주시지 않아서 불뚝 화가 났던 일들이 사실은 하나님의 영광이 아니라 당신의 유익만을 생각한 결과임도 이제는 자명해질 것이다. 자아 몰두는 심지어 가장 거룩한 순간에도 비집고 흘러나온다. 다만 지금은 보이는 그것이 전에는 보이지 않았던 것뿐이다.

하지만 그 사실이 당신을 짓누르지는 않는다. 오히려 해방시킨다. 이제는 상처와 갈등보다는 아파하는 마음을 좀더 보기 시작하면서, 예수님처럼 되려면 얼마나 더 먼 길을 가야 하는지를 깨닫고 가슴 아파하면서, 오랫동안 묻혀 있던 거룩한 갈망이 표면으로 떠오른다.

좀더 희생적인 사랑을 하고 싶다는 갈망이 당신이 생각했던 것보다 더 깊은 마음속에서부터 솟구쳐 오른다. 그 무엇보다도, 아파하는 마음을 새롭게 경험하면서 당신은 하나님과 더 가까워지고 싶은 뜨거운 열망을 느끼게 된다. 당신 자신을 거룩함에 내던지는 것이다. 하나님이 가장 주고 싶어하시는 것을 받기 원하는 자신을 발견한다.

당신은 새로운 차원의 **쏟아놓기**에 들어가고 있다.

그리고 이제 당신은 뭔가 멋진 일이 일어나고 있음을 믿으면서, 하나님께 말을 걸게 된다. 하나님이 주기를 기뻐하시는 것만큼이나 당신도 받기를 기뻐하는 뭔가가 다가오고 있다고 믿으면서 말이다.

이제는 하나님이 당신의 세계로 들어오셔서 만사를 변화시켜 당신을 행복하게 해주시고 당신의 인생에 의미를 주시며 당신이 원하는 복을 주시기를 바라서 하나님께 나아가는 것이 아니다. 하나님께 영광을 드리고, 파파의 기쁨의 원천이 되며, 그 일을 하는 데 요구되는 것이라면 무엇이든 견딜 각오로 하나님의 세계로 들어간다.

그 결과는 놀랍다. 당신이 하나님께 기쁨을 드리려고 사모하면 할수록, 당신 자신이 누리는 기쁨이 커진다. 하지만 그것은 새로운 종류의 기쁨이다. 증명이 필요 없는 고요한 안정감, 오직 파파와의 관계 덕분에 현실감 있게 느껴지는 든든한 자아 의식, 다른 모든 기쁨은 사소한 것으로 느껴지는 새로운 기쁨이다. 늘 맛볼 수 있는 건 아니지만, 맛볼 가능성이 늘 열려 있는 그런 기쁨이다. 그리고 당신은 그 기쁨이 항상 당신 가까이에 있음을 감지한다. 그래서 거기에 매달린다.

그리고 확신과 진실함, 소망의 닻이 되는 믿음으로 거기에 매달린다. 당신은 자신의 중심, 실재, 특권, 하나님을 더 알게 될 소망을 발견한다. 그 과정에서 자신이 진정 누구인지를 발견하게 된다. 당신은 절대로 망할 수 없는 중대하고 든든하고 긴요하고 실재하는 존재임을, 정말 좋은 사람이 되어 가는 과정에 있음을 깨닫게 된다.

당신은 전보다 다른 사람들에게 좀더 관심을 갖게 된다. 내 것만 움켜쥐던 마음이 엷어지고, 걱정으로 소진하는 일도 줄어든다. 당신의 운명을 향해 전진하기를, 하나님께 사로잡힌 사람이 되기를, 어떤 좋은 것보다도 하나님을 사랑하고 하나님 때문에 다른 사람들을(당신 위주로가 아니라) 그들 위주로 사랑하기를 감히 소망하게 된다. 예수님처럼 말이다.

그렇게 하나님께 **나아가는** 것이다.

바로 이것이다. 이게 지금까지 설명한 파파 기도다. 하지만 좀더 남아 있다.

1순위를 첫 자리에 두기

이제 당신은 파파 기도를 하기 시작했고, 히브리서에 나오는 다음 구절을 읽는 순간 가슴이 쿵쿵 뛰는 걸 느낄 것이다. "그러므로 친구들이여, 이제 우리는—주저없이—하나님께 담대히 걸어나갈 수 있습니다.… 예수님이 그 길을 활짝 열어 놓으셨습니다.…그러므로 이제 그렇게 걸어나갑시다—우리가 온전히 하나님께 내어드릴 만한 존재가 되었음을 확신하면서 믿음 안에서 말입니다"(히 10:19-22, The Message)

계속 읽어가다 보면 가슴이 더 쿵쿵 뛴다. "이제 우리에게는 언제든지 하나님께 나아갈 수 있는 대제사장 예수님이 계시다는 것을 우리는 알고 있습니다. 그것을 놓치지 맙시다. (여기서 성경 저자는 우리에게 하나님을 알 기회와 하나님이 주고자 하시는 걸 얻을 기회가 있음을 말한다.) 우리의 제사장은 우리의 현실과 상관없는 분이 아니십니다.…(예수님은 어젯밤에 울고 있던 당신을 다 보셨고, 이미 그것을 파파께 말씀드렸다.) 그러니 이제 당당히 하나님 앞에 걸어나가 하나님이 준비하신 것을 받읍시다"(히 4:14-16, The Message).

그게 뭘까? 파파가 주시려는 게 뭘까? 그리고 그건 우리가 정말로 원하는 걸까?

우리가 진정으로 갈망하는 삶의 방식대로 사는 데 필요한 것, 우리가 마땅히 살아야 할 방식대로 사는 데 필요한 것은 무엇이든 받으리라는 말이다. 우리가 진정한 자신이 되는 데 필요한 모든 것, 학대의 희생양이나 성 중독자나 자포자기한 주부나 구제불능의 패배자가 아니라, 파파의 자녀가 되는 데 필요한 모든 것을 받을 것이라는 말이다.

파파의 음성을 듣는 데 필요한 모든 것, 우리의 파파가 뿌듯한 표정으로 하늘의 천사들과 지옥의 마귀들을 돌아보시며 "저 남자 봤지? 그는 그 무엇보다도 나를 가장 원하고 있어. 저 여자 봤지? 자기를 함부로 대하는 사람들을 어떻게 대접하는지 보렴. 너무나 아름답지 않니? 나를 위해 그렇게 하는 거야. 자, 봐. 내가 자식들만큼은 훌륭하게 키우고 있다니까"라고 말씀하시는 소리를 듣는 데 필요한 것은 무엇이든 받을 것이다.

그리고 하나님이 우리 각자를 돌아보시며 "너는 나의 아들이다. 너는 나의 딸이다. 나는 너로 인해 정말 기쁘단다. 너를 사랑할 뿐 아니라 정말 좋아한단다. 너와 함께 있는 게 즐거워"라고 말씀하시는 소리를 들을 수 있는 영적인 귀가 열리게 될 것이다.

당신의 소중한 어린 딸이 아파서 입원했다면, 당신은 무엇을 가장 원하겠는가? 하나님이 능력으로 그 딸을 고치시는 것인가? 아니면 그 딸이 살든지 죽든지 당신이 하나님을 영화롭게 하는 데 필요한 하나님의 음성을 듣는 것인가?

당신이 하나님을 알고 하나님의 기쁨을 위해 사는 것보다 딸의 치유를 더 원한다면, 당신은 하나님이 주고자 하시는 걸 놓치고 말 것이다. 당신의 딸이 치유될 수도 있다. 물론 당신은 그것을 원한다. 또 그렇게 되도록 마땅히 기도해야 한다. 하지만 그 기도는 응답되지 않을 수도 있다. 그러나 결과가 어떻게 되든 상관없이 하나님을 영화롭게 할 수 있는 능력은 받을 것이다. 하나님이 주고자 하시는 것을 받겠다는 자세로 하나님께 나아가기만 한다면 말이다. 그것은 보장된 약속이다.

파파 기도를 하면 우리의 가치관이 재정립된다. 1순위를 첫 번째 자리에 놓고, 2순위의 것들은 첫 번째 자리에서 치워 그것이 속한 두 번째 자리에 놓게 된다.

내가 드리는 파파 기도

나는 어떻게 파파 기도를 배워 가고 있는지 개인적인 경험을 한 가지만 더 나누고 이야기를 마치기로 하자.

지금은 아침 여섯 시 반이다. 나는 목욕 가운을 입은 채 벽난로 앞에 앉아 이 부분을 쓰고 있다. 오늘 새벽, 세 시에서 네 시 반까지 나는 하나님과 씨름을 했다. 그런 기도는 처음 해 보지 않았나 싶다.

어제 오후 늦게부터 나는 기분이 별로 안 좋았다. 어찌나 머리가 지끈거리고 피곤한지 저녁 식사도 힘겹게 억지로 했다. 허전함과 소외감, 그리고 영향력 없다는 느낌이 몰려왔다. 나 자신과 인생에 대해서 그리고 하나님에 대해서 확신이 안 섰다. 도대체 왜 그런 감정이 몰려왔는지 도통 알 수가 없었다. 오늘 아침이 되어 돌이켜 보건대, 그것은 영적 싸움이었다는 게 확실하다.

새벽 세 시에 잠이 깬 나는 좌절감에 휩싸였다. 참담한 기분이었다. 그럴 때는 하나님을 좀더 알아야 한다. 그래서 나는 호세아서에 나오는 하나님의 말씀을 생각했다. "그들이 고난 받을 때에 나를 간절히 구하리라"(5:15).

나는 하나님께 애걸했다. 나를 만나 달라고, 내가 하나님을 만나게 해 달라고 애걸했다. 내 안에서, 그리고 내 삶에서 일어나고 있는 일들을 전부 다 하나님께 말씀드렸다. 요한계시록에서 예수님이 요한에게 나타나신 모습을 그려 보았다. 그런 다음 머릿속으로 성경 한 권 한 권을 떠올리면서, 하나님이 각 성경에서 자신의 모습을 어떻게 나타내셨으며 어떤 일을 행하셨는지 기억을 더듬어 보았다. 이사야서쯤 갔을 때, 지극히 높이 들림을 받으시는 하나님이 떠오르면서, 내 자신이 너무도 작고 약하고 부패하게 느껴졌다.

나는 계속해서 이렇게 말씀드렸다. "하나님, 제가 여기 있습니다. 이 말밖에는 무슨 말을 해야 할지 모르겠습니다. 당신이 절 만나 주시지 않으면, 전 도저히 살 수가 없습니다. 당신은 제가 가진 모든 것이며, 또한 제게 필요한 전부이심을 믿습니다.

히브리서쯤을 읽을 때는, 다음의 말씀이 머릿 속에서 전광판처럼 번쩍 켜지는 느낌이었다. "하나님께 나아가는 자는 반드시 그가 계신 것과 또한 그가 자기를 찾는 자들에게 상 주시는 이심을 믿어야 할지니라" (11:6). 그 구절에서 나는 파파의 음성을 들었다.

"하나님, 제가 믿습니다. 저의 믿음 없음을 도와주소서. 파파, 지금 저는 제가 아는 최대한의 방법을 동원해서 당신께 가까이 나아갑니다. 저를 가까이 이끌어 주소서."

네 시 반쯤 나는 기도를 중단하고, 다섯 시까지 침대에 누워 있었다. 너무나 진이 빠져서 일어날 수가 없었지만 더 이상 절망스럽지는 않았다. 눈에 보이지는 않지만 느낌으로 알 수 있는 어떤 존재가 어두운 방

안에서 뒤에 서 있는 것처럼, 파파가 그 자리에 계셨다. 확실히 알 것 같았다. 예수님의 말씀이 강물처럼 내 마음에 밀려들어 왔다. "담대하라, 내가 세상을 이기었노라"(요 16:33). 그것 역시 내 파파의 음성이었다.

나는 선하신 그분의 품안에서 안전하다는 느낌이 들었다. 내 자신에게 이렇게 말한 걸 기억한다. "이제 더 이상 절망스럽지 않다. 마음이 평화로워. 소망과 기쁨이 느껴져."

하지만 난 움직이지 않았다. 더 자고 싶었다. 그런데 다섯 시쯤 뭔가 쨍그랑거리는 소리가 들렸다. 큰 솥뚜껑 두 개를 심벌즈처럼 마주치면 날 만한 소리였다. 소리는 이내 잦아들었지만, 우리집에서 난 것 같았다.

무슨 소리인지 궁금하기도 하고, 수도관이 터지거나 뭔가가 떨어진 건 아닌지 걱정도 되었지만, 그래도 나는 꼼짝 않고 누워 있었다. 좀더 자고 싶었다. 그런데 또 그 소리가 났다. 그 소리가 세 번째 나자, 그제야 나는 몸을 일으켰다.

그런데 소리가 그치더니, 다시는 나지 않았다. 어디서 난 소리인지 알 것 같았다. 성령께서 나에게 피곤한 몸을 침대에서 일으켜 이번 장을 쓰라고 말씀하신 것이었다. 그 소리가 기묘하고 이상하고 환상적이라는 건 나도 안다. 하지만 하나님이 소리를 내고 싶어하시면, 솥뚜껑이 부딪치는 소리를 내고 싶어하시면, 그렇게 하실 수 있지 않은가. 지난 엿새 동안 나는 글을 쓰려고 애를 썼지만, 한 페이지도 못 썼다. 40-50쪽 정도 종이에 끄적거리기는 했지만, 아무런 의미도 와닿지 않았다. 말이 되질 않았다.

그런데 파파께서 성령을 통해 내게 이렇게 말씀하셨다. "내가 너를 통해 흘러나간다. 내가 너에게 그 장의 내용을 줄 것이니, 지금 일어나 쓰거라."

그래도 나는 피곤했다. 여전히 좀더 자고 싶었다. 하지만 일어나야 할 것 같았다. 샤워도 안 하고 이도 안 닦은 채로, 서둘러 종이 한 묶음과 펜을 집어들었다.

나는 'pop'이라는 글자가 수놓아진 목욕 가운을 입고(손자 세 명이 사준 선물이다) 1층으로 내려가 잔에 와인을 조금 따르고 빵을 조금 뗀 다음 벽난로 앞으로 가 무릎을 꿇었다.

고린도전서 11장을 읽었다. "여러분이 확실히 깨달아야 할 사실은, 여러분이 이 빵과 잔을 마실 때마다 여러분은 말과 행동으로 주님의 죽음을 시행한다는 것입니다"(26절, *The Message*).

나는 계속 읽었다. "여러분이 주님의 몸을 먹고 마시면서 그 몸에 대해 생각하지 않는다면(아예 신경조차 쓰지 않는다면), 여러분에게 심각한 결과가 초래될 것입니다"(29절, *The Message*).

나는 빵과 와인을 든 채 벽난로 앞에 무릎을 꿇고 앉아 조용히 떨었다. 나는 예수님의 죽으심에 관심이나 있는가? 임신한 며느리가 건강하기를, 오늘 오후에 골프 게임이 있는데 날씨가 잘 따라 주기를, 목의 통증이 없어지기를 더 신경 쓰고 있지는 않은가?

그 때 어떤 생각이 번개처럼 퍼뜩 떠올랐다. 예수님이 죽어주지 않으셨더라면 아까 그 서너 시간 동안 나는 하나님을 파파처럼 여기고 나아갈 수 없었으리라. 그저 내 심정적 고통을 위로할 방법을 찾느라 정신없고, 기분이 풀릴 만한 시답잖은 이유들을 찾느라 무진 애를 썼으리라.

하지만 예수님이 죽으시고 다시 살아나셨기에, 나의 심판관은 이제 나의 파파가 되셨다. 나에게는 인도자요 치유자가 있다. 하나님은 이제 나의 왕이시며 나의 친구시다. 그리고 내 안에는 하나님의 생명이 있다. 또한 하나님은 내게 아낌없이 주시는 분이다. 나는 왕족이다. 그리고 성찬을 받으면서 나는 하나님께 담대히 구할 수 있다. 내 안에 있는 생명을 불러일으키사, 내가 몇 시간에 걸쳐 글을 쓰는 동안 내 말을 통해 그 생명이 밖으로 쏟아져 나가기를 말이다. 그게 바로 파파의 목소리다.

나는 빵을 먹고 포도주를 마셨다. 떨지 않았다. 울지도 않았다. 빙그레 웃었다. "그래, 이거야!"라는 말이 마음속에서 충만하게 차올랐다. '다 진실이야! 나락으로 떨어졌지만, 그것조차 좋아. 거기서 하나님께 바로 나아갈 수 있어. 홍해를 가르시고 예수님을 죽은 자 가운데서 살리신 그 하나님께 말이야. 그리고 그 하나님이 나에게 주시려는 걸 받을 수 있어.'

그리하여 나는 펜을 쥐고 그 모든 것에 대해 말할 수 있었다. 내가 이 장을 내 이야기로 끝맺기로 작정한 것도 바로 그 때였고, 하나님이 나를 절망에서 기쁨으로 데려가기 위해 어떻게 파파 기도를 사용하셨는지를 나누기로 결심한 것도 그 때였다.

그 기쁨은 진짜다. 좌절도, 완전히는 아니지만 많이 사라졌다. 성령이 주시는 기쁨은 고통을 없애 주지는 않는다. 다만 우리의 중심에 자리를 잡을 뿐이다. 천국에 도달할 때까지. 그런 다음 그 기쁨은 모든 것, 모든 장소, 모든 관계를 꽉 채운다.

지금도 나는 여전히 탄식한다. 인생은 내가 바라던 그런 인생이 아니다. 나는 내가 바라던 모습의 내가 아니다. 하지만 지금 이 순간, 나는 안다, **정말 안다**. 내가 사랑과 용납을 받고 있다는 것을. 하나님이 나를 버리지 않으시고 준비시키신다는 것을. 하나님은 나를 원하시고 소중히 여기신다는 것을. 오늘 세상에서 일어나는 일들 중에 가장 중요한 일에서 일익을 담당하도록 부름받은 사람으로서 영향력을 지니고 있다는 것을.

그 사실은 누구도 못 바꾼다. 하지만 우리는 그 사실을 항상 인식하지는 못한다. 항상 알지는 못한다. 때로는 그 사실이 전혀 와닿지 않는 때도 있다. 때로는 그게 정말 사실일까 의아해질 때도 있다.

내가 어제 오후와 저녁 때 처했던 상황이 바로 그런 때였다. 오늘 새벽 세 시에 깨어났을 때 내 상황이 바로 그랬다. 나는 본향에 다다를 때까지 자꾸만 또 그럴 것이다.

하지만 지금, 바로 이 순간 나는 그렇지 않다. 나는 기쁨으로, 그리고 소망과 평강으로 충만하다. 힘든 감정의 소용돌이 속에서도 그렇게 느낄 수 있다는 것을 나는 안다. 그것이 바로 성령의 열매다.

그리고 당신 인생에서 무슨 일이 일어나건 상관없이 당신의 파파가 당신에게 주고 싶어하시는 것이 바로 그것이다. 그분은 당신에게 그걸 주실 것이다. 파파가 간절히 주고 싶어하시는 것을 받으러 그분께로 나아오라. 빈 마음으로 나아오라. 갈망을 품고 나아오라. 믿음으로 나아오라. 파파 기도를 배우라. 그러면 파파의 음성을 발견하게 될 것이다.

부록
파파 기도를 배우기 위한 실제적인 지침

4일 동안
파파 기도 배우기

일단 하고 싶다는 마음만 들면, 관계형 기도는 마치 숨쉬는 것처럼 자연스럽게 따라온다. 우리는 본질적으로 하나님과 관계 맺고 살도록 지음받은 존재다.

하지만 하고 싶은 마음이 쉽게 일어나지는 않는다. 우리는 자라면서, 기도란 우리가 만족스럽고 의미 있는 삶을 살기 위해 당연히 필요하다고(또는 원한다고) 믿는 것들을 하나님한테서 얻어내는 기회라는 생각에 익숙하다. 따라서 기도란 우리가 하나님과 관계 맺는 최우선적인 방법임을 배우려면 의지가 요구된다. 연습이 필요하다는 말이다.

그래서 당신이 쉽게 시작할 수 있는 안내서를 개발했다. 이 안내서는 내가 관계형 기도를 내 삶의 중심에 두는 훈련을 거의 1년 동안 서투르게나마 해 왔던 것들을 총망라한 것이다. 이것은 4일 동안 매일 조금씩만 시간을 할애하면 되는 간단한 안내서다.

물론 이것은 시작에 불과하다. 하지만 천리길도 한 걸음부터라고 했다. 여기서 나는 4일 동안의 계획이라는 이름으로 네 단계를 소개하고

자 한다.

제1일: 자신을 하나님께 **내어놓기**
제2일: 당신이 하나님을 어떻게 생각하는지 **예의주시하기**
제3일: 하나님과의 관계를 방해하는 것은 무엇이든 **쏟아놓기**
제4일: 하나님을 당신의 '1순위'로 여기고 **나아가기**

이 안내서는 매일 네 가지 사항을 제시한다.

1. 그 날의 목적. 목적에 반하는, 하지 말아야 할 사항들도 배울 것이다.
2. 그 날 아침에 제일 먼저 읽고 생각해 보아야 할 성경 본문. 그 날 살펴볼 파파 기도의 내용과 연결해서 본문의 핵심 내용도 간단히 설명해 놓았다.
3. 그 날 하루를 지내면서 생각해 볼 만한 질문. 이 질문들은 그 날 다루는 내용에 계속 관심을 갖고 생각하는 데 도움이 될 것이다.
4. 그 날 집중적으로 기도할 내용에 대한 예시. 잠자기 전에 당신이 직접 기도문을 적어 보는 데 도움이 될 것이다.

시작은 언제 하든 상관없다. 만약 배우자나 친구 또는 소그룹 모임에서 함께 할 계획이라면(이 방법을 강력히 권한다), 4일 동안 파파 기도 배우기를 같은 날 시작하는 것이 서로의 경험을 나누고 점검하는 데 훨씬 도움이 될 것이다. 4일 동안 파파 기도 배우기를 시작하기 전에 참여자는 누구나 필수적으로 먼저 이 책 본문을 읽어야 한다.

자, 이제 설명할 건 다 한 것 같다. 제1일에는 당신의 붉은 동그라미 지점을 규명하고 그것을 말로 적어 볼 것이다.

제2일에는 기도할 때 당신이 하나님을 어떤 모습으로 그리는지 살펴보고 그 모습과 성경에서 제시하는 하나님의 모습을 비교해 볼 것이다.

제3일은 심적으로 힘들 수도 있지만, 오히려 자유를 경험하게 될 것이다. 이 날은 당신이 하나님보다 더 가치롭게 여기는 대상이 무엇인지 (또는 누구인지) 드러내 주시기를 성령께 간구하게 될 것이다.

마지막으로 제4일에는 하나님과의 관계를 누리기 위해 하나님의 자녀로서 담대히 하나님 앞에 나아가는 특권을 주장하는 것을 배울 것이다. 당신의 길을 가로막는 새로운 산들을 발견하겠지만, 예수님께 그 산들을 들어 바다에 던져 달라고 간구하라. 그렇게 해주실 것이다.

제1일
자신을 하나님께 내어놓기

🍃 **목적**

당신 내면에서 발견한 것들을 좋은 것이든 나쁜 것이든 꾸밈없이 하나님께 내어놓는다.

- 아무것도 숨기지 말라.
- 내면에서 일어나는 감정들(미움, 질투 등)을 없는 척하지 말라.
- 그런 감정들은 시시하고 중요하지도 않고 언급할 가치도 없다는 식으로 무마하지 말라.
- 무엇이든 마음에 들지 않는 게 발견되면 그것을 뭔가 기분 좋은 걸로 바꾸려 하지 말라.

당신의 붉은 동그라미 지점에 서라.
당신의 있는 모습 그대로, 있는 지점 그대로를 인정하라.

🍃 **성경 본문** (제1일에 첫 번째로 읽으라)

하나님은 선한 자들에게, 그리고 선한 마음을 품은 자들에게는 선하신 분이다. 너무도 명백한 사실이다!

하지만 나는 그 사실을 거의 잊을 뻔했다. 하나님의 선하심을 못 볼 뻔했다.

나는 다른 길을 바라보고 있었다. 꼭대기에서 사는 사람들을 쳐다보면서, 그 악인들의 성공을 부러워하였다.

걱정거리가 없는 자들, 온 세상에 거칠 것이 없는 자들 말이다.

오만하게 우쭐거리는 그들은 폭력을 최신 유행하는 옷처럼 두르고 있다.

거만하고 살찐 그들은 어리석음을 실크 넥타이처럼 치장하고 다닌다.

남을 비웃고 해치는 말을 한다. 말로 남을 해코지한다.

거만이 머리 끝까지 찼고, 허풍스런 입이 평화를 깬다.

사람들은 정말로 그들 말에 귀기울인다. 도대체 믿을 수가 없다. 목마른 강아지처럼 그들의 말을 홀짝홀짝 핥아먹는다.

도대체 이게 어찌된 일인가 말이다. 하나님은 점심 드시느라 자리를 비우셨단 말인가? 아무도 신경 쓰는 자가 없다.

악한 자들은 모든 걸 소유하고 있다. 온갖 부를 켜켜이 쌓아 놓았다.

나는 어리석게도 규칙대로만 살아왔으니, 그렇게 해서 내가 얻은 게 도대체 무어란 말인가?

액운만 지지리 계속될 뿐이다. 문 밖에만 나가면 뺨 한 대씩 맞는 꼴이다.

내가 자포자기해서 그런 식으로 말했다면, 그분의 소중한 자녀들을 배신한 격이 되었을 것이다.

하지만 아무리 이해하려 해도, 지끈지끈 골머리만 아플 따름이었다.

(시편 73:1-16, The Message, 시간이 있으면 다른 번역본으로도 읽어 보기 바란다.)

요점: 하나님의 원칙을 따라 산다고 해서 당신이 원하는 복이 보장되는 건 아니다. 이 세상에서는 자기를 위해 사는 것이 더 잘 통하는 것처럼 보인다. 시편 기자는 자기의 생각을 좀더 어린 그리스도인들에게 말할 경우 그들이 낙담할 수도 있음을 알고 있었다. 하지만 그는 하나님께 말씀드렸고, 성령께서는 시편 기자가 하나님께 말씀드린 것을 기록으로 남기게 함으로써 우리도 진솔하게 자신을 하나님께 내어놓을 수 있도록 배려하셨다. 시편 기자는 자신을 하나님께 내어놓으면 어떻게 되는지 알고 있었다—바로 지성소로 들어가게 된다는 것이었다. 그 지성소에서 그는 자기가 진정으로 원하는 것은 바로 하나님 자신임을 깨달았다. 시편 73편의 나머지 부분을 마저 읽으라.

🍃 **생각해 볼 질문** (제1일 하루 종일 곰곰이 생각해 보라)

지금 이 순간 내 생각과 감정은 어떠한가?
- 지금 이 사람과 대화를 나누는 순간
- 이 가게로 들어가고 있는 순간
- 텔레비전을 보고 있는 순간
- 기도하거나 성경을 읽고 있는 순간

🍃 **내어놓기의 사례** (제1일 저녁에 생각해 보고 일기장에 기록하라)

마크의 삶은 잘 나가고 있다. 사랑하는 아내와 멋진 세 자녀, 넉넉한 보수를 받는 근사한 영업직, 교회에서는 장로요 재능 있는 찬양 가수로 존경받고 있다.

그런데 목에서 작은 혹이 발견되었는데, 의사는 악성일 수도 있다고 한다. 마크는 하나님을 신뢰한다고 아내에게 말한다. 하나님의 손길 안에서 안전하다고 느낀다.

조직 검사를 하기 전날 밤, 그는 갑자기 공포가 몰려오는 것을 느끼며 잠에서 깼다. 하나님은 그의 직업이 영업이고 그에게 음악적 재능이 있음을, 그리고 그 두 역할 다 튼튼한 목소리가 필요함을 알고 계신다며 자위하려고 애쓴다. 하지만 그는 그 혹이 반드시 양성이 아닐 수도 있다는 사실을 갑자기 깨닫는다.

그는 자신을 하나님께 내어놓는다. "하나님, 당신이 제게 후두암을 허락하실 수도 있다는 사실을 전 납득할 수 없습니다. 다시 말을 할 수 있을지, 찬양을 할 수 있을지 아무런 보장이 없고, 그 사실이 무척 두렵습니다. 그리고 억울하다는 생각도 듭니다. 저는 일평생 당신을 충실하게 섬겼습니다. 정말 화도 나고 겁도 납니다. 도대체 어떻게 당신을 신뢰해야 할지 알 수 없습니다. 어려운 때일수록 당신을 더 잘 알 수 있다는 그런 말들이 지금은 죄다 공허하고 짜증스럽게 느껴집니다."

당신도 마크의 마음에 떠오른 생각처럼 2순위의 것들을 당연한 것으로 주장하고 있는지도 모르겠다. 아니면 힘든 시기에는 진정한 평안을, 편한 시기에는 겸허한 감사를 의식하고 있을 수도 있겠다.

아무것도 숨기지 말라.
아닌 척하지 말라.
무엇이든 사소하게 여기지 말라.
흉한 것을 그럴듯한 것으로 꾸미지 말라.
하나님께 완전히 솔직하라.

당신의 붉은 동그라미 지점에 서라.
당신의 있는 모습 그대로, 있는 지점 그대로를 인정하라.

- 글로써 자신을 하나님께 내어놓으라. 당신의 기도를 글로 써 보라.

제2일
당신이 하나님을 어떻게 생각하는지 예의주시하기

🌿 목적

당신에게 하나님은 어떤 분이신지(인생 경험에 근거해서), 그리고 하나님은 정말 어떤 분이신지(성경에 계시된 대로) 서로 비교해서 예의주시하라.

- 하나님에 대한 당신의 관점이 옳다고 전제하지 말라.
- 당신이 겪은 권위 있는 사람의 모습을, 특히 아버지의 모습을 하나님께 투영시키지 말라.
- 하나님에 대해 즐거운 것만 경험하려는 욕심에 **하나님**이라는 단어를 당의정처럼 써먹지 말라.
- 성경 속의 하나님이 하신 말씀 외에는, 귀에 들어오는 어떤 말도 믿지 말라.

성경 속의 하나님 앞에 서라.
당신은 무릎을 꿇고 엎드렸다가, 새 사람이 되어 일어날 것이다.

🌿 성경 본문 (제2일에 제일 먼저 읽으라)

대저 이는 패역한 백성이요 거짓말하는 자식들이요 여호와의 법을 듣기 싫어하는 자식이라. 그들이 선견자에게 이르기를 선견하지 말라 선지자에게 이르기를 우리에게 바른 것을 보이지 말라 부드러운 말을 하라 거짓된 것을 보이라 너희는 바른 길을 버리며 첩경에서 돌이키라 이스라엘의 거룩하신 이를 우리 앞에서 떠나시게 하라 하는도다(사 30:9-11).

웃시야 왕의 죽던 해에 내가 본즉 주께서 높이 들린 보좌에 앉으셨는데 그의 옷자락은 성전에 가득하였고 스랍들이 모시고 섰는데 각기 여섯 날개가 있어 그 둘로는 자기의 얼굴을 가리었고, 그 둘로는 자기의 발을 가리었고, 그 둘로는 날며 서로 불러 이르되, 거룩하다 거룩하다 거룩하다 만군의 여호와여 그의 영광이 온 땅에 충만하도다 하더라. 이같이 화답하는 자의 소리로 말미암아 문지방의 터가 요동하며 성전에 연기가 충만한지라(사 6:1-4).

요점: 2순위 것들을 애타게 원하는 열망 때문에 우리는 하나님을, 그런 것들이나 친절하게 공급해 주시는 분 정도로밖에 보지 못한다. 하나님을 접근이 불가능한 거룩하신 분으로 인식하기 전에는, 1순위의 생각 즉 우리 죄된 인간이 어떻게 그 거룩하신 하나님과 관계 맺을 수 있을까 하는 생각은 아예 할 수 없을 것이다.

이사야는 힘든 인생을 살았다. 그는 자기 문화권의 사람들이 듣고 싶어하지 않는 메시지를 전했다. 자신이 선포한 메시지와 자신의 삶에 충실할 수 있는 힘은 하나님을 진짜 그 모습대로 보는 것, 그 거룩한 분 앞에서 자신이 가장 먼저 해결해야 할 문제는 하나님과의 관계 정립임을 깨닫는 데서 나왔다. 즉, 자아에만 몰두하는 인간이 어떻게 하면 하나님께 몰두할 수 있을까 하는 문제였다. 이사야 6:5-8에 그 해답이 있다. 하나님이 베푸신 용서야말로 사람을 해방시켜 자기의 모든 것을 하나님께 내려놓게 한다는 것이다. 이 모든 것은 하나님이 누구신지를 정확히 아는 데서 시작된다.

🌱 생각해 볼 질문 (제2일 하루 종일 곰곰이 생각해 보라)

지금 현재 나는 하나님을 어떤 분으로 생각하는가?
- 나를 축복해 달라고 하나님께 간구하는 순간
- 시험을 당하는 순간
- 교회에 앉아 있는 순간

• 친구와 논쟁을 하는 순간

예의주시하기의 사례 (제2일 저녁에 생각해 보고 일기장에 기록하라)

브렌다는 하나님과의 관계에 대해 오랫동안 갈등했다. 브렌다가 열세 살 때 아버지가 집을 나가셨는데, 아버지가 그녀를 성추행하는 걸 어머니가 현장에서 목격한 직후였다. 브렌다의 첫 남편은 습관적으로 인터넷에서 음란물을 보았고, 성관계를 가지려고 그녀에게 접근한 적은 전혀 없었다.

그와 이혼한 뒤, 브렌다는 교회에 다니기 시작했고 그리스도를 믿게 되었다. 근사한 남자를 만나 결혼도 하고 상담 학위도 따고 학대와 이혼을 겪은 여성들을 대상으로 사역도 시작하였다. 그녀는 여전히 우울증과 악몽에 시달렸지만, 하나님이 그녀의 삶 속에서 행하신 일에 마음 깊이 감사드렸다.

그러던 차에 남편(당시 교회 집사)이 간음죄를 고백했고, 진심으로 회개하였다. 남편이 그런 고백을 한 지 4개월 후에는, 열일곱 살 난 딸이 임신 사실을 밝혔다. 교회는 이미 남편에게 사임을 종용한 상태였고, 이제 브렌다는 여성 사역을 그만두라는 요청을 받았다. 그녀는 교회에서 직원으로 그 사역을 했었다.

이제 브렌다는 자기가 하나님을 어떤 분으로 생각하고 있는지 예의주시한다. "하나님, 지금까지 저는 당신을 신뢰했고, 지금도 신뢰합니다. 하지만 이런 일들을 당하고 보니 정말 놀랄 뿐입니다. 교회에서 쫓겨난다는 느낌, 교회에서 아무도 저를 원치 않는다는 느낌이 남편의 외도나 딸애의 임신보다도 더 고통스럽습니다.

저는 당신을 맘씨 좋은 할아버지와 자동판매기가 반반 섞인 분으로 생각했던 것 같습니다. 그렇지 않았다면 요즘 일어난 일들에 그렇게까지 놀라지는 않았겠지요. 이제 저는 당신의 진정한 모습 그대로를 보고 싶습니다. 저에게 진 빚이 아무것도 없고, 다만 천국을 주신 거룩하신 하나님의 모습 말입니다. 제게 계속 믿음을 주실 나의 파파, 자신의 아들을 사랑하듯 나를 사랑하시는 나의 파파인 당신을 보고 싶습니다.

입에서 검이 나오는 당신의 아들 앞에 나아간다는 것이 그리 유쾌해 보이진 않지만, 그래도 그렇게 하고 싶습니다. 아무리 마음이 아프더라도, 당신의 빛이 내 마음을 비춘다는 사실을 깨닫고 싶습니다."

하나님에 대한 당신의 이미지는 왜곡되어 있다. 그 사실을 전제하라. 누구나 그렇다. 하지만 당신은 하나님의 진정한 모습을 알고 싶어한다. 그것도 전제하라. 그분의 성령이 당신 안에 계시며, 당신의 파파를 당신에게 너무나 드러내 보이고 싶어하신다. 그분이 얼마나 위대한 분이신지 성령은 알고 계신다.

- 하나님에 대한 당신의 시각이 옳다고 전제하지 말라.
- 당신이 겪은 권위 있는 사람에 대한 경험이 하나님에 대한 시각에 영향을 끼쳤다는 사실을 인식하라.
- 하나님은 언제나 당신의 비위를 맞춰 주셔야 하는 분이라고 생각하는 경향이 있는데, 그런 경향은 어디서 비롯된 것인지 생각해 보라.
- 하나님에 대한 당신의 느낌―그리고 하나님에 관해서 들은 내용―을 항상 성경에 비추어 점검하라.

성경 속의 하나님 앞에 서라.
당신은 무릎을 꿇고 엎드렸다가, 새 사람이 되어 일어설 것이다.

- 글로써 하나님의 모습을 예의주시하라. 당신의 기도를 적어 보라.

제3일 하나님과의 관계를 가로막는 것은 무엇이든 쏟아놓기

🍃 **목적**

하나님과 당신 사이의 친밀감을 가로막는 것은 무엇이든 쏟아놓기. 당신의 동기를 더럽히는 강박증을 성령께서 드러내시고자 할 때, 핑계나 변명 없이 인정하기.

- 무작정 좋은 사람이 되려고 애쓰지 말라. 더 잘 하겠노라고 마냥 약속하지 말라.
- 다른 사람의 결점을 흉보지 말라. 그에 버금가거나 더 심각한 당신의 결점을 먼저 보라.
- 당신의 자아 몰두성을 그럴듯한 실수 정도로 넘기려 하지 말라.
- 당신이 옳다고 믿는 것은 당연히 거룩한 것이라고 단정하지 말라.

거룩함 앞에 벌거벗고 서라.
당신의 죄를 많이 발견하면 할수록
하나님의 은혜에 더욱 놀라게 될 것이다.

🍃 **성경 본문** (제3일에 제일 먼저 읽으라)

오 하나님, 제 삶을 두루 감찰해 주옵소서. 저에 관한 모든 것을 찾아내 주옵소서.
　저를 통찰하시고, 제가 지금 어떤 상태인지 분명히 보여 주옵소서.

제가 잘못한 게 없는지 당신이 직접 살펴 주시고,

저를 영원한 생명의 길로 인도하여 주소서(시 139:23-24, *The Message*).

요점: 누구든 겸손하지 않으면 진정으로 그리스도처럼 될 수 없다. 겸손이란 좋지 않은 자아상이나 자신감 없는 성격이 아니라, 하나님의 능력을 경험하고 싶어서 자신에게 무엇이 잘못되었는지를 기꺼이 알고자 하는 마음이다. 이미 우리를 하나님의 임재 앞에 설 수 있는 존재로 만들어 주신 하나님의 능력을 경험하고 싶어서 말이다.

위의 시편을 쓴 다윗도 불완전한 사람이었다. 그도 우리와 마찬가지로 자신의 결점을 보고 싶어하지 않았다. 그래서 간음과 살인을 저질렀을 때 그것을 숨기려 했다. 하지만 경건한 친구 나단이 그를 추궁하자 그는 자기 죄를 시인했다. 더 나아가서 그런 죄된 행동은 자신의 죄된 마음에 뿌리를 두고 있음을 인정했다. 행동의 변화가 전부가 아니다. 상한 마음을 부여안고 반드시 회개로 나아가야 한다(시 51편을 읽으라.)

🍃 생각해 볼 질문 (제3일 하루 종일 스스로에게 물어 보라)

나는 내 자신에게 얼마나 몰두해 있는가(내 필요, 내 감정, 내 유익 등) 지금 현재…

- 낙담하며 고민하는 순간
- 배우자나 친구와의 갈등을 다루는 순간
- 앞으로 일어날 일에 대해 불안해지는 순간
- 교회에 대해 환멸과 지겨움이 느껴지는 순간

쏟아놓기의 사례 (제3일 저녁에 생각해 보고 일기장에 기록하라)

카일은 그리스도인 리더다. 하나님은 많은 사람들을 격려하고 축복하는 일에 오랫동안 그를 사용하셨다. 하지만 카일은 심각한 불안에 시달리고 있다. 자신도 그걸 알고 믿을 만한 친구에게 털어놓기도 했지만, 더 이상 깊이 생각하지는 않으려 한다. 그는 사역 면에서 성공적이고 존경도 상당히 받고 있기 때문에, 그런 불안감이 그렇게 큰 문제는 아니라고 확신했다.

그의 아내인 에밀리도 마찬가지였다. 결혼한 지 상당한 세월이 지난 지금, 그녀는 남편에 대해 안심하지 못한다. 그리고 다음에 또 사역에서 갈등이 발생하면 남편은 벼랑 끝에 서거나 아니면 다른 사람들에게 거부당하게 될 거라며 끊임없이 걱정한다. 자신이 그러는 것도 인정한다. 그녀의 스물 두 살 난 아들도 아버지가 약한 남자로 보이며, 친절하고 긍정적이긴 하지만 아들과의 관계에서 힘든 부분은 피하고 싶어한다는 말을 여러 번 했다. 그녀는 아들이 한 그 말을 남편에게도 전했다. 그 말이 카일의 마음을 괴롭혔다.

카일은 하나님 앞에 이렇게 쏟아놓는다. "하나님, 저는 일평생 거절에 대한 두려움을 느끼며 살았습니다. 하지만 사람들의 인정을 받는 방법을 나름대로 찾아냈고, 거절당할까 봐 얼마나 제 자신을 다부지게 보호하려 했는지 보지 않으려 했습니다.

하나님, 저는 아무도 저를 좋아하거나 존중할 수 없는 작은 소년에 불과하다고 늘 느꼈습니다. 그리고 영향력 있는 사람들에게서 존경을 받는 것이 저의 1순위가 되었습니다. 제 안에서 벌어지고 있는 일들이 정말 그런 것들인가요? 제가 지금 보지 못하고 있는 게 무엇인가요, 하나님? 제가 당신보다 소중히 여기는 것이 있다면 그게 무엇인지 지금 이 시간 알고 싶습니다. 그리고 저의 끔찍스런 고집 때문에 제가 가장 사랑하는 사람들의 마음을 얼마나 어루만져 주지 못했는지도 알고 싶습니다."

어떤 면에서, 자신이 다른 사람에게 큰 영향력을 끼치지 못하는 능력 없는 남자라는 두려움, 또는 자신이 남들의 눈길을 끌거나 기쁨의 대상이 못 되는 보잘것없는 여성이라는 두려움은 우리가 사람들과 관계를 맺는 방식에 영향을 준다. 당신은 하나님을 기쁘시게 하고 그분의 가치를 누리며, 남들이 당신을 어떻게 생각하건 하나님의 생명을 통해 그들에게 다가가기보다는, 남들의 사랑과 인정이 주는 만족감에 더 큰 의미를 부여하고 있다.

- 자기 개발 프로그램 같은 건 다 잊어버리라.
- 남들이 당신한테 끌리지 않는 이유는 그들이 불안정하고 속이 좁아서라고 스스로를 납득시키려 하지 말라.
- 당신의 개인적, 관계적 갈등 저변에 있는 부패한 자기 중심성을 깨달으라. 자신은 희생자이고, 따라서 이해받아야 할 대상이라고 생각하지 말라.
- 당신의 가장 뜨거운 열정, 심지어는 '경건한 열정'조차도 성령(하나님께 몰두하게 하시는 분)보다는 당신의 육체(자아에 몰두하는 에너지)에 기인한 것일 수 있음을 명심하라.

거룩함 앞에 벌거벗고 서라.
당신의 죄를 많이 발견하면 할수록
하나님의 은혜에 더욱 놀라게 될 것이다.

- 글로써 당신의 마음을 하나님께 쏟아놓으라. 당신의 기도를 적어 보라.

제4일

하나님을 인생의 1순위로 여기고 나아가기

🍂 목적

하나님이 당신에게 주시고자 하는 것은 당신 역시 가장 원하는 것이라는 확신으로 하나님께 나아가라.

- 하나님한테서 아무런 반응이 느껴지지 않더라도 물러서지 말라.
- 하나님과 협상하지 말라. 당신이 내보일 만한 것은 하나님의 부단하고 온유한 사랑, 그리고 하나님이 주시는 걸 받겠다는 열망뿐이다.
- 하나님한테 아무것도 요구하지 말고 관계의 선물만을 기대하라.
- 하나님이 당신에게 무엇을 주실지를 자신의 열망에 근거해서 기대하기 말라.

사랑받는 자녀로서 하나님 앞에 서라.
하나님의 최선을 받기 전에 먼저 그분의 사랑 안에서 쉬라.

🍂 성경 본문 (제4일에 제일 먼저 읽으라)

내가 그들의 못된 버릇을 고쳐 주리라. 그들을 끔찍이 사랑하리라. 내 분노는 사그러들었다.

이스라엘과 다시 신선하게 출발하리라. 그들은 봄날의 크로커스처럼 활짝 피어나리라.

그는 떡갈나무처럼 뿌리를 박고 자라 큰 숲을 이룰 것이다!

메타세쿼이아 나무처럼 찬란하고 향나무처럼 향기로우리라!

그와 가까이 사는 사람은 그 덕택에 복을 받으리니, 황금 알곡처럼 복을 받고 형통할 것이다.

모두가 그들에 대해 이야기꽃을 피울 것이며 하나님의 금지옥엽 같은 그들의 명성을 널리 퍼뜨리리라.

에브라임은 신이 아닌 것들을 신으로 섬기던 행동을 그만두었다. 이제부터는 내가 그에게 응답하고 그를 만족시킬 것이다.

나는 주렁주렁 열매 맺힌 과일 나무와도 같다. 네게 필요한 모든 것이 나에게 있다.

네가 잘 살고 싶으면, 이 모든 일들을 깨달아 알지어다.

네가 무엇이 네게 유익한지를 안다면, 온몸 바쳐 이것을 배우리라.

하나님의 길은 네가 원하는 곳으로 너를 데려다 준다. 바르게 사는 사람들은 그 길을 쉽게 가지만, 잘못 사는 사람들은 항상 발이 걸려 비틀거린다(호 14:4-9, *The Message*).

요점: 당신이 경험하고 누려 마땅한 모든 것이 하나님 안에 있다. 하나님을 아는 것이 당신의 생명이요 지고의 기쁨이다. 당신은 그 사실을 믿을 수도 있고 믿지 않을 수도 있다. 믿으면 마침내 진정한 생명을 경험하고 누릴 것이다. 보장한다. 안 믿으면 잘 해 봤자 가짜 생명을 경험하고 누리겠지만, 그것도 한때일 뿐이다.

이 놀라운 약속은 하나님이 회개하는 사람들에게 주시는 것이다. 회개가 무슨 의미인지 명확히 알고 싶다면, 호세아 14:1-3을 읽으라. (가짜 회개가 어떤 것인지를 보려면 호 6:1-3을 읽으라. 사람들은 용서가 아니라 자기 만족에만 관심이 있다.) 당신이 진솔하게 자신을 하나님께 내어놓을 때만, 하나님이 누구신지 예의주시할 때만, 그리고 자신의 자아 몰두성을 쏟아놓을 때만, 당신은 하나님 앞에 겸손히 나아가 모든 선물 가운데 가장 큰 선물—하나님을 파파로 알고 관계 맺는 선물을 감사함으로 받을 것이다!

🌿 **생각해 볼 문제** (제4일 하루 종일 곰곰이 생각해 보라)

아래와 같은 순간에 내가 가장 갈망하는 것은 무엇인가?
- 가족이나 친구들과 좋은 시간을 보내는 순간
- 의사의 검진 결과를 기다리는 순간
- 동료들이 나를 비난하는 순간
- 좀더 나은 직장을 찾고 있는 순간

🌿 **나아가기의 사례** (제4일 저녁에 생각해 보고 일기장에 기록하라)

사라는 여든넷의 나이로, 실버 타운에서 도우미의 도움을 받으며 살고 있다. 그녀의 외동딸은 이혼한 데다가 자식도 없고, 어머니 그리고 주님과 멀리 떨어져 살고 있다.

그녀는 너무도 외롭다. 자신의 작은 방에서 매일 밤마다 운다. 하나님께 마음을 쏟아놓는다. 그리고 그녀와 함께 계시며 진정 최고의 삶이 그녀를 기다리고 있다고 약속해 주시는 하나님을 뵙는다. 그리고 다른 노인들과 함께 저녁 식사를 하면서 짜증을 내고 참지 못했던 자신의 모습에 넌더리가 난다.

그녀가 하나님께 나아간다. "하나님, 당신은 나의 파파이시며, 저와 함께하심을 알고 있습니다. 하지만 전 정말 힘듭니다. 상상했던 것보다 훨씬 더 힘듭니다. 그러나 예수님이 지금 이 순간 당신과 함께 계시고, 제가 예수님 안에 있기에, 저 역시 당신과 함께 있음을 압니다.

그리고 예수님이 저를 위해 기도하고 계시다는 것, 그 기도를 당신이 한 마디도 흘리지 않고 다 듣고 계시다는 것도 압니다. 어떤 기도들은 제 마음을 그대로 전해 줍니다. 그래서 제가 당신께 나아갑니다. 제가 흘리는 눈물과 제 마음의 고통을 다 아심을 믿고 나아갑니다.

제가 나아갑니다. 제가 나아갑니다, 파파. 저를 속히 본향으로 데려가 주시기를 바라는 마음으로 나아갑니다. 하지만 그 날이 올 때까지는, 제가 오를 수 없는 높은 산들을 낮추시어 당신의 팔로 나를 감싸는 것을 느끼고자 나아갑니다. 하지만 당신의 팔을 느낄 수 없을 때라도 당신께 나아가렵니다. 내가 선하신 하나님의 품안에 있음을 믿을 수 있는 믿음과, 계속 삶을 지탱할 수 있는 소망, 그리고 이 노인들에게 당신을 드러내 보여 줄 사랑을 주실 줄 믿고 나아갑니다. 파파, 감사합니다. 당신이 제게 그 모든 것을, 생명을 주실 줄 믿습니다. 당신을 사랑합니다."

우리 형편은 사라 할머니와는 다를 것이다. 물론 같은 사람도 몇몇 있겠지만. 그러나 우리도 언젠가는 사라 할머니가 겪은 일을 겪게 될 것이다.

- 우리 중에 본향에 당도한 사람은 아무도 없다. 우리는 도저히 만족시킬 수 없는 갈망을 품고 산다. 그러므로 만족을 위해 사는 삶을 중단하라. 편안함을 추구하는 삶을 포기하라. 세상의 고장난 물탱크를 지나 생수 되신 하나님께 나아오라.
- 하나님이 너무나 주고 싶어하시는 그것을 받으러 나아오라. 1순위인 최고의 것, 바로 하나님과의 관계로 나아오라. 당신에게 허락된 2순위의 것들은 기쁘게 누리라. 그리고 그것을 주신 하나님께 감사하라. 하지만 절대로 그것이 생명인 줄 착각하지 말기 바란다.
- 하나님이 없는 것 같을 때에도 그분께 나아가라.
- 이렇게 해주시면 어떻게 하겠다는 조건 제시는 그만 하라. 하나님과 흥정하지 말라.
- 당신이 하나님한테 공평한 대우를 요구하는 한, 절대로 하나님의 얼굴을 보지 못할 것이다. 당신이 2순위의 것들을 위해 사는 한, 하나님을 정말 제대로 알지는 못할 것이다.
- 하나님을 알고자 하는 갈망 외의 다른 갈망은 믿지 마라.

사랑받는 자녀로서 하나님 앞에 서라.
하나님의 최선을 받기 전에 먼저 그분의 사랑 안에서 쉬라.

- 글을 쓰며 하나님께 나아가라. 당신의 기도를 글로 써 보라.

이것이 '4일 동안 파파 기도 배우기'다. 이 과정은 원하는 만큼, 또 필요한 만큼 반복해도 좋다. 필요하다면 목적에 어긋나지 않고 유익한 선에서 수정을 해도 상관없다. 파파 기도를 통해 하나님과 좀더 가까워진 좋은 경험은 물론 힘들었던 점들도 다른 사람들과 나누면 좋을 것이다.

이 안내서를 따라 해 보라. 파파 기도를 배워 보라. 그러면 당신의 아버지의 음성을 발견할 것이며, 당신의 영혼 속에서 하나님의 생명을 발견할 것이다.

남성과 여성에게 주는 최고의 말

여성들에게

당신은 자신이 어린 소녀라고 생각하고 싶지 않을 것이다. 여성을 너무 비하시키는 게 아닌가. 남성우월석이다. 당신은 성인이요 남성과 동등한 가치를 지닌 여성이 아닌가.

물론 그렇다. 하지만 당신은 진정한 파파의 품에 안겨 기쁨의 대상이 되기를, 여성된 당신의 영혼 깊은 곳에서부터 갈망하고 있다. 당신은 상처받기 쉬운 연약한 존재이며, 이미 그 사실을 알고 있다. 편히 쉴 만한 든든한 사랑이 없을 때, 당신은 방어적인 삶을 살게 된다.

당신이 자신의 실상인 어린 소녀로서 자신을 진정한 파파께 내어드리기 전에는, 누구나 하나님 앞에 그러하듯이 의존적이고 무력하고 상처받기 쉬운 연약한 어린아이로 자신을 내어드리기 전에는, 하나님이 사랑으로 만드신 당신의 모습대로, 온전하고 안전하고 재능 있고 유능하고 아름다운 여성으로서 다른 사람들과 관계 맺지 못할 것이다.

파파 기도를 통해, 당신의 그 절대절명의 연약함을 부끄러움이나 두려움 없이 온전히 받아들이라. 파파의 사랑이 없으면 자신은 텅빈 껍질에 불과하며, 적극적인 대인 관계나 교묘한 수줍음으로 두려움을 감추는 '가면을 쓴 존재'(imposter: 일종의 정체성 위기로서, 회사의 중역이나, 의사, 변호사 등 사회적으로 존경받는 위치에 있으면서도, 그것은 자신의 참 모습이 아니며 언젠가는 가면이 벗겨질 것이라는 망상으로 괴로워하는 사람—역주)라는 것을, 당신은 영혼 속 깊이 알고 있다.

당신은 공포 속에서 살고 있다. 자신의 내막을 드러냈다가는 파멸하고 말 것이다. 아무도 당신을 원치 않을 것이다. 당신은 자신의 유약함, 의존성, 결핍을 싫어한다. 그것들은 당신을 너무도 두렵게 만든다. 하지만 당신이 정말로 싫어하는 것은 의존적인 하나님의 딸이라는 피할 수 없는 신분이다.

당신이 자신을 종교로 포장한 채 하나님 앞에 벌거벗을 수 없는 것도 그런 이유 때문이다. 하지만 당신이 하나님 앞에 벌거벗기 전에는, 당신이 이미 하나님의 능력과 하나님의 아름다우심과 하나님의 견고함으로 옷입었다는 사실을 깨닫지 못할 것이다.

어린 소녀들은 어른이 되면 그런 의존성을 극복할 수 있으리라고 생각한다. 의존성을 벗어버리고 자기의 능력으로 독립할 수 있다고 생각한다. 그래서 그들은 자신을 보호하고 증명하며, 어린 시절 스스로에게 한 약속—다시는 상처받지 않겠다는 약속—을 지키려고 살아간다.

하지만 그런 전략 때문에 당신은 결국 자신을 사랑하지 못하게 된다. 당신이 하나님 앞에 원래 그러하듯이, 남들이 아니라 하나님께 의존적인 자녀로 나아가지 않는 한, 당신을 진정으로 성숙시켜 줄 수 있는 유일한 존재인 그분께 나아가지 않는 한, 당신은 원래 지음받은 모습대로 결코 위협적이지 않고 요구하지 않고 이기적이지 않은 여성이 될 수 없다.

그러니 이제 나아오라. 하나님께 어린 소녀로 나아갈 때 다른 이들에게 온전한 여성으로 나아갈 수 있다.

사람들에게 어린 소녀처럼 나아가지 말라. 그건 당신을 비하시키고 사람들을 조작하는 행동이다. 그리고 다른 사람들에게 나아갈 때, 당신은 좀더 나은 대우를 받을 권리가 있다고 생각하지 말라. 자신의 능력으로 인정받고 자신의 가치로 사랑받을 만한 여성이라고 생각하며 나아가지 말라. 당신의 모습 그대로 먼저 하나님 앞에 나아가라. 두렵고 외롭고 철저히 의존적인 존재로서 말이다.

당신의 최악의 두려움, 가장 깊은 상처, 끔찍한 의존성을 낭연하게 받아들이라. 그것에 대해 하나님과 솔직하게, 주저하지 말고, 매일 대화하라. 그것을 의식할 때마다 그렇게 하라. 이것이 바로 내어놓는 기도이며, 그렇게 하려면 당신 편에서 말을 많이 해야 한다. 하나님의 말씀만 들으려 하지 말라. 자신의 상태를 하나님께 말씀드리면서 대화를 나누라.

그러고 나서 당신이 말하는 대상이 어떤 분인지 생각해 보라. 그분은 하나님, 예수님 안에서 자신을 드러내신 하나님이다. 영화된 몸으로 내려오사 떨고 있는 그분의 종, 밧모의 요한에게 손을 얹으시며 "두려워 말라. 일어나라"고 말씀하신 그 하나님이다.

그게 바로 당신에게 하시려는 하나님의 말씀이다. 당신은 [하나님의 이미지를] 예의주시하는 기도를 하는 중에 그 음성을 들을 것이다. 이제 일어서라. 당신은 온전한 여성이다. 하지만 하나님의 어루만짐을 느끼기까지는 자신이 어린 소녀라는 것밖에 느끼지 못할 것이다. 그 어루만짐을 느낄 때, 당신은 논란의 여지가 없는 존엄성과, 어떤 남자도 완전히 드러낼 수 없는 하나님의 일면을 드러내는 여성적 능력을 지닌 존재로 살아갈 것이다.

당신의 아버지가 당신을 진정한 여성성으로 부르시는 음성을 들을 때, 당신은 자신의 의존성을 어떻게 공격성과 통제 속에 혹은 수줍음과 뒷걸음질 속에 감추었는지를 인식하게 될 것이다. 당신이 얼마나 스스로를 보호하고, 하나님으로는 충분치 않다고 얼마나 고집스럽게 하나님께 말씀드리고, 얼마나 자신의 안녕을 스스로 책임지려 했는지를 보게 될 것이다.

이름을 무엇으로 갖다붙이든 그것은 다 죄다. 당신은 두려움을 잠재우고, 고통을 무디게 하고, 스스로 용납받고 있다는 느낌으로 살고자 한다. 온통 자신에 대한 것뿐이다. 그 죄를 파파께 고백하라. 그분은 이미 당신을 용서하셨다. 이미 빙그레 미소짓고 계신다. 이미 흥얼흥얼 노래 부르고 계신다. 당신이 쏟아놓는 기도를 할 때, 그 미소가 보이고 그 노랫소리가 들릴 것이다.

그러고 나면 당신은 나아가는 기도를 통해 하나님께 다가가기 원할 것이다. 탕자처럼 그분께 달려가고, 당신이 고대하던 온전한 여성이 되고 싶어 그분을 의지할 것이다. "하나님, 저는 통제 가능한 삶 뒤에 저의 철저한 의존성을 숨기고 살아왔습니다. 무력한 어린 소녀라는 느낌을 다시는 느끼지 않으려고 무진 애를 썼습니다.

하지만 그게 저의 참 모습입니다. 그것을 인정하고 당신께 나아오는 것이 제게 구원입니다. 그래서 이렇게 나아옵니다. 상처받기 쉬운 당신의 딸로서, 겁 많고 유약하고 죄된 딸로서 당신께 나아옵니다. 제 자신에만 온통 몰두했던 것, 제가 가진 것으로 인생을 운영하려 했던 저를 용서해 주시옵소서. 그리고 저를 두려움과 무력감의 감옥에서 해방시키어 하나님의 딸로서 자유케 해주실 줄 믿습니다."

파파 기도를 생활 방식으로 삼으라. 하나님과의 일상적인 대화로 삼으라. 어린 소녀로서 파파 앞에 나아오라. 그럴 때에 당신은 진정한 여성으로, 흠 없는 아름다움과 강인한 용기를 지닌 여성으로서 다른 이들에게 나아갈 수 있다.

남성들에게

인정하기 어렵지만, 때로는 감지하기조차 어렵지만, 당신의 마음 깊은 곳에서, 폴로 티셔츠와 고급 승용차, 화려한 경력과 점잖은 매너, 지적인 대화와 수많은 신앙적 대화 저변에서 당신은 스스로 작은 소년이라고 느낄 것이다.

어떤 의사가 내게 이렇게 말한 적이 있다. "병원에서 하얀 의사 가운을 벗고 집으로 차를 몰고 갈 때면, 저는 완전히 다른 사람이 되어 버립니다. 현관문을 향해 걸어갈 때는 마치 자궁 속의 태아 같은 느낌이예요.

아무것도 하기 싫고, 아무에게도 신경 쓰고 싶지 않아져요. 나를 돌봐 줄 사람만 원할 뿐이죠. 너무 가련해요. 그래서 제가 그렇게 늦게까지 잠도 자지 않고 컴퓨터로 음란물을 보는 건가요?"

한 직장인은 이렇게 말했다. "저는 때로 10억이 왔다갔다 하는 협상 테이블의 최고 책임자를 맡곤 해요. 저는 밀어붙일 줄도 알고, 늘 만반의 준비를 갖추고 있으며, 관계를 잘 풀어 간다고들 해요. 일처리를 잘하죠. 하지만 때로는 화장실로 달려가 마음을 다잡고 나와야 한다는 건 아무도 몰라요. 저는 가면을 쓴 존재, 어른 양복을 입은 작은 소년처럼 느껴져요. 제가 정말로 원하는 것은 누가 나를 좋아해 주고 인정해 주는 것이죠. 그런 느낌이 정말 싫어요. 너무 유약하잖아요."

솔직해 보자. 마음 깊은 곳에서 당신은 때로 겁도 나고 외롭다. 초등학교 시절에 그랬듯이 말이다. 그리고 지금도 여전히 느끼듯이, 어린 소년으로서 당신의 진정한 파파께 자신을 내어놓지 않는 한, 당신은 온전하고 겁 없고 유일하고 영향력 있는 남자로서 남들과 관계 맺지 못할 것이다. 이미 하나님의 용납은 당신을 그렇게 만드셨는데도 말이다.

파파 기도를 통해, 당신 내면에 오랫동안 숨어 있던 그 어린 소년을, 창피함이나 두려움 없이 받아들이라. 파파의 기쁨과 존중을 체험하는 것만이 당신이 진정한 남성이 될 수 있는 유일한 희망이다. 그것이 없다면 당신은 그저 가게 쇼윈도에 서 있는 마네킹, 건장하고 잘 차려 입었으나 생명은 없는 마네킹에 불과하다.

하지만 당신은 두렵다. 나도 마찬가지다. 당신이 정말로 얼마나 두려워하고 있는지를 인정해 버리면, 아무도 당신 옆에 오지 않을 것이다.

당신을 유약하고 불쌍하고 애처롭게만 바라볼 것이다. 그리고 사람들은 당신한테서 멀어지거나 아니면 안됐다는 듯한 동정심으로 다가올 것이고, 그것은 상황을 더 악화시키기만 할 뿐이다.

하지만 하나님은 다르게 대하신다. 그러니 하나님께 나아오라. 당신이 만나는 모든 사람들에게 당신의 불안감을 전시하지 말라. 그렇다고 숨기지도 말라.

아마 지금까지 당신은 그렇게 했을 것이다. 자신의 결핍감이 싫어서 거친 남성적 대화로 그것을 가렸을 것이다. K리그에서 어느 팀이 우승할 것인지, 왜 장로교를 선택했는지, 왜 현 정권은 그렇게 무능한지 또는 유능한지에 대한 대화들로 말이다. 또는 부드러운 행동과 감정 표현으로 (있지도 않은) 자신의 여성적인 면에 접근하려 할 것이다. 이 모든 게 시간 낭비다.

당신이 온갖 유약함 속에서 하나님께 나아오지 않은 한, 당신이 선을 행할 능력이나 심지어 선한 존재가 될 가능성이 전혀 없음을 인정하고 하나님께 나아오지 않는 한, 당신은 진정한 남성으로서 다른 사람에게 나아갈 수 없을 것이다.

우리는 자신의 부족함을 감춘다. 그것은 수치스럽고 비정상적이며 좀더 '총체적인' 남성의 모습이 아니라고 생각하기 때문이다. 하지만 진실은 정반대에 있다. 남성성이란 자신의 결핍을 정복하는 것이 아니라, 그 결핍을 인정하고 하나님께 들고 나오는 것이다. 남들이 자기를 보살펴주기를 바라며 시시콜콜 전시하는 것이 아니다.

우리가 범하는 실수가 바로 이 두 가지다. 우리의 '어린 소년'의 두려움을 남성적이고 성숙하다고 생각하는 것들 뒤에 숨기거나, 아니면 누군가가 와서 우리를 돌봐주기를 바라는 마음으로 우리의 결핍을 마구 드러낸다. 첫 번째 실수를 범하는 남성들을 우리 문화에서는 진짜 남자라고 생각한다. 두 번째 실수를 범하는 남성들은 약골 또는 여자 같다는 딱지가 붙는다.

파파 기도는 당신의 최악의 실패, 기괴한 성적 공상, 깊은 부족감 등을 하나님의 임재 안에서 받아들일 수 있는 기회를 준다. 거기서 시작하라. 그것이 바로 내어놓는 기도다.

하나님께 말씀드리라. 새벽 네 시에 진땀을 흘리며 잠이 깨어 그 많은 청구서를 어떻게 해결할지 걱정에 휩싸일 때, 당신 마음속에 어떤 생각이 돌아가고 있는지 말씀드리라. 당신의 두려움, 수치심, 쓰린 마음을 표현하라. 그 모든 걸 하나님께 쏟아놓으라. 당신에게 없는 것을 필요로 하는 어린 소년이 되어라. 당신의 진정한 의존성을 기꺼이 받아들이라. 당신이 열 살 때 한밤중에 울고 있을 때, 당신의 아빠는 오시지 않았다. 지금 다시 울라. 하늘의 파파가 와 주실 것이다.

그리고 나서 당신이 말씀드리고 있는 분이 누구인지를 그려 보라. 그분은 하나님이시다. 당신의 진짜 파파시다. 1순위의 것을 항상 첫 번째 자리에 놓으시며, 당신도 그렇게 할 수 있도록 도와주실 분이시다. 비록 당신이 파산할지라도 또는 도덕적 실패를 고백할지라도 그분은 당신을 자기의 사람으로 부르신다. 그분은 떨고 있는 밧모 섬의 요한에게 손을 대셨듯이, 당신의 어깨에도 손을 얹으신다. 그리고 당신에게 말씀하신다. 잘 나가는 직장인이나 존경받는 목사로서가 아니라 남성으로서, 하나님 나라를 앞당기는 일을 유일한 우선 순위로 삼고 자기의 세상을 살아나가는 남성으로서 일어서라고 당신에게 말씀하신다. 그것이 바로 예의주시하는 기도다.

성령께서는 당신이 어떻게 가치의 우선 순위들을 뒤바꾸어 버렸는지, 어떻게 2순위의 것들을 첫 자리에 놓았는지를 명확히 보여 주실 것이다. 또한 당신이 어떻게 하나님에 대한 믿음을 아내에게 드러내는 것보다 청구서 대금 결제를 더 중요하게 여겼는지, 어떻게 "잘 했다. 충성된 종아"라는 하나님의 말씀을 듣는 것보다 다른 사람들의 존경을 받는 게 더 만족스럽다고 생각하고 살았는지를 보여 주실 것이다.

그것들이 죄라는 것을 하나님 앞에서 인정하라. 그것이 바로 쏟아놓는 기도다. 당신은 무력함 속으로 더 깊이 빠져들 것이다. 마치 자신이 걸음마쟁이도 못 되는 갓난아기처럼 느껴질 것이다. 그래서 당신이 할 수 있는 일은 의존밖에 없다.

그러고 나면 당신은 나아가는 기도를 통해 하나님께 나아갈 것이다. 그리고 하나님 없이는 진정으로 가치 있는 일들을 전혀 할 수 없다는 사실(요 15:5)을 어느 때보다도 더욱 깊이 확신하게 될 것이다. 당신은 그럴싸한 행동도 했다가, 화도 났다가, 농담 따먹기도 할 수 있지만, 사랑할 능력은 없다. 단 하나의 목적 즉 하나님을 기쁘시게 하고 다른 사람들에게 하나님을 드러낸다는 목적만을 가지고 관계 속으로 상황 속으로 용기 있게 들어갈 능력은 없다.

그래서 파파가 끌어안아 주기를 갈망하는 탕자의 마음으로 나아갈 것이다. 파파가 여전히 당신을 반가이 맞아 주시기를, 파파가 당신을 좋아하시고 그분의 아들이라는 사실을 기뻐하며 즐거워서 전율하실 것을 감히 기대하면서 말이다.

"하나님, 제가 나아옵니다. 유약하고, 짐에 눌리고, 잘못만 저질렀지만, 그래도 당신께 나아옵니다. 무력한 당신의 아들로서, 아빠와 너무나 함께 있고 싶은 작은 소년으로 당신 앞에 나아옵니다. 늘 그 자리에 계시고, 내가 남성으로 살아가는 데 꼭 필요한 지혜와 능력과 모든 자원을 갖고 계신 나의 파파께 나아옵니다. 나에게는 그런 자원이 없습니다. 당신 말고 온갖 다른 것을 의지했던 저를, 당신 없이도 인생을 꾸려 갈 수 있다고 생각했던 저를 용서해 주시옵소서. 이제 당신을 의지합니다. 그리고 저를 두려움과 무력감의 감옥에서 해방시켜 하나님의 아들로 자유케 해주실 줄 믿습니다."

파파 기도를 생활 방식으로 삼으라. 하나님과의 일상적인 대화로 삼으라. 어린 소년으로 파파 앞에 나아오라. 그럴 때 당신은 진정한 남성으로서, 타협없는 정직함과 타오르는 추진력을 지닌 남성으로서 다른 이들에게 나아갈 수 있다.

저자 후기

역사상 오늘날만큼 관계형 기도를 배우는 일이 중요한 시대는 없었다. 서구 기독교 내에서 그렇게 된 이유는 세 가지로 말할 수 있다.

첫째로, 기록적인 수에 달하는 그리스도인들이 세상을 좇아 살면서 자신은 그리스도인다운 삶을 살고 있다고 생각한다. 우리는 자신의 안위를 염두에 두고 내일을 계획하며, 과거에 받은 상처의 치유를 목표로 삼고 어제를 뒤돌아본다. 이건 명백한 자아 도취다. 그것은 자기 자신과 관계를 맺는 것이지, 하나님이나 다른 사람과 관계를 맺는 것이 아니다. 하나님이나 다른 사람과의 관계는 오로지 자아 실현과 자아 고취라는 목적에 부합할 때만 맺는다.

둘째로, 종교를 '경영'하면서 그것을 그리스도 중심의 기독교라고 그럴싸하게 포장하는 경향이 그 어느 때보다 강하다. 그리고 대체로 교회는 그러한 자기 기만을 모르고 있다. 교회의 성장이든 소그룹 사역이든 뭔가 일을 벌이는 활동이, 우리가 모이는 참된 이유인 영적인 공동체의 영성 개발을 대체하고 있다. 우리는 만나기 위해서 모이는 게 아니라 뭔가 유용한 목적을 성취하기 위해서 모인다. 성취가 가장 우선적인 가치가 되었다. 그리스도를 나누기 위해 서로 연결되는 것은 더 이상 요점이 아니다. 목표에 도달하는 게 핵심이다. 그 결과, 안건 중심의 삶이 우리를 휘몰아가고 공조와 공과(功過)가 판을 친다. 그러나 공동체는 없다.

셋째로, 어제 오늘 일은 아니지만, 예수님을 따르는 자들 사이의 분열이 이제는 갈등 해결의 원칙과 분노를 다스리는 법을 통해 처리된다. 심오한 영적 자질을 통해 해결되는 경우는 점점 줄어들고 있다. 그리스도가 아버지 하나님과 맺으신 갈등 없는 관계 속에서, 우리가 성령으로 인해 그리스도와 연합된다는 개념은 이제 구시대의 종교적 수사어로 폐기 처분되었다. 우리는 속이 꼬인 싸움꾼을 변화시켜 예수님처럼 사랑하는 사람, 자기를 부인하는 성자로 만드는 능력을 얻기 위해 그리스도와의 연합에 의존하지 않는다.

우리의 장님된 것을 심각하게 고민하며 겸손히 머리를 조아리고, 잘도 위장한 자아 몰두성을 보게 해 달라고 성경께 매달림으로써 이 연합으로 들어가야 한다는 절박함이 없다. 2순위의 것들에 우상처럼 집착하는 일, 예를 들면 주변의 존경을 받는 일은 이제 고려 대상조차 되지 않는다. 자기 길을 걷는 것은 이제 죄가 아니라 일종의 가치가 되었다. 교회의 목회팀 회의에서건 가족 식사 자리에서건, 미처 인식조차 하지 못하는 자아 몰두성이 다른 사람들에게 계속해서 파괴적인 영향을 미치고 있다.

오늘날 우리에게 절실히 필요한 것은 바로 관계적으로 기도하는 것이다. 관계형 기도는 자아 도취를 끊어낸다. 이 기도는 지금 이 순간 우리가 누구이며 어디에 있는지에 관심을 갖게 해주고, 영원이 우리의 삶을 가로지르는 현 시점에서 우리의 자아 몰두성을 폭로하여 우리를 하나님의 생명으로 이끈다.

관계형 기도는 진정한 공동체를 바라는 우리의 갈증을 불러일으키고, 지금의 공동체가 일궈 낸 성취가 아무리 그럴싸해도 겨우 굴러가기만 하는 공동체로는 만족하지 못하게 한다. 파파 기도는 우리로 하여금 행동하기보다 존재하게 하고, 협력하기 전에 연결되게 한다.

또한 관계형 기도는 우리를 높이 고양시켜, 선과 악 사이의 진정한 싸움을 잠시나마 일별하게 해준다. 그리고 옳은 편에 서 있다고 생각하지만 우리가 얼마나 자주 그른 편에 서 있었는지를 깨닫게 해준다.

오늘날 교회에 절실히 필요한 것은 좀더 나은 행정 능력도, 좀더 많은 프로그램도, 우리 문화의 도덕적 죄악에 좀더 강력히 맞서는 것도, 우리가 생활 속에서 따라야 할 성경적 원리들을 좀더 분명히 제시하는 것도 아니다. 우리는 성령의 도우심으로써 성자와 성부가 맺으신 관계 속으로 들어가는, 참여하는 예배로 돌아가야 한다. 우리는 하나님이 누구시며, 눈에 보이지 않는 세계에서 무얼 하고 계시며, 그분의 능력이 우리의 심령에 어떻게 역사하실 수 있는지를 알리기 위해 하나님이 쓰신 유일한 책, 바로 성경으로 돌아가야 한다.

그리고 우리는 좀더 많은 복을 얻어 좀더 나은 삶을 살기 위해서가 아니라, 하나님과의 관계 속으로 좀더 친밀하게 들어가기 위해서 기도로 돌아가야 한다. 한 목사님이 최근에 내게 하신 말씀이 있다. "저는 이 교회를 저의 은사와 행정 능력으로 세웠습니다. 제가 하나님과 맺은 관계의 결과로 생긴 것은 거의 없지요. 이제 저는 그것이 변화되기를 원합니다."

나는 그리스도의 몸된 교회가, 그리고 모든 외로운 교우들이 그들의 특권적인 위치인 하나님과의 친밀한 관계로 돌아가기를 바라는 마음에서 파파 기도를 제안한다. 그리고 기도를 그 지고의 목적으로 회복시키기 위해 이 책을 제안한다.

감사의 말

        거인의 어깨 위에 올라앉아 세상을 바라보지 않는 한, 우리는 그리 멀리 보지 못한다. 기도와 관련해서 내가 뭔가 소중한 것을 발견했다면, 그 공로는 영적 거인들에게 돌려 마땅하다. 그들 대부분은 지금 하늘나라에 있고, 몇몇은 아직도 이 세상에 있지만, 모두들 기도란 무엇보다도 연합이라고 생각했다. 그 다음에 간청이 뒤따르는 것이라고 믿었다.

  또한 영적 공동체 속에서 살지 않는 한, 우리는 그리 많은 걸 이룰 수가 없다. 최소한 영적으로 가치 있는 것들은 별로 이룰 수 없다. 따라서 뒤에 거론하는 사람들에게 진심으로 감사를 전한다.

- 내가 기도에 관해 할 말이 있다고 믿어 주고, 그 말을 잘 할 수 있도록 도와준 조이 폴에게 감사드린다.

- 조이와 함께한 인테그리티 출판사의 모든 동료들에게도 감사드린

다. 그들은 장시간의 회의와 헌신적인 노력을 아끼지 않았고, 그들의 훌륭한 생각에 힘입어 내가 계속 이 책을 써나갈 수 있었다.

• 늘 그렇듯이 실리 예이츠와 지나에게 감사드린다. 그들은 생각에만 머무르던 책이 현실로 나타날 수 있도록 그 덜컹거리는 과정을 목양하듯 세심하게 돌봐주었다.

• 나의 '영적 성장 그룹'에 감사드린다. 그들은 하나님께 더욱 가까이 나아가기 위한 그 지지부진한 여정을 따스한 마음으로 잘 견뎌주었다.

• 너무도 훌륭한 우리 뉴웨이 사역 팀—켑, 클로디아, 앤디, 짐, 크립, 매리베스의 열정적인 지원에 감사드린다.

• 마르시아와 랜디의 신실한 기도와 소중한 지혜에 감사드린다.

• 이 책에 자신들의 이야기를 실을 수 있도록 허락해 준 친구들에게 감사드린다.

• 이 책을 쓰는 동안 함께했던 트립, 글렌, 팀, 켄, 에반, 지미, 그리고 켄트의 깊은 우정과 통찰력 있는 대화에 감사드린다. 특히 빼곡하게 끄적거린 수백 장의 원고를 팩스로 받아 타이핑해 준 트립에게

감사드린다.

- 초고를 읽고 좋은 논평을 해준 킴과 레즐리에게 감사드린다.

- 마지막으로 그러나 누구보다도 먼저, 아내 레이첼에게 감사드린다. 이 책을 쓰는 동안 숱하게 오르내리던 내 기분, 너무도 많이 집을 비운 날들, 그리고 혼란스러운 생각들을 혼란스럽게 표현할 때도 언제나 그 자리에 있어 준 나의 아내, 그대는 내가 아는 여성 중에 최고로 근사한 여성이라오.

주

파파 기도로의 초대
1) J. Oswald Sanders, *Spiritual Leadership*(Chicago: Moody, 1994), p. 84에서 인용. 「영적 지도력」, 요단출판사.

제5장 버릇없는 아이의 기도
1) E. Stanley Jones, *365 Days with E. Stanley Jones*(Nashville: Abingdon, 2000).
2) Ravi Zacharias, *Recapture the Wonder*(Nashville: Integrity, 2003), p. 163.

제6장 관계형 기도는 하나님과 나 자신에 관한 기도다
1) J. Oswald Sanders, *Spiritual Leadership*, p. 85에서 인용.

제8장 그리스도 안에 편안히 거하라
1) Oswald Chambers, *My Utmost for His Highest*(Westwood, N.J.: Barbour, 1935), p. 140, July 11, 「주님은 나의 최고봉」, 두란노.
2) 오늘날 기독교 공동체 안에서 자기의 갈망을 따라 살며 그리스도 안에서 만족을 찾아야 한다고 강조하는 조류는 어쩌면 조나단 에드워즈의 중요한 가르침을 왜곡시킨 결과가 아닌가 염려스러울 때가 있다. 조나단 에드워즈는, 우리는 하나님 안에서 만족하도록 부름받은 것이지 단순히 금욕적으로 순종하도록 부

름받은 것이 아니라고 주장했다. 지당한 말이다. 에드워즈와 오늘날 그의 가장 탁월한 해석가인 존 파이퍼의 주장—하나님은 우리가 그분 안에서 가장 만족해 할 때 가장 영광받으신다는—은 옳다. 하지만 우리가 인정하고 싶지 않은 사실은, 그 만족이란 행복한 기쁨을 체험하는 것이기라기보다는 결연한 믿음의 표현이라는 것이다.

3) James G. S. S. Thompson, *The Praying Christ* (Vancouver, B.C., Canada: Regent College, 1995), p. 13에서 인용.

제12장 이상적인 모습을 강요하지 말라

1) 이 두 이야기에 나오는 인물의 이름과 기타 이름들은 바꾸었지만, 내용은 실제 있었던 사실이다.

제13장 붉은 동그라미 속으로 들어가라

1) Lawrence J. Crabb, *God of My Father: A Son's Reflections on His Father's Walk of Faith* (Grand Rapids: Zondervan, 1994).

제14장 당신의 하나님은 어떤 이미지인가?

1) C. S. Lewis, *The Screwtape Letters* (New York: MacMillan, 1982). 「스크루테이프의 편지」, 홍성사.

제15장 하나님은 자신을 누구라고 하시는가?

1) Darrell W. Johnson, *Discipleship on the Edge: An Expository Journal through the Book of Revelatioan* (Vancouver, B.C., Canada: Regent College, 2004), p. 14. 이 장의 내용은 Johnson의 탁월한 이 책에서 상당 부분 얻어 왔음을 밝혀둔다.

제17장 자신을 거룩함에 내던지라

1) 지금 갈라디아서 3:1-5을 읽는 것도 의미가 있으리라 생각한다. 이 구절에서 바울은 자기의 도덕적인 노력으로 거룩하다고(의롭다고) 인정받을 사람은 아무도 없으며, 도덕적인 노력으로 거룩해질 수 있는(성화되는) 사람도 없음을 분명히 말하고 있다. 용서와 성장, 하나님의 가족으로 용납되고 하나님의 자녀로 성숙하는 일은 모두 하나님의 역사다.

옮긴이 김성녀는 연세대 영어영문학과를 졸업하고, IVP에서 일했으며, 미국 미주리 주립대학에서 광고언론학(석사)을 공부했다. 옮긴 책으로 「긍휼」, 「나를 찾아가는 이야기」, 「너무 바빠서 기도합니다」, 「미디어 시대, 당신의 자녀는 안전한가?」, 「빛으로 소금으로」, 「아름다운 자신감」, 「존 스토트의 복음전도」, 「하나님의 마음에 합한 사람」(이상 IVP) 등이 있으며, 다수의 성경 공부 교재를 편역하였다.

래리 크랩의 파파 기도

초판 발행_ 2007년 3월 14일
초판 17쇄_ 2024년 10월 10일

지은이_ 래리 크랩
옮긴이_ 김성녀
펴낸이_ 정모세

펴낸곳_ 한국기독학생회출판부
등록번호_ 제2001-000198호(1978.6.1)
주소_ 04031 서울시 마포구 동교로 156-10
대표 전화_ (02)337-2257 팩스_ (02)337-2258
영업 전화_ (02)338-2282 팩스_ 080-915-1515
홈페이지_ http://www.ivp.co.kr 이메일_ ivp@ivp.co.kr
ISBN 978-89-328-2110-8

ⓒ 한국기독학생회출판부 2007

책값은 뒤표지에 있습니다.
무단 전재와 복제를 금합니다.